KB175801

임동석중국사상100

십팔사략

十八史略

曾先之 編 / 林東錫 譯註

《十八史略》

元, 曾先之 編次

陳殷 音釋. 王逢 點校. 何景春 捐俸刊

象犀珠玉怪珍之物，有悦於人之耳目，而不適於用。金石草木絲麻五穀六材，有適於用，而用之則弊，取之則竭。悦於人之耳目，而適於用，用之而不弊，取之而不竭，賢不肖之所得，各因其才，仁智之所見，各隨其分，才分不同，而求無不獲者，惟書乎！

丁亥菊秋錄東坡李氏山房藏書記 丘堂呂元九

"상아, 물소 뿔, 진주, 옥. 진괴한 이런 물건들은 사람의 이목은 즐겁게 하지만 쓰임에는 적절하지 않다. 그런가 하면 금석이나 초목, 실, 삼베, 오곡, 육재는 쓰임에는 적절하나 이를 사용하면 닳아지고 취하면 고갈된다. 그렇다면 사람의 이목을 즐겁게 하면서 이를 사용하기에도 적절하며, 써도 닳지 아니하고 취하여도 고갈되지 않고, 똑똑한 자나 불초한 자라도 그를 통해 얻는 바가 각기 그 자신의 재능에 따라주고, 어진 사람이나 지혜로운 사람이나 그를 통해 보는 바가 각기 그 자신의 분수에 따라주되 무엇이든지 구하여 얻지 못할 것이 없는 것은 오직 책뿐이로다!"

《소동파전집》(34) 〈이씨산방장서기〉에서 구당(丘堂) 여원구(呂元九) 선생의 글씨

李家山 〈雙牛銅枕〉 1972 雲南 李家山 古墓群 17호 출토

본권의 역사적 개괄(2)

진秦→서한西漢까지

❀ 본 ≪십팔사략≫ 제2권은 진시황秦始皇, 영정嬴政의 천하통일(B.C.221년)부터 서한西漢 말 갱시제更始帝 유현劉玄의 멸망(A.D.25년)과 동한東漢광무제光武帝, 유수劉秀 등극(A.D. 24년)까지의 역사를 다루고 있다.

즉 진제국秦帝國은 진시황嬴政과 이세황제胡亥, 그리고 진말 한초의 군웅할거와 항우項羽와 유방劉邦의 전쟁인 '초한전楚漢戰'을 거쳐 정식 서한 시대로 이어진다.

서한 시대는 1. 漢太祖高皇帝(高祖 劉邦) 2. 孝惠皇帝(惠帝 劉盈) 3. 孝文皇帝(文帝 劉恒), 4. 孝景皇帝(景帝 劉啓) 5. 孝武皇帝(武帝 劉徹) 6. 孝昭皇帝(昭帝 劉弗陵) 7. 孝宣皇帝(宣帝 劉詢) 8. 孝元皇帝(元帝 劉奭) 9. 孝成皇帝(成帝 劉驁) 10. 孝哀皇帝(哀帝 劉欣) 11. 孝平皇帝(平帝 劉衎) 12. 孺子嬰 등 12황제를 기紀로 하고, 그 사이 왕망王莽의 신(新: A.D.9~24년)을 삽입하여 서술하고 있다.

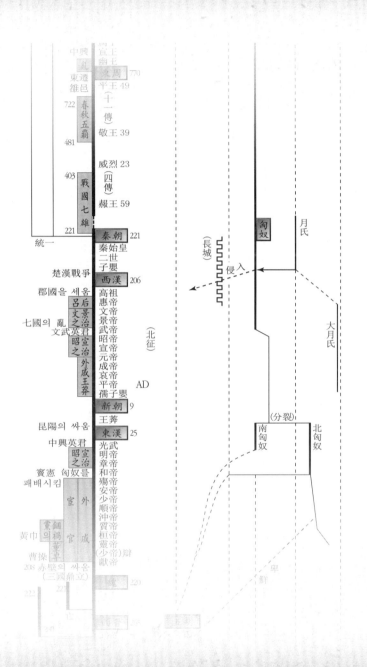

해설 <차례>(2)

〈秦나라 紀年表〉

B.C.	간지	秦	B.C.	간지	秦
219	庚辰	始皇帝(嬴政) 26*	213	戊子	始皇帝(嬴政) 34
218	辛巳	27	212	己丑	35
219	壬午	28	211	庚寅	36
218	癸未	29	210	辛卯	37(二世)
217	甲申	30	209	壬辰	二世(~胡亥) 1
216	乙酉	31	208	癸巳	2
215	丙戌	32	207	甲午	3(~子嬰)
214	丁亥	33	206	乙未	~子嬰 **1

* B.C. 221년 전국을 통일하고 嬴政이 始皇帝를 칭함.
** 자영(子嬰)이 8월에 즉위하였으나 10月에 유방에게 항복함.
　진나라는 10월을 한해의 시작으로 삼아 B.C. 206년에 넣은 것임.

I. 진제국秦帝國

(B.C.221~B.C.207년)

1. 진秦의 천하통일

진나라는 춘추시대부터 있던 나라로 전국시대 이사李斯의 변법變法으로 제일 먼저 부국강병을 성취하였고, 아울러 중국 최고의 법치국가로 발전하였다. 그리고 말기에 등극한 진시황秦始皇 영정嬴政은 강한 의지와 엄청난 무력을 동원하여 산동山東 육국六國과 맞서 동진 정책을 편 끝에 결국 B.C. 221년 그 여섯 나라를 차례로 멸망시키고 중국을 통일하는 대업을 이룩하였다.

그는 법치국가의 통치 효율성을 최대한 발휘하며 주대周代 '봉건제封建制'의 폐해를 시정하여 강력한 중앙집권체제인 '군현제郡縣制'를 실시하였다.

이 강력한 제국은 비록 15년의 짧은 기간이었지만 중국 역사상 매우 중요한 의의와 영향을 미쳤다.

2. 통일 기운의 성숙

우선 춘추전국 시대 오랜 전란으로 백성들은 심각한 고통을 받고 있었다. 그러면서 한편으로는 각국의 경쟁은 도리어 농업, 수공업과 상업 등의 발전에 큰 영향을 주어 무기가 발달하고 문명이 발전하여 통일조성의 분위기가 이루어졌고 이에 따라 누군가가 대업을 달성해야 할 임무를 갖게 되었다. 그 중 진秦나라는 지세가 험하면서도 물자가 풍부하고 역대 군주들이 모두 큰 뜻을 가지고 있었으며 법치국가라는 통치의 효율을 누리고 있어 그 주인공이 되기에 충분하였다.

반대로 산동 여섯 나라는 변혁에 적응하지 못하였고 국력과 군사면에 있어서도 진나라에 미치지 못하여 결국 천하통일의 몫은 진나라에게 주어진 것이었다.

3. 군현제郡縣制

진왕 정(政, 진시황)은 천하를 통일한 후 소위 "덕은 삼황을 겸하였고, 공은 오제를 넘어섰다(德兼三皇, 功過五帝)"라는 논리에 따라 '시황제始皇帝'라 하여 중국 역사상 처음으로 '황제'라는 칭호를 사용하였으며 국가의 모든 권력을 자신에게 집중시켜 개혁의 고삐를 늦추지 않았다. 더구나 주대 봉건제도를 개혁하여 천하를 36군으로 나누어 강력한 중앙집권제인 '군현제'를 택하였다.

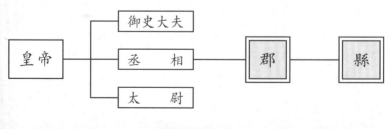

〈秦나라 중앙조직〉

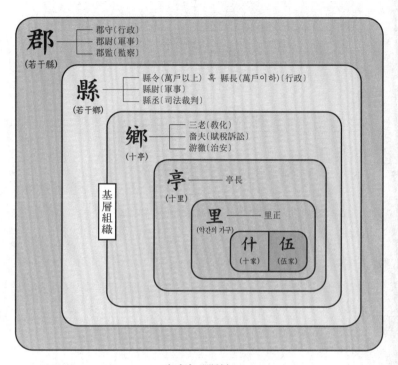

〈秦나라 郡縣制〉

4. 문자, 화폐, 제도 문물의 통일

시황제는 정치제도 외에 일체의 문물제도도 통일하였다. 당시 각국에서 각기 나름대로 사용하던 모든 제도를 폐기하고 오직 진나라 제도를 표준으로 하였다.

(1) 문자개혁: 이사李斯 등에게 명하여 진전秦篆, 小篆을 만들어 전국에 반포하여 문자 통일을 이루었다. 물론 뒤에 더욱 편리한 '예서隸書'라는 것이 출현하여 뒷날 해서楷書의 표준이 되는 기틀을 마련하기도 하였다.

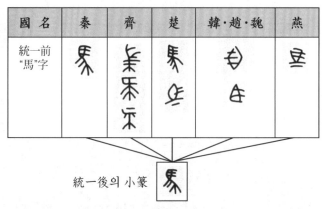

國 名	秦	齊	楚	韓·趙·魏	燕
統一前 "馬"字					

統一後의 小篆

전국시대 각 나라 문자와 통일

(2) 화폐의 통일: 원형 공방孔方이 동전을 만들어 이를 '하폐下幣'라 하고, 그 중량에 따라 '반량半兩'으로 구분하였으며, 황금으로 만든 돈은 '상폐上幣'라 하여 고액 화폐로 사용하였다.

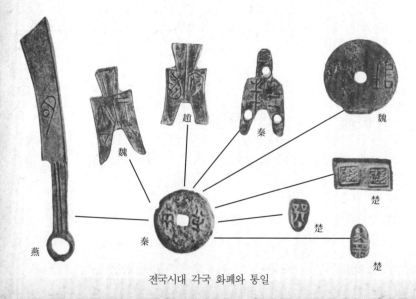

전국시대 각국 화폐와 통일

(3) 기타: 도량형을 통일하였으며 차량의 폭과 크기, 형식 등을 표준화하였고 도로와 복식 등도 통일하였으며 칭호와 칭위稱謂 등도 일원화하였다.

〈진나라 虎符(銅器)〉

이러한 통일 정책은 경제 교류와 일상생활의 편리함을 가져왔으며 중국은 이로써 정치상 하나의 국가를 이루었을 뿐 아니라 문화면에서도 통일된 표준을 갖게 되었다.

廿六年，皇帝盡幷
兼天下諸侯，黔首大
安。立號爲皇帝，乃詔
丞相狀、綰，法度量則
不一，歉疑者皆明
一之。

〈진나라 詔版과 그 해독문〉 황제의 조서를 동판에 새긴 것

5. 토목공사

진시황은 건설과 무공武功에 있어서도 엄청난 성취를 보였다. 즉 진시황 삼대 토목 공사인 '만리장성萬里長城 수축', '아방궁阿房宮 건축', '능묘陵墓 축조' 등은 건축술과 그 공사의 규모와 내용에 있어서 당시 최고의 모든 것이 집중된 형태였으며, 간접적으로 중국 민족의 융합도 이루게 되었다.

그밖에 수도 함양咸陽을 중심으로 치도馳道를 마련하였으며 영거靈渠라는 운하는 장강長江과 주강珠江의 수운 및 관개를 편리하게 한 것이었다.

〈만리장성〉 明나라 弘治 18년에 다시 완성한 「八達嶺」부근

〈俑馬塚〉

진시황제의 능묘

6. 진시황의 폭정

그러나 진시황은 건설과 정벌을 위해 당연히 민중에게 노역과 부역을 과중하게 요구하였으며 이로써 포악한 정치를 펼 수밖에 없게 되었다.

즉 아방궁 수축에 무려 70만의 장정을 동원하면서 동시에 여산驪山에 능묘를 수축하면서 똑같이 70만의 군중을 징발하였다. 그 외에 장성 수축과 백월百越 정벌에 100만 이상의 군사를 동원하여 당시 2천만 인구 중에 300만 이상이 일년내내 복역을 해야 하며 일반 백성은 자신의 수확의 3분의 2를 정부에 세금으로 바쳐야 하는 부담을 안게 되었다. 그런가 하면 당시 진나라 법은 지극히 엄하여 '연좌법連坐法'이라는 것이 있어 가족은 물론 한 부락의 공동 책임이 너무 커 피할 방법도 없었다.

진시황은 게다가 사상과 학문까지 통제하여 법률서적, 의서醫書, 복서서卜筮書, 무서巫書와 농서農書 외에는 모두 불살라 버리고(焚書), 자신의 통치를 거론하는 유생과 방사 400여 명을 구덩이에 묻어버리는(坑儒) 등 엄혹한 정치는 상상을 뛰어넘을 정도였다.

7. 진제국의 멸망

(1) 진승陳勝과 오광吳廣

진시황의 각종 조치와 건설은 비록 대통일의 기초를 마련한 것이기는 하나 백성으로서는 그 고통을 이겨낼 수가 없었다. 오랜 역사와 정서를 가지고 있던 육국六國의 제도를 훼멸하고 각국의 부호와 토호 세력을 함양으로 강제 이주시킴으로써 그들 유민은 분노를 느꼈으며 의지할 곳이 없게 된 것이다.

그러다가 마침 진시황이 동남지역을 순수巡狩하던 중에 사구(沙丘, 지금의 河北省 平縣 동북쪽)에서 죽자 조고趙高는 거짓 유조遺詔를 만들어 호해胡亥를 이세二世로 세워 황제로 등극시켰다. 조고는 이 이세를 부추겨 더욱 학정을 일삼았고 전권을 휘둘러 결국 패망의 길을 재촉하게 되었다. 그러자 함양의 토목공사와 만리장성

구축에 징용되어 먼 길을 오던 많은 무리들은 가혹한 법에 하나둘씩 반기를 들기 시작하였다. 우선 어양(漁陽, 북경 근처의 密雲縣)으로 오던 남방의 수졸들이 대택향(大澤鄕, 지금의 安徽省 宿縣)에 이르러 기한 내에 목적지에 이르지 못하면 역시 처단 당함을 빌미로 진승陳勝과 오광吳廣이 최초로 반기를 들고나서 1만 명이나 모여들자 진승은 스스로 왕이 되어 국호를 장초張楚라 하기에 이르렀다. 진승이 비록 진나라 장군 장한章邯에게 격패당하였지만 각지의 농민들과 옛 육국의 귀족 세력들이 각지에서 봉기하여 진나라로서는 더 이상 수습할 수 없는 지경이 되고 말았다.

〈秦나라 말 각지 기병 상황〉

秦朝世系圖
(B.C. 221~B.C. 207)

(一)秦始皇嬴政 ── 太子扶蘇 ── (三)秦王子嬰
(B.C.246~210年)　　　　　　　　　　(B.C.207年 在位46日)
└── (二)二世胡亥
(B.C.209~207年)

(2) 항우項羽와 유방劉邦

　진승과 오광의 뒤를 이어 항우項羽와 유방劉邦이 드디어 반진反秦 세력의 주인공이 되어 나타났다. 항우는 초楚나라 귀족이었으며 숙부 항량項梁을 따라 회계(會稽, 지금의 江蘇省 蘇州)에서 일어났고, 유방은 패현(沛縣, 강소성 沛縣)의 정장亭長의 하찮은 말직이었지만 결국 무리를 모으기 시작하였다.

　항우는 거록(鉅鹿, 지금의 河北 平鄕)에서 진나라 주력부대를 궤멸시키고 장한의 20만 대군의 항복을 받아내어 그 위세를 떨치기 시작하였고, 유방은 그 빈틈을 이용하여 무관武關을 넘어 진나라 수도 함양에 입성하기에 이르게 된다.

　한편 진나라는 조고가 이세 황제를 협박하여 죽이고 그 조카(扶蘇의 아들) 자영子嬰을 진왕秦王으로 세워 황제의 칭호까지 없앴으나 결국 자영이 유방의 함양입성에 맞추어 조고를 죽여 항복을 청함으로써 진나라는 역사 속으로 사라지게 된다.

Ⅱ. 한漢나라
(서한: B.C. 202~A.D. 8)

1. 한제국(서한)의 건립

(1) 서한西漢과 동한東漢

유방은 진나라를 멸하고 항우를 격파하여(B.C. 202) 중국 역사상 가장 강력한 제국 중의 하나인 한나라를 건국하게 된다. 한나라는 무제 때 이르러 미증유의 국력신장을 이룩하여 문물과 제도를 확립하고 내치와 외정外征에 있어서 전무후무한 대업적을 이루어 놓았다. 그러나 서한 말기 왕망王莽이 한나라를 찬탈하여 신新을 세우자(B.C. 8) 다시 혼란에 빠졌으며, 이에 같은 유씨劉氏인 유수劉秀가 한나라를 중건, 낙양洛陽에 도읍하여 왕통을 부흥시켰다. 따라서 장안(長安, 지금의 陝西省 西安 근처)에 도읍하였던 시기를 서한西漢, 前漢이라 하며, 지리적으로 동쪽인 낙양(洛陽, 하남성 낙양시)에 옮겨 이어갔던 시대를 동한東漢, 後漢이라고 부른다.

(2) 초한전楚漢戰과 한고조漢高祖

진말 항우와 유방의 대립은 역사상 많은 일화를 남기고 있다. 유방이 먼저 함양咸陽에 입성하여 백성의 추대를 받았지만 항우의 세력을 두려워한 유방은 잠시 물러나 시기를 기다리고 있었다. 그런데 항우가 뒤를 이어 함양에 입성하자, 유방과 대조적으로 도륙을 자행하고 자영子嬰을 죽였으며 아방궁을 불 질러 백성의 신임을 얻지 못하였다. 게다가 항우는 스스로 서초패왕西楚霸王이 되어 제후로 봉하면서 유방을 한중왕漢中王, 漢王에 봉하여 그 세력을 꺾고자 하였다. 이에 유방은 드디어 제후들을 불러모아 항우에게 대항, 결국 5년의 전투 끝에 해하(垓下. 安徽省 靈壁縣)에서 항우를 패망시키고 승리를 거두게 된다. 이것이 '초한전楚漢戰'이다.(B.C. 202)

처음 항우는 모든 공격에 성공을 거두어 자만하였지만 유방은 관중關中의 중요한 지역을 점거하였고 소하蕭何의 도움과 한신韓信, 장량張良, 진평陳平 등 모신들의 힘을 빌려 결국 최후의 승리자가 된 것이다. 이에 유방은 황제로 즉위하여 국호를 한漢이라 하고 장안(長安, 지금의 섬서성 서안 부근)에 도읍을 정하였다. 이가 '한고조漢高祖'이다.

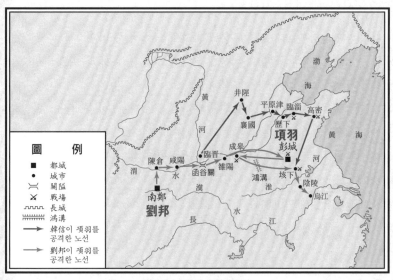

항우와 유방의 〈楚漢戰〉

(3) 한초의 위민정치爲民政治

서한 초기 사회가 피폐하여 백성은 궁핍하기 그지없었다. 그러나 한고조와 소하, 한신 등은 모두가 평민출신으로 능히 그들의 고통을 헤아릴 수 있었고 나아가 진나라 패망의 원인을 거울삼아 여러 가지 경제회복과 민심수습에 나섰다. 즉 생산을 장려하고 세금을 감면하며 전시에 도망한 유민을 안정된 삶을 영위하도록 법으로 보호하고 노예를 평민으로 석방하는 등 여러 가지 정책은 실효를 거두기 시작하였다.

"漢幷天下" 瓦當

(4) 군국제郡國制

유방은 초한전의 공신들에게 봉했던 이성異姓의 일곱 제후諸侯 왕王의 모반을 토벌하고 그들 봉국을 삭탈하여 황실의 일곱 자제를 대체함으로써 재빨리 왕권 확립의 기회를 놓치지 않는 기민함도 보였다. 이로써 주대의 '봉건제' 폐해와 진시황의 '군현제'의 불편함을 교묘히 절충한 '군국제郡國制'라는 이상적인 통치 체제를 확립하여 뒷날 중국 각 왕조의 통치 모형을 만들었다.

(5) 문경지치文景之治

한초의 위민정치 성공은 한나라의 기초를 다지는 중요한 계기가 되었다. 이를 이은 문제文帝는 역시 농업생산의 장려와 세금감면, 요역徭役의 경감, 육형肉刑의 폐지 등으로 한층 안정된 사회를 건설하였다. 그리고 경제景帝가 즉위하자 더욱 세금을 낮추어 30분의 1로 정하는 등 풍요와 안녕을 누리는 대표적인 시대로 발돋움하게 되었다. 경제는 특히 번국藩國을 줄이는 정책을 펴서 '칠국지란七國之亂'을 초래하기도 하였지만 주아부周亞夫의 성공적인 평정으로 왕권을 더욱 공고히 하게 되었으며 중앙집권의 통치 효율을 극대화할 수 있게 되었다.

이처럼 문제와 경제의 통치기간 30여 년은 사회가 번영하고 국고가 충족하여 백성은 안정된 생활을 누릴 수 있게 되어, 이에 역사에서는 이를 '문경지치'라 한다.

2. 한 무제劉徹의 문치文治와 무공武功

(1) 유학儒學 장려와 사회기풍의 진작

경제의 아들 무제武帝가 16세의 나이로 황제에 등극하였다. 그는 재능이 뛰어났으며 문무에 대한 탁월한 식견과 웅지雄志를 가지고 있었다. 게다가 50여 년의 안정된 재위 기간도 커다란 도움이 되었다. 무제는 중국 역사상 처음으로 '건원建元'이라는 연호를 제정하였으며 학술과 경제, 대외 개척 등에 미증유의 업적을 남겼다.

우선 유학에 대하여 오경五經 박사제도를 설립하여 유가 학술을 통치이념으로 확립하여 중국 학술의 기초를 다졌다. 그리고 효렴과孝廉科 등 인재추천 제도를 마련하여 귀족 자제는 물론 평민 중에 뛰어난 인재가 행정과 정치에 참여하는 길을 열어줌으로써 이상적인 국가를 건설하고자 하였다.

(2) 경제정책

한초부터 시작된 생산장려와 상품유통에 따라 자본이 형성되고 국고가 충실하게 되자 무제는 많은 토목 공사를 추진하였다. 그러나 그로 인한 경비 조달을 위하여 일련의 경제정책을 세웠는데, 우선 염鹽, 철鐵, 주酒를 국가의 전매로 귀속시키고, 오수전五銖錢을 주조하여 화폐를 통일하였으며 국영무역을 위하여 균수관均輸官을 두어 국가 수입을 증대하였고, 평준관平準官 제도를 두어 물가 조절 정책을 실시하였다.

漢 武 帝 像

漢 武帝

(3) 변방개척

무제는 진말秦末부터 변방의 환난이었던 흉노匈奴에 대하여 타협과 화친정책을 유지하면서도 한편으로는 정벌정책을 병행하여 위청衛靑, 곽거병霍去病 등으로 하여금 흉노의 내지內地까지 밀고 들어가는 등 흉노 축출에 온힘을 기울였다. 그 외에도 동쪽과 남쪽, 서쪽, 서북쪽을 정벌하여 군을 설치하는 등 개척활동에 주력하여 소수민족을 한나라에 편입시켜 중국의 판도 확대에 커다란 힘을 발휘하였다. 특히 장건張騫을 서역으로 보내어 서역도호부西域都護府를 둠으로써 서역이 일찍이 중국의 영향권에 들도록 한 것은 바로 무제 때 시작된 것이며 이로써 실제 한나라의 영토는 진시황 때보다 훨씬 넓어지게 되었다.

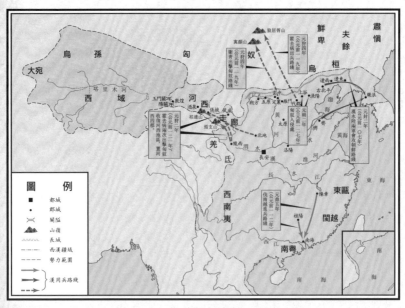

漢 武帝의 정벌도

"單于大降" 瓦當

3. 왕망의 찬탈

(1) 왕망王莽과 신新

한 무제는 비록 내치와 외정에 큰 성과를 거두었지만 말년에는 자신의 공을 자랑하기에 바빴고 나아가 사치에 빠졌으며 미신을 믿어 국력의 쇠퇴를 초래하기에 이르렀다. 게다가 장기간의 정벌전쟁은 한초 60여 년 동안 쌓아온 인적, 물적 축적을 엄청나게 소모하는 지경에 이르고 말았다.

이에 따라 무제 이후에는 국력이 급격히 쇠락하여 국권이 외척과 환관의 손으로 떨어지고 말았다. 원제 때에는 황후 왕씨王氏 일족이 전횡을 부리기 시작하였으며 그것이 단초가 되어 평제平帝가 죽자 왕망이 드디어 겨우 2살의 어린 유자孺子 영嬰을 태자로 삼고 자신이 '가황제假皇帝'가 되어 정치를 독단하기에 이르게 된다. 그는 곧이어 정식 '진천자眞天子'가 되어 국호를 '신新'으로 바꾸어 한나라 혈통은 종말의 문턱에 이르게 되고 말았다.

(2) 왕망의 개혁

서한 말기에 이르러 부호들의 토지 겸병은 극에 달하여 농민은 유랑민이나 농노農奴로 전락하고 말았다. 이에 왕망은 복고개제復古改制의 기치를 들고 전국 토지를 국유화하였으며 노비 매매 금지, 염, 철, 주, 동전주조, 산택山澤의 출입세금 등을 제정하여 모든 것을 국가가 관리하도록 강제화하였다. 그 외에 오수전을 폐지하고 많은 종류의 화폐를 다시 만들었으며 관제를 주대周代로 거슬러 분봉 제도를 부활하는 등 일련의 개혁정책을 폈다. 그러나 그의 정통성에 대한 불신과 상인, 귀족의 강력한 반대에 부딪치게 되었고 나아가 화폐의 잦은 개혁으로 교역의 문란과 경제 혼란을 조성하여 많은 이들이 파산의 지경에 이르게 되었다. 이처럼 급격한 개혁과 즉흥적인 조령모개식의 변경, 나아가 실행할 수 없는 제도의 제정 등은 결국 사회를 들끓게 하였고 결국 이를 막기 위한 가혹한 법령과 형벌은 곧바로 사회봉기로 이어지고 말았다.

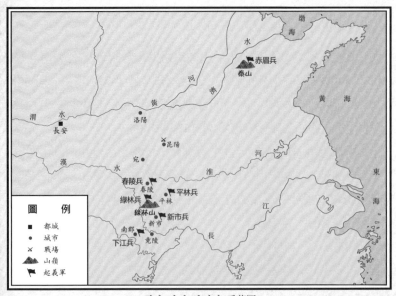

신망 말기 각지의 反莽軍

(3) 서한과 신의 마감

더구나 해마다 흉년과 황재蝗災의 자연재해까지 이어지자 참다못한 민중은 각지에서 반신참망反新斬莽의 기치를 들고 일어섰다. 그 중 유명한 것이 바로 '적미병赤眉兵'과 '녹림병綠林兵'이다. 이들의 위세는 급격히 전국으로 번졌고 그 분위기에 맞추어 한나라 종실의 유연劉縯과 유수劉秀 형제가 용릉(舂陵, 지금의 湖北省 棗陽縣)에서 일어나 '용릉병舂陵兵'이라 하였다. 이에 녹림병은 자연스럽게 한실漢室의 유씨劉氏 혈통을 명분으로 삼아 합세하게 되었다. 한편 왕망은 각지에서 40만의 정병을 모아 이들을 진압하기 위해 나섰으나 곤양(昆陽, 지금의 河南省 葉縣)에서 궤멸하였고 그 사이 적미군이 수도 장안長安으로 진입, 성중에서 일어난 폭동 군중와 함께 왕망을 처단하여 신나라는 끝나고 말았다. 그리고 그전에 유수가 이미 하북河北에서 등극하여 황제에 올라 있어 이가 동한(후한)의 첫 황제 광무제光武帝로써 낙양洛陽에 도읍, 한나라 혈통을 잇게 된 것이다.

山東 濟南 漢墓 출토의 雜技俑

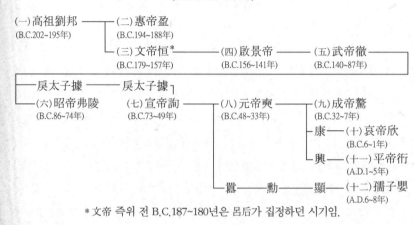

西漢世系圖
(B.C. 202~A.D. 8)

(一) 高祖劉邦 —— (二) 惠帝盈
(B.C.202~195年)　　　(B.C.194~188年)

(三) 文帝恒* —— (四) 啟景帝 —— (五) 武帝徹
(B.C.179~157年)　　(B.C.156~141年)　　(B.C.140~87年)

戾太子據 —— 戾太子據

(六) 昭帝弗陵 (七) 宣帝詢 —— (八) 元帝奭 —— (九) 成帝驁
(B.C.86~74年)　(B.C.73~49年)　　(B.C.48~33年)　　(B.C.32~7年)

康 —— (十) 哀帝欣
(B.C.6~1年)

興 —— (十一) 平帝衎
(A.D.1~5年)

囂 —— 勳 —— 顯 —— (十二) 孺子嬰
(A.D.6~8年)

* 文帝 즉위 전 B.C.187~180년은 呂后가 집정하던 시기임.

❀ 본《십팔사략》제2권의 내용은 주로《사기史記》본기本紀(始皇本紀, 項羽
本紀, 高祖本紀, 呂太后本紀, 孝文本紀, 孝景本紀, 孝武本紀)와 세가世家(陳涉, 外戚,
楚元王, 荊燕, 蕭相國, 留侯, 陳丞相, 絳侯周勃, 梁孝王, 五宗, 三王世家), 그리고 열전列傳
(呂不韋, 刺客, 李斯, 蒙恬, 張耳陳餘, 魏豹彭越, 黥布, 淮陰侯, 韓信盧綰, 田儋, 樊酈滕灌,
張丞相, 酈生陸賈, 傅靳蒯成, 劉敬叔孫通, 季布欒布, 袁盎鼂錯, 張釋之, 吳王濞, 李將軍, 匈奴,
衛將軍驃騎, 平津侯主父, 南越, 東越, 朝鮮, 西南夷, 汲鄭, 儒林, 大宛, 滑稽列傳) 및 반고班固
《한서漢書》의 12 기紀(高帝, 惠帝, 文帝, 景帝, 武帝, 昭帝, 宣帝, 元帝, 哀帝, 平帝)와
진승항적전陳勝項籍傳 등 각 70 열전列傳의 해당 인물들과 역사적 상황을 제왕의
연대에 맞추어 초략抄略하여 편년식編年式으로 재구성한 것이다.

〈武人俑〉 陝西 兵馬俑坑 출토

《十八史略》 卷二

차 례

2. 二世皇帝

(九) 西漢

1. 太祖高皇帝

3. 孝文皇帝

4. 孝景皇帝

5. 孝武皇帝

6. 孝昭皇帝

8. 孝元皇帝

10. 孝哀皇帝

11. 孝平皇帝

12. 孺子嬰

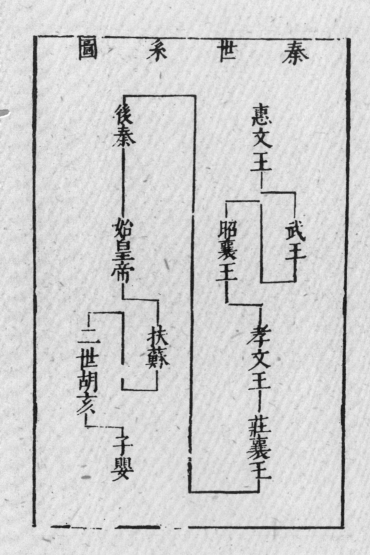

十八史略

秦世系圖

惠文王┬武王
　　　└昭襄王┬孝文王─莊襄王
後秦─始皇帝┬扶蘇
　　　　　　└二世胡亥─子嬰

〈秦世系圖〉《三才圖會》

(八) 秦

1. 秦始皇帝

034 진시황제秦始皇帝

(1) 기화奇貨

진秦 시황제始皇帝의 이름은
정政이며 한단邯鄲에서 태어
났다. 소양왕昭襄王 때 효문
왕孝文王 주柱가 태자가 되
었고, 서자庶子 자초子楚가
조趙나라에 인질人質로 가
있었다. 양적陽翟의 큰 장사
꾼 여불위呂不韋가 마침 조
나라에 있었다. 그가 자초를
보자 이렇게 말하였다.

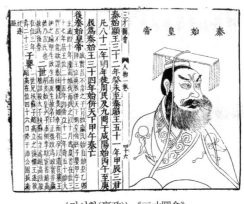

〈진시황(嬴政)〉《三才圖會》

"이것은 진기한 상품이다. 맡을 만하다."

그리고 진나라로 갔다. 태자柱의 비 화양부인華陽夫人의 언니를 통하여 화양부인을 설득하여 자초를 적손 사자嗣子로 삼도록 하였다.

여불위는 한단의 미희를 얻어 이 여자가 임신을 하자 그를 자초에게 바쳤으며 이렇게 태어난 자가 정政이며 실제로 여불위의 아들인 셈이다. 효문왕孝文王은 즉위하여 사흘 만에 죽고, 자초가 즉위하였으니 이가 장양왕莊襄王이다. 장양왕도 4년 만에 죽었다.

秦始皇帝:

名政, 始生于邯鄲. 昭襄王時, 孝文王柱爲太子, 有庶子楚, 爲質于趙. 陽翟大賈呂不韋, 適趙.

見之曰:「此奇貨, 可居.」

乃適秦. 因太子妃華陽夫人之姊, 以說妃. 立楚爲適嗣. 不韋因納邯鄲美姬, 有娠而獻于楚. 生政, 實呂氏. 孝文王立, 三日而薨, 楚立, 是爲莊襄王. 四年薨.

【陽翟】 균주(鈞州)에 속한다.
【奇貨】 기이한 상품이라는 뜻으로 자초(子楚)를 가리킴.

(2) 태후의 사통

정嬴政은 난 지 열세 살에 드디어
왕이 되었고 어머니는 태후太后가
되었다. 여불위는 장양왕 때에 이미
상국相國이 되어 있었는데, 이 때에
이르러 문신후文信侯에 봉해졌다.
그런데 태후는 다시 여불위와 사통
하였다. 왕이 이미 장성하자 여불위
의 일이 발각되어 자살하고 태후
도 폐하여 별궁에 처하게 되었다.
이에 모초茅焦가 간하여 모자 사이는
전과 같이 되었다.

〈진시황〉

政生十三歲矣, 遂立爲王, 母爲太后. 不韋在莊襄王時, 已爲秦
相國. 至是封文信侯. 太后復與不韋通.

王旣長, 不韋事覺自殺, 太后廢處別宮. 茅焦諫, 母子乃復如初.

【茅焦】사람 이름으로 진나라 신하.

035 이사李斯

(1) 축객령逐客令

진나라의 종실과 대신들은 의논하여 이렇게 말하였다.

"다른 제후국 출신으로 우리나라에 와서 벼슬하는 자들은 모두가 자기 나라 임금을 위해 유세를 하는 자일뿐입니다. 일체 몰아내기를 청합니다."

이에 이방 사람을 찾아 추방하기로 하자 객경客卿 이사李斯가 글을 올렸다.

"옛날 진 목공穆公은 유여由餘를 서융西戎으로부터 취하였고 백리해百里奚를 완宛에서 얻으셨으며, 건숙蹇叔을 송나라에서 맞아들였고, 비표丕豹와 공손지公孫枝를 진晉에서 구하여 쓰셨습니다. 그리하여 20나라를 합하여 마침내 서융의 패자霸者가 되셨습니다. 그리고 효공孝公은 상앙商鞅의 법을 써서 제후들이 진나라에 복종하여 지금에 이르도록 잘 다스려지고 강한 군사를 가질 수 있게 되었습니다. 혜왕惠王은 장의張儀의 계책을 써서 여섯 나라의 합종合從을 흩어버리고, 그들로 하여금 우리 진나라를 섬기게 하였으며, 소왕昭王은 범저范雎를 얻어 공실公室을 강화하셨습니다. 이 네 임금님은 모두 객의 힘으로써 그렇게 한 것이니 객이 어찌 진나라에 부담이 된다는 것입니까? 태산泰山은 한 줌의 흙도 사양하지 않기 때문에 그렇게 높을 수 있는 것이며, 하해河海는 작은 물줄기 하나 택하여 받는 것이 아니기 때문에 그토록 깊을 수가 있는 것입니다. 지금 검수黔首를 버려 적국을 돕고, 빈객賓客을 물리쳐 제후를 이롭게 하고 있으니 이를 일러 적에게 병기를 빌려주고, 도둑에게 양식을 갖다 주는 것이라 하는 것입니다."

왕은 이에 이사의 말을 들어 그이 벼슬을 전과 같이 하고 축객령을 철회하였다.

○ 秦宗室大臣議曰:「諸侯人來仕者, 皆爲其主游說耳. 請一切逐之.」

於是大索逐客, 客卿李斯上書曰:「昔穆公取由余於戎, 得百里奚於宛, 迎蹇叔於宋, 求丕豹, 公孫枝於晉. 幷國二十, 遂霸西戎. 孝公用商鞅之法, 諸侯親服, 至今治强. 惠王用張儀之計, 散六國從, 使之事秦. 昭王得范雎强公室. 此四君者, 皆以客之功, 客何負於秦哉? 泰山不讓土壤, 故大; 河海不擇細流, 故深. 今乃棄黔首以資敵國, 卻賓客以業諸侯, 所謂籍寇兵, 而齎盜糧者也.」

王乃聽李斯復其官, 除逐客令.

【黔首】머리가 검은 사람으로 백성을 칭하는 말. 주나라 때는 여민(黎民)이라 불렀다.

(2) 이사李斯와 한비자韓非子

이사는 초楚나라 사람으로 일찍이 순경荀卿에게 배웠으며 진나라는 마침내 그의 모책을 써서 천하를 겸병하게 되었다.

또 한비韓非라는 자는 형명학刑名學에 뛰어났으며, 한韓나라 사신으로 진나라에 왔다가 이 때 글을 올리자 왕이 기뻐하였다. 그런데 이사는 이를 질시하여 왕과 틈이 벌어지도록 하였으며 마침내 하옥하였다가 결국 약을 주어 자살하게 하였다.

斯楚人, 嘗學於荀卿, 秦卒用其謀幷天下.

有韓非者, 善刑名. 爲韓使秦, 因上書, 王悅之. 斯疾而閒之, 遂下吏, 斯遺之藥令自殺.

【荀卿】 荀況.《荀子》라는 책을 남겼으며 한 선제 劉詢의 이름을 피휘하여 孫卿
　　으로 쓰기도 함.
【韓非】 韓나라 공족으로 형명학(형법학)에 뛰어나《韓非子》책을 남김. 법가의
　　대표적인 인물.

036 진시황秦始皇의 천하통일

(1) 천하병탄

진왕秦王 17년, 내사內史 승勝이 한韓나라를 멸하였다. 19년에는 왕전王翦이 조趙나라를 멸하였으며, 23년에는 왕분王賁이 위魏나라를 멸하였다. 그리고 24년에는 왕전이 초楚나라를 멸하였으며, 25년에 왕분이 연燕나라를 멸하였고, 26년에는 왕분이 제齊나라를 멸하였다. 이리하여 진왕은 처음으로 천하를 병탄倂呑하게 되었다.(B.C.221)

○ 十七年, 內史勝滅韓. 十九年, 王翦滅趙. 二十三年, 王賁滅魏. 二十四年, 王翦滅楚. 二十五年, 王賁滅燕. 二十六年, 王賁滅齊. 秦王初幷天下.

【內史】관직이름. 爵祿의 廢置와 殺生, 予奪 등의 법을 관장함.
【王賁】진나라 장군 王翦의 아들.

(2) 시황제始皇帝의 칭호

진왕은 스스로 자신의 덕은 삼황三皇을 겸하였고 공은 오제五帝를 넘을 정도라 여겨 왕호王號를 고쳐 황제皇帝라 하였다. 그리고 자신이 내리는 명命은 제制라 하고, 영령을 조詔라 하였으며 자신을 칭할 때는 짐朕이라 하였다. 그리고 이렇게 제制를 내렸다.

"죽은 다음 그 행동에 따라 시호諡號를 짓는다면 이는 아들이 아버지를 논하고 신하가 임금을 논하는 것이 된다. 심히 말이 되지 않는 제도이다. 지금부터 시호법을 폐지한다. 짐은 첫 번째 황제이며, 그 다음으로는 그 숫자에 따라 계산하여 2세, 3세라하며 만세에 이르도록 전하여 무궁토록 하리라."

自以德兼三皇; 功過五帝, 更號曰皇帝. 命爲制, 令爲詔, 自稱曰朕. 制曰:「死而以行爲諡, 則是子議父, 臣議君也. 甚無謂, 自今以來, 除諡法. 朕爲始皇帝, 後世以計數, 二世三世至于萬世, 傳之無窮!」

【制】帝王으로서 制度에 대한 命을 내리고 제정함을 뜻함.
❋ 원주의 기록은 다음과 같다.
《通鑑》에는 시황제가 이미 천하를 겸병하고 추연(鄒衍)의 오덕설을 채용하여 주(周)나라는 화덕(火德)으로 왕이 되었고 진(秦)나라는 주나라를 대신하였으니 불이 이겨낼 수 없는 것은 물(水)이므로 그에 맞추어 원년을 바꾸고 10월 삭에 축하를 하되 의복과 깃발은 모두 흑색(오행의 수)으로 하며 숫자는 육(六)을 기로 하였다.(始皇旣幷天下, 采用鄒衍五德之說, 以爲周得火德, 秦代周. 從所不勝, 爲水德. 始改年, 朝賀皆用十月朔, 衣服節旗皆尙黑. 數以六爲紀.)
【無謂】'의미가 없음'을 뜻함.

037 금인金人

　시황제는 천하의 병기를 거두어 함양咸陽에 모아, 이를 녹여 종거鐘鐻
와 금인金人 열둘을 만들었다. 그 무게는 각각 1천 석石이었다.

　○ 收天下兵, 聚咸陽, 鎖以爲鐘鐻金人十二, 重各千石.

【鐻】사슴머리에 용의 몸체를 한 신수로 종고의 받침대에 모두 이로써 장식을
　　한다.(鹿頭龍身. 神獸也. 鐘鼓之跗, 皆用以爲飾. ─원주)
【石】1백20근을 일 석(石)으로 함.

038 강제이주

천하의 호부豪富들을 서울 함양으로 이주시켰다. 12만 호였다.

○ 徙天下豪富於咸陽, 十二萬戶.

039 군현제郡縣制

승상丞相 왕관王綰 등이 말하였다.

"연燕, 제齊, 형荊은 지역이 멀어 왕을 두지 않으면 진수해낼 수가 없습니다. 왕자王子들을 세우기를 청합니다."

시황제는 이를 의논하도록 하달하였다. 정위廷尉 이사李斯가 말하였다.

"주나라 무왕武王은 봉한 바 자제와 동성이 심히 많았습니다. 그러나 뒤에 사이가 멀어져 서로 원수를 대하듯 서로 공격하였습니다. 지금 해내는 폐하의 신령神靈하심에 힘입어 하나로 통일되어 모두 군현郡縣이 되었습니다. 그러니 여러 왕자나 공신功臣도 국가에서 세금으로 상을 내리면 충분하기도 하려니와 제어하기도 쉽습니다. 천하에 다른 의견이 없다면 이것이 안녕의 통치술입니다. 제후를 둔다는 것은 불편합니다."

시황제가 말하였다.

"천하는 처음으로 평정되었는데 다시 나라를 세운다는 것은, 이는 군사를 심어놓고 안녕과 안식을 구하는 것이니 어찌 어렵지 않겠는가? 정위의 의견이 옳다."

이리하여 천하를 36군郡으로 나누고 수守·위尉·감監을 두었다.

○ 丞相王綰等言:「燕齊荊地遠, 不置王無以鎮之, 請立諸子.」 始皇下其議.

廷尉李斯曰:「周武王所封, 子弟同姓甚衆, 後屬疏遠, 相攻擊如 仇讐. 今海內賴陸下神靈, 一統皆爲郡縣. 諸子功臣, 以公賦稅 賞賜之, 甚足易制. 天下無異意, 則安寧之術也. 置諸侯不便.」

始皇曰:「天下初定, 又復立國, 是樹兵也. 而求其寧息, 豈不 難哉? 廷尉議是.」

分天下爲三十六郡, 置守尉監.

【縮】음을 '만'이라 하였음.(音彎 —원주)

【下其議】공경에게 내려 그 사안을 토의하도록 함.(下公卿. 講議其事. —원주)

【廷尉】刑獄을 관장하는 대리경(大理卿).

【三十六郡】三川, 河東, 南陽, 南郡, 九江, 象郡, 會稽, 碭川, 潁郡, 南海, 薛郡, 東郡, 瑯邪, 齊郡, 上谷, 漁陽, 右北平, 遼西, 遼東, 桂林, 鉅鹿, 邯鄲, 上黨, 太原, 雲中, 九原, 鴈門, 上郡, 隴西, 北地, 漢中, 巴郡, 蜀郡, 黔中, 長沙, 內史군이었음. (원주) 이에 따라 주(周)나라는 '封建制'를 썼고, 진시황은 '郡縣制'를 썼으며 한 고조는 '郡國制'를 써서 다스렸음.

【守】郡守.

【尉】丞尉. 군수를 돕는 보좌관의 직책.

【監】御史. 군을 감독하는 직책.

040 진시황 28년

(1) 순수와 입비立碑

28년(B.C.219), 시황제는 동쪽의 군현郡縣을 순행하여 추鄒 역산嶧山에 올라 자신의 공과 업적을 칭송하는 비를 세웠다. 그리고 태산泰山에 올라 비석을 세워 사사祠祀의 봉封을 행하였다.

그런데 내려올 때 갑자기 폭풍우가 일어 나무 밑에서 비를 피하고 나서는 그 나무를 오대부五大夫에 봉하였다. 그리고 양보梁父에서 선禪을 행하였다.

○ 二十八年, 始皇東行郡縣, 上鄒嶧山, 立石頌功業; 上泰山, 立石封祠祀. 旣下, 風雨暴至, 休樹下, 封其松爲五大夫. 禪于梁父.

【封禪】《漢書》郊祀志에 흙을 쌓아 대를 만드는 것을 封이라 하고 땅을 소제함을 禪이라 한다 하였다. 옛날 천자가 四嶽에 순수하게 되면 태산에서는 하늘에 제사를 지내고 작은 산은 禪을 하며 산천에는 祭를 지낸다.(漢郊祀志: 築土曰封, 除地曰禪. 古者巡狩至干四嶽, 則封太山而祭天, 禪小山而祭山川. —원주)
【五大夫】진나라 때의 작위 이름. 혹 다섯 소나무를 대부로 봉하였다고 하나 이는 잘못 알려진 것이다.(秦時爵名. 或謂封五松爲大夫, 非也. —원주)
【梁父】태안(泰安)에 있는 산 이름.

(2) 서불徐市과 불사약

드디어 동쪽으로 가서 바다에 뱃놀이를 하였다. 이 때 방사方士 서불
徐市 등이 글을 올렸다.
"동남동녀童男童女와 함께 바다로 나가 봉래蓬萊山, 방장方丈山, 영주瀛州山
의 삼신산三神山에 가서 선인과 불사약을 구하여 바치고자 합니다."
시황제는 그의 말대로 서불 등을 보냈다.

遂東遊海上, 方士齊人徐市等, 上書:「請與童男童女入海, 求
蓬萊·方丈·瀛洲, 三神山仙人, 及不死藥.」
如其言遣市等行.

【方士】 方外之士의 줄인 말로 세상 밖의 일에 대하여 알고 있는 사람. 도술과
방술에 능한 사람.
【徐市】 진시황 때의 방사로 '서불'로 읽으며 우리나라 제주도에까지 와서 서귀포
암벽에 '徐市歸西'를 남겼다고 하며, 다시 南海 錦山을 지나면서 '徐市過此'의
글씨를 남겼다고 함.

(3) 상군湘君

시황제는 장강長江에 배를 띄워 상산湘山으로 가던 중 큰바람이 불어
거의 건너갈 수 없게 되자 박사博士에게 물었다.
"상군湘君이란 어떤 신이오?"
박사는 이렇게 말하였다.

"요堯임금의 딸이요, 순舜임금의 아내입니다."
시황제는 크게 노하여 그 산의 나무를 모두 베어 그 산을 붉게 만들었다.

始皇浮江至湘山, 大風, 幾不能渡.
問博士曰:「湘君何神?」
對曰:「堯女舜妻.」
始皇大怒, 伐其樹赭其山.

【湘山】 益陽의 동정호(洞庭湖) 남쪽에 있으며 그곳에 상군묘(湘君廟)가 있음.
【湘君】 요임금의 딸이며 순임금의 아내인 娥皇을 가리킴.

041 장량張良

한나라 사람 장량張良은 5
세대에 걸쳐 한나라 재상을
지냈다. 한나라가 망하자 그
원수를 갚고자 하였다. 시
황제가 동쪽을 유람하면서
박랑사博浪沙에 이르자 장량
은 역사力士로 하여금 철추
鐵椎로 시황제를 치게 하였
는데 잘못하여 그만 부거副車

〈장량〉《三才圖會》

를 맞추고 말았다. 시황제는 놀라 이를 잡고자 하였으나 놓치고 말았다.
이에 천하로 하여금 그를 수색하게 하였다.

○ 韓人張良, 以五世相韓, 韓亡欲爲報仇. 始皇東遊, 至博浪
沙中, 良令力士操鐵椎擊始皇. 誤中副車. 始皇驚, 求弗得, 令天
下大索.

【五世相韓】장량의 선대가 韓나라 소후(昭侯)와 선왕(宣王), 혜왕(惠王), 양왕
(襄王)을 섬겼으며 그 아버지 張平은 이왕(釐王)과 환혜왕(桓惠王)을 섬겨
재상을 지냄.(원주)
【博浪沙】지명 지금의 河南省 무현(武縣).
【副車】뒤따르는 수레.

042 가평嘉平

31년(B.C.216), 납臘을 고쳐 가평嘉平이라 하였다.

○ 三十一年, 更臘爲嘉平.

【嘉平】 원래 12월에 지내던 제사 이름(臘祭). 원래 夏나라는 '嘉平', 殷나라는
'淸祀', 周나라는 '사'(蜡), 秦나라는 '랍'(臘)이라 불렀으나 진시황이 다시 '가평'
으로 고쳤으며 漢나라는 진나라 풍습을 이었음.

043 만리장성萬里長城

32년(B.C.215), 시황제가 북쪽 국경을 순수할 때 방사方士 노생盧生이 바다에서 돌아와 《녹도서錄圖書》를 바쳤다. 그 글에 이렇게 씌어 있었다.

"진秦나라를 망하게 하는 자는 호胡이다."

시황제는 이에 몽념蒙恬을 보내어 30만 대군으로서 북쪽 흉노匈奴를 토벌하였다. 그리고 만리장성을 쌓았는데 임조臨洮에서 시작하여 요동 遼東까지였으며 이어간 길이가 1만 여 리로 그 위력이 흉노에 떨쳤다.

○ 三十二年, 始皇巡北邊, 方士盧生入海還, 奏《錄圖書》, 曰:「亡秦者, 胡也.」

始皇乃遣蒙恬, 發兵三十萬人, 北伐匈奴. 築長城, 起臨洮, 至遼東, 延袤萬餘里, 威振匈奴.

【胡】여기서 호는 진시황의 둘째 아들 호해(胡亥)를 두고 말한 讖言이었으나 진시황은 이를 북쪽 이민족을 뜻하는 것으로 여겨 장성을 쌓기 시작하였던 것임.

【臨洮】만리장성의 서쪽 시작 지역.

【遼東】만리장성의 동쪽 山海關 근처. 당시 이는 요동지역이었음.

044 분서焚書

34년(B.C.213), 승상 이사李斯가 글을 올렸다.

"지난 날 제후가 서로 다투어 유세 遊說하는 자를 우대하며 초빙하였습니다. 그러나 지금은 천하가 이미 안정되었고 법령은 하나에서 나오게 되었습니다. 백성은 집에서는 농업과 공업에 힘쓰고, 선비士라면 법령을 배우기만 하면 됩니다. 그런데 지금 선비들은 오늘을 배우려 하지 않고, 옛날의 도道를 배워 지금 당세가 잘못되었다 하면서 백성을 혹란惑亂하고 있습니다. 법령이 내렸다는 말만 들으면 각기 자신들의 학문으로써 이를 의논하여, 조정에

〈焚書坑儒〉명각본《帝鑑圖說》

들어와서는 마음 속으로 비난하고 밖에 나가서는 골목에서 논평하며, 자기의 제자들을 이끌고 비방을 조성하고 있습니다. 신이 청하건대 사관史官의 책 중에 진秦나라 역사가 아닌 것은 모두 태워버리고, 박사관博士官이 직책이 아닌 것이면서 천하에 시詩·서書, 제자백가諸子百家의 책을 가지고 있는 자라면 모두 수守, 위尉에게 보내어 뒤섞어 태워버리며, 또 서로 만나 시서의 이야기를 나누는 자가 있으면 기시棄市하고, 옛날 학문으로써 오늘의 정치를 비방하는 자는 멸족滅族을 시키기를 청합니다. 버리지 않을 책이란 의약醫藥·복서卜筮·식목에 관한 것이면 됩니다. 만약 법령을 배우고자 한다면 법관을 선생으로 삼으면 될 것입니다."

시황제는 명을 내렸다.

"옳다."

○ 三十四年, 丞相李斯上書曰:「異時諸侯並爭, 厚招遊學. 今天下已定, 法令出一. 百姓當家, 則力農工, 士則學習法令. 今諸生不師今, 而學古以非當世, 惑亂黔首. 聞令下, 則各以其學議之. 入則心非, 出則巷議, 率羣下以造謗. 臣請史官非秦記皆燒之, 非博士官所職, 天下有藏詩書百家語者, 皆詣守尉雜燒之, 有偶語詩書者棄市, 以古非今者族. 所不去者, 醫藥卜筮種樹之書. 若有欲學法令, 以吏爲師.」

制曰:「可.」

【史官】 역사를 편찬하는 국사원(國史院)의 관리.
【棄市】 사형에 처하고 그 시신을 거리에 버려 죽은 자에게 모욕을 가하고 백성들에게 공포감을 주는 것.
【族】 그 가족을 함께 연좌하여 멸하는 형벌.
【卜筮】 거북껍질로 점을 치는 것을 '卜'이라 하며 시초(蓍草)로써 점을 치는 것을 '筮'라 함.(龜曰卜, 蓍曰筮. −원주)

045 갱유坑儒

35년(B.C.212), 후생侯生과 노생盧生이 함께 시황제를 비방하고 도망가자 시황제는 크게 노하였다.

"노생 등은 내 그들을 존경하여 매우 후하게 대접하였는데 지금 나를 비방하였다. 함양咸陽에 있는 여러 선비들을 사람을 시켜 염탐해 보도록 하였더니 어떤 자는 요사스런 말을 퍼뜨려 백성을 미혹하게 하고 있었다."

이에 어사御史에게 사안에 따라 모두 문책하게 하였다. 선비들은 서로 미루고 남을 고하여 끌어들였다. 이에 금법을 범한 자를 가려내어 464명을 모두 함양에서 구덩이에 묻어버렸다. 그러자 맏아들 부소扶蘇가 간하였다.

"학자들은 모두 공자孔子를 법으로 여겨 외우고 있습니다. 그런데 임금께서는 모든 것을 법만 중히 여겨 이를 준칙으로 삼고 계시니 신은 천하가 불안하게 될까 염려됩니다."

시황제는 노하여, 부소를 북쪽 상군上郡에 보내어 몽념蒙恬의 군사를 감시하도록 추방해 버렸다.

○ 三十五年, 侯生盧生, 相與譏議始皇, 因亡去.

始皇大怒曰:「盧生等, 吾尊賜之甚厚, 今乃誹謗我. 諸生在咸陽者, 吾使人廉問, 或爲妖言, 以亂黔首.」

於是使御史悉案問, 諸生傳生告引, 乃自除犯禁者四百六十四人, 皆坑之咸陽.

長子扶蘇諫曰:「諸生皆誦法孔子, 今上皆重法繩之, 臣恐天下不安.」

始皇怒, 使扶蘇北監蒙恬軍於上郡.

【誹】 音非.

【廉】 자세히 살핌을 뜻함. '廉探하다'의 뜻.

【扶蘇】 진시황의 첫째 아들. 조고의 간계에 의해 제위에 오르지 못하고 죽었음.

【上郡】 지명. 지금의 섬서성 일대.

〈焚書坑儒〉 유적지. 陝西 西安 臨潼縣

046 아방궁阿房宮

　시황제는 함양咸陽은 사람은 많고 선왕의 궁궐은 너무 작다고 여겼다. 이에 위수渭水 남쪽의 상림원上林苑에 조궁朝宮을 지으면서, 먼저 그 전전前殿인 아방궁阿房宮을 지었다. 동서가 5백 보, 남북이 5십 장丈이며, 그 위에는 1만 명이 앉을 수 있었고, 아래에는 5장丈의 깃발을 세울 수 있었다. 주위에 말을 달릴 수 있는 각도閣道를 만들어, 전전前殿 아래에서 바로 남산南山으로 갈 수 있도록 하였으며, 남산의 꼭대기를 표준으로 대궐의 높이를 삼았다. 복도複道를 만들어 아방궁에서 위수를 건너 이를 함양에 접속되도록 하였다. 이는 북극성北極星의 각도성閣道星이 은하수銀河水를 건너 영실성營室星에 이르는 것을 상징한 것이다.
　아방궁이 아직 완성되지 않았을 때 완성되면 훌륭한 이름을 지으려고 하였으나 천하는 이를 아방궁이 불렀다.

　○ 始皇以爲咸陽人多, 先王宮庭小. 乃營作朝宮渭南上林苑中, 先作前殿阿房, 東西五百步, 南北五十丈, 上可坐萬人, 下可建五丈旗. 周馳爲閣道, 自殿下直抵南山, 表南山之顚以爲闕. 爲複道, 自阿房渡渭, 屬之咸陽, 以象天極閣道絶漢抵營室也. 阿房宮未成, 成欲更擇令名, 天下謂之阿房宮.

【阿房】 '아방'은 지명임.
【南山】 華陰을 가리킴.
【天極閣道】《천관서》에 天極 紫宮 뒤의 열 일곱 별이 은하수를 끊어 營室이라는 별에 닿도록 함을 閣道라 한다. 閣道는 별 이름이다.(天官書曰: 天極紫宮後十七星. 絶漢抵營室曰閣道. 閣道者星名. −원주)
【漢】 은하수(天漢)를 가리킴.
【營室】 역시 별의 이름임.

047 시황제의 천성

　시황제는 사람됨이 그 천성이 강퍅하고 지독하였으며 자만심이 강하였다. 그리하여 천하의 일은 크고 작은 것을 가릴 것 없이 모두 자신이 결재하였다. 왕은 그 많은 문서를 형석衡石으로 무게를 달아 밤과 낮에 맞게 분량을 정하여 쉴 수도 없었으니 권세에 대한 탐욕이 이런 지경에 이르렀다.

　○ 始皇爲人, 天性剛戾自用. 天下事無大小, 皆決於上. 王以衡石量書, 日夜有程, 不得休息, 貪於權勢至如此.

【自用】 자신의 의견을 고집함을 뜻함.(執己見也.)
【衡石云云】 ‘衡’은 저울이며 ‘石’은 저울추를 말함. 문서의 양을 저울로 달아 밤낮으로 처리하고 결재할 양을 정함을 뜻함.(衡稱. 石錘也. 以秤稱量文書. 日夜處決自有程限. ─원주)

048 조룡祖龍

진나라 사람으로 사신으로 갔던 자가 돌아오는 길에 어떤 사람을 만났더니 그가 구슬을 주면서 이렇게 말하는 것이었다.

"나를 위해 호지군滈池君에게 가져다주시오. 내년에 조룡祖龍, 진시황이 죽을 것이오."

○ 秦有出使者, 還. 遇人持璧授之, 曰:「爲吾遺滈池君, 明年祖龍死.」

【滈池君】 진나라 서울 함양에 있는 못 이름으로 군은 그 못의 신을 말함.(地在咸陽, 君其神也. -원주)
【祖龍】 祖는 시조를 가리키며 용은 임금을 상징하여 진시황을 뜻함.(祖, 始. 龍, 君象. 喩始皇也. -원주)

049 시황제의 죽음

37년(B.C.210), 시황제의 순유巡遊의 길에 승상 이사李斯와 막내아들 호해胡亥, 그리고 환관宦官 조고趙高가 따라나섰다. 시황제는 사구沙丘의 평대平臺에서 죽었다. 그러자 이를 숨겨 상을 발하지 않고 시황제의 조서詔書를 받았다고 거짓을 꾸며 호해를 세우고 부소扶蘇에게는 죽음을 내렸다.

그리고 시황제의 시신을 온량거輼輬車에 싣고 한 섬의 포어鮑魚로 그 시신의 냄새를 흩으면서 함양에 이르러 국상國喪을 발표하였다. 그리고 호해가 즉위하니 이가 이세황제二世皇帝이다.

○ 三十七年, 始皇出遊, 丞相斯·少子胡亥·宦者趙高從. 始皇崩於沙丘平臺, 祕不發喪, 詐爲受詔, 立胡亥, 賜扶蘇死. 載始皇輼輬車中, 以一石鮑魚亂其臭, 至咸陽始發喪.

胡亥卽位, 是爲二世皇帝.

【宦者】엄관(閹官)이라고도 함.
【平臺】지명. 大名府에 있음.
【輼輬】수레에 창이 있으며 이를 닫으면 서늘한 기운이 있어 그 때문에 '온량'이라 한다.(車上有窓, 閉之則涼, 故曰輼輬. −원주)

2. 二世皇帝

● 秦나라 2세 황제.
胡亥. B.C.209~B.C.207년 재위.

050 이세황제二世皇帝

이세황제二世皇帝는 이름이 호해胡亥이다. 원년元年(B.C.209)에 동쪽 군현郡縣을 순행하면서 조고趙高에게 이렇게 말하였다.

"나는 귀와 눈의 쾌락快樂을 다하여 마음 내키는 즐거움을 다하다가 일생을 마치고 싶소."

조고는 이렇게 부추겼다.

"폐하께서 법을 엄히 하고 형벌을 혹독하게 하며 고신故臣들을 모조리 없애시고 가까이 신임하시는 사람을 쓰시게 되면, 베개를 높이 하고 무슨 일이든 마음대로 하실 수 있습니다."

이세는 그렇다 여기고 법률을 고쳐 더욱 각박하고 심하게 하는데 힘썼다. 이리하여 공자公子와 대신들이 거의 극형極刑을 당하였다.

二世皇帝:

名胡亥. 元年, 東行郡縣.

謂趙高曰:「吾欲悉耳目之所好, 窮心志之樂, 以終吾年.」

高曰:「陛下嚴法刻刑, 盡除故臣, 更置所親信, 則高枕肆志矣.」

二世然之, 更爲法律, 務益刻深. 公子大臣多僇死.

【故臣】이미 연고가 있어 오랫동안 함께 일해 온 신하.

【更】音庚. 下同.

【僇死】戮死와 같음. 극형에 처함을 뜻함.

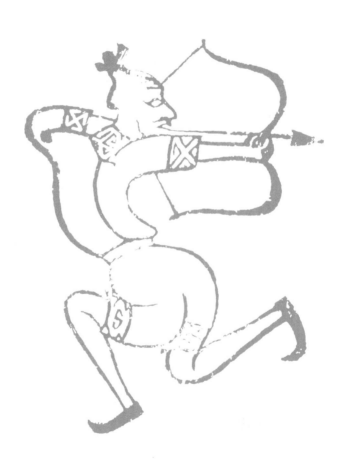

051 진승陳勝

　양성陽城 사람 진승陳勝은 자가 섭涉으로 젊을 때 남과 더불어 품팔이 농사일을 하고 있었다. 어느 날 밭둑에서 밭 갈기를 거두고 창연히 한참 있다가 이렇게 말하였다.

"진실로 부귀해져도 서로 잊지 말도록 하자."

같은 품팔이 농사꾼이 비웃었다.

"너는 날품팔이하는 주제에 어찌 부귀해진다는 것인가?"

진승은 크게 한숨을 지으며 이렇게 말하였다.

"아! 제비나 참새 따위가 어찌 홍곡鴻鵠의 뜻을 알겠는가?"

　그 때에 이르러 그는 오광吳廣과 더불어 기蘄 땅에서 군사를 일으켰다.

　당시 진나라는 여좌閭左를 징발하여 어양漁陽에 주둔시키고 있었으며 진승과 오광은 둔장屯長이 되어 그곳으로 가게 되었다. 그런데 마침 큰비로 길이 막혀 갈 수 없게 되자 이에 부하를 불러 놓고 이렇게 부탁하였다.

"그대들은 이미 도착할 기한을 넘겼고 법에 따라 참수斬首를 면치 못하게 되어 있다. 장사壯士로서 죽지 않으면 그만이지만 어차피 죽을 목숨이라면 큰 이름을 드러내야 한다. 왕후王侯와 장상將相이라는 것이 어찌 달리 종자가 있겠는가?"

무리들은 모두 그를 따랐다.

　이에 두 사람은 각기 거짓으로 공자公子 부소扶蘇와 초楚나라 장군 항연項燕을 칭하며 국호를 대초大楚라 하였다. 진승은 자립하여 장군이 되고 오광은 도위都尉가 되었다.

　이 때 대량大梁의 장이張耳와 진여陳餘가 군문軍門을 찾아와서 뵙기를 청하였다. 진승은 매우 기뻐하며 다시 자립하여 왕이 되어 국호를 장초張楚라 고쳤다.

　여러 군현郡縣들은 진나라의 법에 고통을 받아온 터라 다투어 자신들의 장리長吏를 죽이고 진섭에게 호응하여 왔다.

○陽城人陳勝字涉. 少與人傭畊, 輟畊之隴上, 悵然久之曰:
「苟富貴無相忘.」

傭者笑曰:「若爲傭畊, 何富貴也?」

勝大息曰:「嗟呼! 燕雀安知鴻鵠之志哉?」

至是與吳廣起兵于蘄. 時發閭左戌漁陽, 勝廣爲屯長, 會大雨
道不通, 乃召徒屬曰:「公等失期, 法當斬, 壯士不死則已, 死則
擧大名, 王侯將相寧有種乎?」

衆皆從之. 乃詐稱公子扶蘇項燕, 稱大楚.

勝自立爲將軍, 廣爲都尉. 大梁張耳·陳餘, 詣軍門上謁, 勝
大喜, 自立爲王, 號張楚. 諸郡縣苦秦法, 爭殺長吏以應涉.

【陽城】澤州에 속하는 지명.
【傭】고용살이, 머슴.
【爲】去聲.
【鴻鵠】고니. 큰 뜻을 가지고 수만 리를 나는 새. 燕雀에 상대하여 쓴 것임.
【蘄】宿州에 속하는 지명.
【閭左】여리(閭里, 마을 단위)에서는 부강한 자는 오른쪽에, 가난하고 약한
  자는 왼쪽에 살았다. 진나라 시대 요역이 많아 부유한 자는 이미 요역을 모두
  마쳐 다시 가난한 자까지 모아들인 것이다.(所在閭里, 以富强爲右, 貧弱爲左.
  秦徭役煩多, 富强者並役盡, 故復取貧者. ─원주)
【漁陽】北平에 속하며 명나라 때 薊州.
【屯長】屯營의 우두머리.
【扶蘇, 項燕】이 두 사람은 이미 죽고 없었으나 백성들의 聲望을 얻기 위해
  그 이름을 칭한 것.
【長吏】郡縣의 官長.

052 도적이 일어남

알자謁者가 동방으로부터 와서 반란하는 자가 있다는 풍문을 들려주었다. 이세는 노하여 그를 하옥하도록 하였다. 뒤에 온 사신이 도착하자 이세가 물었다. 그러나 그의 대답은 이러하였다.

"무리 지은 도둑들은 구멍의 쥐나 개 따위나 훔치는 좀도둑입니다. 근심하실 것 없습니다."

이세는 기분이 좋았다.

○ 謁者從東方來, 以反者聞, 二世怒, 下之吏.

後使者至, 上問之, 曰:「羣盜鼠竊狗偸, 不足憂也.」

上悅.

【謁者】여기서는 민정을 살피는 업무를 맡은 자.

053 조趙나라 공략

　진승은 평소 친하게 지내던 진陳나라 무신武臣을 장군에 임명하고 장이張耳와 진여陳餘를 교위校尉로 삼아 조趙나라를 공략토록 하였다. 그런데 이들이 조나라에 이르자 무신은 자립하여 조왕趙王이 되었다.

　○ 陳勝以所善陳人武臣爲將軍, 耳餘爲校尉, 使徇趙地. 至趙, 武臣自立爲趙王.

【武臣】인명. 武는 姓, 臣은 이름.
【校尉】군사 업무를 맡은 관리.
【徇】군사를 순시하며 명령을 선포하는 것을 '徇'이라 함.(巡師宣令曰徇. ―원주)

054 유방劉邦

　패沛 땅 사람 유방劉邦이 패에서 군사를 일으켰다. 부로父老들이 그 곳 영令을 죽이고 유방을 맞아 패공沛公으로 삼았다.
　패읍의 연掾이었던 주리主吏 소하蕭何와 조삼曹參이 유방을 위하여 패 땅의 자제들을 거두어 3천 명을 얻었다.

　○ 沛人劉邦, 起於沛. 父老爭殺令, 迎立爲沛公. 沛邑掾主吏, 蕭何·曹參, 爲收沛子弟, 得三千人.

【沛】河南군에 속하며 徐州.
【掾】군현이나 읍의 낮은 관리.
【蕭何, 曹參】《한서(漢書)》에 의하면 曹參은 옥연사(獄掾使)였고 蕭何는 주리
　(主吏)였음.

055 항량項梁

항량項梁은 초나라 장군 항연項燕의 아들이다. 일찍이 사람을 죽인 일이 있어 형의 아들 항적項籍과 함께 원수를 피해 오吳 땅에 머물고 있었다. 항적은 자가 우羽였다. 그는 어릴 때 글공부를 하면서 성취를 얻지 못하자 이를 버리고 검술을 배웠으나 이것도 제대로 하지 못하였다. 숙부 항량이 꾸짖자 항적은 이렇게 말하였다.

"글씨는 족히 성명을 쓸 만하면 될 뿐이고, 검술은 다만 한 사람을 적으로 여겨 상대하는 것이니 배우기에 족하지 않습니다. 만 사람을 대적하는 것을 배우렵니다."

항량은 이에 항적에게 병법兵法을 가르쳐주었다.

마침 회계會稽 군수郡守 은통殷通이 군사를 일으켜 진승에게 호응하려고 항량項梁을 장수로 삼았다. 그러나 항량은 항적으로 하여금 은통을 죽이도록 하고 그 인수印綬를 빼앗아 차고 마침내 오중吳中의 군사 8천 명을 모아 거병하였다. 항적은 비장裨將이 되었으며 이 때 스물네 살이었다.

○ 項梁者, 楚將項燕之子也. 嘗殺人, 與兄子籍, 避仇吳中. 籍字羽, 少時學書, 不成; 去學劍, 又不成.

梁怒, 籍曰:「書足以記姓名而已. 劍一人敵, 不足學. 學萬人敵.」

梁乃教籍兵法. 會稽守殷通, 欲起兵應陳涉, 使梁爲將. 梁使籍斬通, 佩其印綬, 遂擧吳中兵得八千人. 籍爲裨將, 時年二十四.

【項梁】초나라 장군 項燕의 아들이며 項籍(項羽)의 삼촌.
【會稽】지명.
【綬】도장 끈. 印綬. 관직을 뜻함.

056 전담田儋

제齊나라 전담田儋이 자립하여 제왕齊王이 되었다.

○ 齊人田儋, 自立爲齊王.

【田儋】 田氏 齊의 공족.

057 한광韓廣

조왕趙王 무신武臣이 장수 한광韓廣으로 하여금 연燕 땅을 공략토록
하였는데 한광은 자립하여 연왕燕王이 되었다.

○ 趙王武臣, 使將韓廣略燕地, 廣自立爲燕王.

【燕地】춘추전국시대 연나라 고토. 지금의 북경지역.

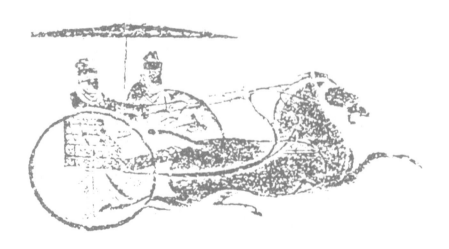

058 주시周市

　초나라 장수 주시周市는 위魏 땅을 평정하고 위나라 공자公子 구咎를
맞아 위왕魏王으로 세웠다.

　○ 楚將周市, 定魏地. 迎魏公子咎, 立爲魏王.

【魏地】 전국시대 위나라 고토. 지금의 하남성 開封지역.

059 오광吳廣의 죽음

2년(B.C.208), 오광吳廣이 그의 부하에게 죽었다.

○ 二年, 吳廣爲其下所殺.

060 장가莊賈의 항복

진승陳勝은 그 마부 장가莊賈에게 살해당하였고, 장가는 진秦에 항복하였다.

○ 陳勝, 爲其御莊賈所殺, 以降秦.

061 장한章邯

　진나라 장수 장한章邯이 위魏를 쳤다. 제나라와 초나라가 이를 구원
하였으나 제왕齊王 전담田儋과 위왕 구는 주시周市와 함께 패하여 죽었다.

　○ 秦將章邯擊魏. 齊楚救之, 齊王儋魏王咎, 與周市, 皆敗死.

【章邯】 音注에는 장함(舍)으로 읽도록 되어 있음.(원주)

062 조왕 무신武臣

조왕趙王 무신이 그의 장수 이량李良에게 죽었다. 장이張耳와 진여陳餘가
조헐趙歇을 세워 조왕趙王으로 삼았다.

○ 趙王武臣, 爲其將李良所殺. 張耳·陳餘, 立趙歇爲王.

063 범증范增

거소居鄛 사람 범증范增은 나이 70인데 기묘한 계교에 뛰어났다. 그는 항량項梁을 찾아가 이렇게 설득하였다.

"진승陳勝은 처음 큰 일을 벌이면서 초왕楚王의 자손을 세우지 않고 스스로 초왕이 되었기 때문에 그 세력이 오래 가지 못한 것입니다. 지금 그대가 강동江東에서 기병하자, 초나라에서 봉기한 장수들이 다투어 그대에게 붙고 있습니다. 그대는 대대로 초나라의 장군이었으니 반드시 다시 초왕의 후손을 세울 수 있을 것입니다."

이에 항량은 초 회왕懷王의 손자 심心을 찾아내어 초 회왕懷王으로 세워 백성들의 소망을 따랐다.

○ 居鄛人范增, 年七十, 好奇計.

往說項梁曰:「陳勝首事, 不立楚後, 而自立, 其勢不長. 今君起江東, 楚蜂起之將, 爭附君者, 以君世世楚將, 必能復立楚之後也.」

於是項梁求得楚懷王孫心, 立爲楚懷王, 以從民望.

【心】 인명. 초 회왕(懷王)의 손자. 왕호를 초 회왕으로 그대로 쓴 것임.
【民望】 응소는 "여섯 나라가 진나라에 병합되면서 초나라가 가장 억울하며 죄가 없다고 여겨 그 후손을 세워 백성들의 소망을 따른 것이다."(應曰. 六國爲秦幷. 楚最無罪. 故立其後. 以順民望. −원주)

064 조고趙高와 이사李斯

조고趙高와 승상 이사李斯 사이에 틈이 벌어졌다. 조고가 이세를 모시고 마침 주연을 베풀어 어전에서 여러 여인들과 흥이 올라 즐기고 있을 때에 사람을 시켜 이사에게 이렇게 고하도록 하였다.

"말씀을 드리기 좋은 때입니다."

이사는 임금을 알현하였다. 그러자 이세는 노하여 이렇게 말하였다.

"나는 일찍이 한가한 날이 많았소. 승상께서는 그런 때는 오지 않더니 내 바야흐로 사사로이 즐기고 있을 때 문득 나타났다는 말이오?"

그러자 조고가 나섰다.

"승상 이사의 맏이 이유李由는 삼천三川의 태수太守로서 도적과 내통하고 있습니다. 게다가 승상은 상관이 없다는 듯이 여기고 있으며 그 권세는 폐하보다 중합니다."

이세는 그렇다 여겨 이사를 형리刑吏에게 내려보냈다. 그리하여 이사는 오형五刑에 처해져 함양의 거리에서 그 허리를 잘리게 되었다. 이사는 옥문을 끌려나오면서 둘째아들을 돌아보고 이렇게 말하였다.

"내 너와 함께 다시 누런 사냥개를 끌고 상채上蔡의 동문東門을 나서서 교토狡免를 쫓고자 하였는데 어찌 가능하겠는가?"

그리고 부자가 함께 통곡하였으며 삼족三族이 몰살당하고 말았다.

○ 趙高與丞相李斯有隙.

高侍二世, 方燕樂婦女居前, 使人告丞相斯:「可奏事.」

斯上謁, 二世怒曰:「吾嘗多閒日, 丞相不來. 吾方燕私, 丞相輒來.」

高曰:「丞相長男李由, 爲三川守與盜通. 且丞相居外, 權重於陛下.」

二世然之, 下斯吏, 具五刑, 腰斬咸陽市.

斯出獄, 顧謂中子曰:「吾欲與若復牽黃犬, 俱出上蔡東門, 逐狡兔, 豈可得乎?」

遂父子相哭, 而夷三族.

【燕】宴과 같음.

【三川】지명. 河南에 속하며 지금의 汝寧府.

【五刑】墨刑, 劓刑. 荆刑. 宮刑. 大辟을 五刑이라 함.

【腰斬】옛날 죄가 중한 경우 허리를 끊고 죄가 가벼운 경우 목을 자르는 형벌을 내렸음.(古者罪重腰斬, 罪輕頸刑. ─원주)

【上蔡】현 이름. 汝寧부에 속하며 李斯의 집이 그곳에 있었음.

【三族】부족, 모족, 처족을 주멸하는 형벌.(誅父母妻三族. ─원주)

065 지록위마指鹿爲馬

중승상中丞相 조고趙高는 진나라의 권력을 전횡하고자 하였으나 신하들이 들어주지 않을까 두려웠다. 이에 먼저 시험해 보기로 하고 사슴을 가져다 이세에게 바치면서 이렇게 말하였다.

"말입니다."

이세는 웃으면서 말하였다.

"승상은 잘못 알고 있군요! 사슴을 가리켜 말이라 하시다니."

그리고는 좌우에게 물어보았다. 어떤 자는 입을 다물었고 어떤 자는 사슴이라 하는 것이었다.

조고는 몰래 그들 가운데 사슴이라 말한 여러 사람들을 법으로 얽어 처벌하였다. 그 뒤 신하들은 모두 조고를 두려워하여 감히 그의 잘못을 말하지 못하였다.

○ 中丞相趙高, 欲專秦權, 恐羣臣不聽.

乃先設驗, 持鹿獻於二世, 曰:「馬也.」

二世笑曰:「丞相誤邪! 指鹿爲馬.」

問左右, 或黙或言. 高陰中諸言鹿者以法, 後羣臣皆畏高, 莫敢言其過.

【中丞相】벼슬 이름.

✱ 원주의 기록은 다음과 같다.

선대 학자가 이렇게 말하였다. "선비는 세 종류가 있으니 道德에 뜻을 둔 자는 功名이 그 마음을 얽매지 아니하고, 功名에 뜻을 둔 자는 富貴가 그 마음을 얽매지 아니하며, 부귀에 뜻을 둔 자는 하지 못할 짓이 없다. 부귀에 뜻을 둔 자가 바로 孔子가 말한 鄙夫이다. 무릇 비부는 그 부귀를 오래도록 누리고자 하나 그것이 가능하겠는가? 秦나라 李斯와 趙高는 焚書坑儒하고 指鹿爲馬하면서 그 뜻은 모두 政柄을 빼앗고 耳目의 즐거움을 끝없이 해보고 부귀를 영원히 누려 이를 즐거움으로 삼고자 한 것이었으나 그들은 부귀라는 것이 끝내 믿을 수 없는 것이며, 도리어 覆宗絶祀의 기미가 그 속에 있는 것임을 몰랐다. 아! 뒷날 富貴利達을 當世에 구하고자 하는 자라면 어찌 거울삼지 않을 수 있으랴!"(先儒有言曰:「士之品有三: 志於道德者, 功名不是以累其心; 志於功名者, 富貴不足以累其心; 志於富貴者, 則無所不至矣. 志於富貴, 孔子之所謂鄙夫也. 夫以鄙夫, 而欲久富貴, 其可得乎? 秦之李斯趙高, 焚書坑儒, 指鹿爲馬, 其志皆欲以奪政柄, 縱耳目, 以久享富貴, 爲可樂, 而不知富貴卒不可恃, 而覆宗絶祀之機其在焉. 嗟夫! 後之欲求富貴利達於當世者, 可不鑒哉!」)

066 항우項羽

항량은 진나라 장수 장한章邯과의 싸움에서 패하여 죽었다. 송의宋義가 앞서 항량은 반드시 패하리라 하였는데 과연 항량은 패한 것이었다.

진나라가 조나라를 공략하면서 초 회왕懷王은 송의宋義를 상장上將으로 삼고 항우項羽를 차장次將으로 삼아 조나라를 구원하였다. 송의

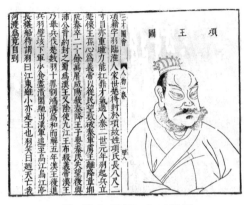

〈項王(항적, 항우)〉《三才圖會》

가 교만하게 굴자 항우는 송의를 베어 죽이고 그 군사를 거느리고 진나라 군사를 거록鉅鹿 아래에서 크게 격파하여 왕리王離 등을 사로잡아, 진나라 장수 장한과 동예董翳, 사마흔司馬欣의 항복을 받았다. 이리하여 항우는 제후의 상장군上將軍이 되었다.

○ 項梁與秦將章邯戰敗死, 宋義先言其必敗, 梁果敗.
　秦攻趙, 楚懷王, 以義爲上將, 項羽爲次將, 救趙. 義驕, 羽斬之 領其兵, 大破秦兵鉅鹿下, 虜王離等, 降秦將章邯・董翳・司馬欣. 羽爲諸侯上將軍.

【先言】 장수는 교만하고 사졸은 게으르다고 하였었음.(有將驕卒惰之語. ─원주)
【鉅鹿】 군은 河東에 속하며 지금의 順德府.(원주)

067 조고趙高의 죽음

이보다 앞서 조고는 자주 이렇게 말하였다.

"관동關東에서 일어난 도둑들은 큰일을 저지를 만한 힘이 없습니다."

진나라 군사가 자주 패하자 조고는 이세의 노여움을 살까 두려워 드디어 자신의 사위 염악閻樂으로 하여금 이세를 망이궁望夷宮에서 죽이도록 하고 공자 자영子嬰을 진왕秦王으로 세웠다. 자영은 이세의 형扶蘇의 아들이다. 자영은 왕위에 오르자 조고의 삼족을 멸하였다.

○ 先是, 趙高數言:「關東盜無能爲.」

及秦兵數敗, 高恐二世怒, 遂使婿閻樂, 弑二世於望夷宮, 立公子嬰爲秦王, 二世之兄子也. 嬰旣立, 族殺趙高.

【關東】함곡관의 동쪽. 진나라가 정복한 전국시대 六國의 땅을 말함.

【望夷宮】장안은, 이 망이궁은 장릉의 서북쪽에 있으며 경수에 임하여 지어 북이를 조망할 수 있도록 하였더라 함.(張晏曰: 在長陵西北, 臨涇水作之, 以望北夷. ─원주)

【子嬰】二世皇帝 호해의 아들로 진나라 마지막 왕.

【兄】이세황제 호해의 형 扶蘇.

068 관중關中에 먼저 들어가는 자
그곳 왕으로 삼으리라

처음 초 회왕懷王은 여러 장수들과 이렇게 약속하였다.

"먼저 관중關中에 들어가는 자를 그곳의 왕王으로 삼으리라!"

당시 진나라의 군사가 강하였으므로 장수들은 먼저 관중으로 들어가는 것을 이롭게 여기지 않았다. 유독 항우만은 진나라가 자신의 숙부 항량을 죽인 것을 원한으로 여겨 분격하여 패공沛公과 함께 먼저 관중으로 들어가기를 원하였다. 그러자 회왕의 여러 노장老將들이 모두 이렇게 말하였다.

"항우는 사람됨이 표한하고 난폭하오. 오직 패공은 관대하고 나이도 어른스러우니 보낼 만합니다."

이에 패공을 보내게 되었다.

○ 初楚懷王, 與諸將約:「先入定關中者王之!」

當時秦兵强, 諸將莫利先入關, 獨項羽怨秦殺項梁, 奮願與沛公先入關.

懷王諸老將皆曰:「項羽爲人, 慓悍猾賊。獨沛公寬大長者, 可遣.」

乃遣沛公.

【關中】 진나라 근거지인 함양 일대를 일컫는 말. 《관중기》에 동쪽은 함곡관, 서쪽은 용관으로 두 관문 사이에 있어 관중이라 하며 서안을 가리킨다.(關中記曰: 東曰函關, 西曰龍關, 界二關之間, 故曰關中. 卽安西也. -원주)

069 역이기酈食其

고양高陽 사람 역이기酈食其가 패공 휘하의 기사에게 말하였다.
"내가 듣기로 패공은 거만하고 남을 쉽게 여기기는 하나 원대한
계략이 많다 합니다. 이야말로 내가 좇고자 원하는 사람이오."
그러자 기사는 이렇게 말하였다.
"패공은 유학자를 좋아하지 않습니다. 찾아오는 자가 유관儒冠을
쓰고 오면 패공은 곧 그 관을 벗겨 거기에다 오줌을 눕니다. 그러니
유생이라 말하지 마시오."
역이기는 기사에게 패공에게 들어가 이렇게 말해 달라고 하였다.
"사람들은 모두 역이기를 미친 사람이라 합니다. 그러나 그 스스로는
미친 자가 아니라고 합니다."
패공이 고양高陽의 전사傳舍에 이르러 역이기를 불러들였다. 그 때
패공은 걸상에 걸터앉아 두 여인으로 하여금 발을 씻기면서 역이기를
만났다. 역이기는 길게 읍揖만 하고 절은 하지 아니하면서 말하였다.
"족하足下께서 반드시 무도한 진나라를 멸하고자 하신다면 거만하게
어른을 만나서는 안 될 것입니다."
이에 패공은 급히 발 씻기를 중지하고 일어나 옷깃을 바로잡으며
역이기를 윗자리고 맞아들여 사과하였다. 역이기는 패공을 위하여
진류陳留의 현령縣令을 설득하여 항복하도록 하였다. 뒤에 패공은 항상
역이기를 세객說客으로 대우하였다.

○ 高陽人酈食其謂沛公麾下騎士曰:「吾聞沛公慢而易人,
多大略, 此眞吾所願從游.」
騎士曰:「沛公不好儒, 客冠儒冠來者, 沛公輒解其冠, 溲溺其中,
未可以儒生說也.」
食其令騎士第入言之曰:「人皆謂食其狂生, 生自謂我非狂生.」

沛公至高陽傳舍, 召生入. 沛公方踞牀, 使兩女子洗足而見生, 生長揖不拜曰:「足下必欲誅無道秦, 不宜踞見長者.」

於是沛公輟洗, 起攝衣, 延生上坐謝之. 生爲沛公, 說下陳留, 後常爲說客.

【高陽】 汴梁(지금의 개봉)에 속하는 읍 이름.

【酈食其】 '력이기'로 읽음.

【溲溺】 小便을 가리킴.

【傳舍】 郵遞의 전달을 뜻함. 전달하는 자는 한자 반의 나무에 그 내용을 기록하여 신표로 삼아 전함.(傳者以木爲之. 長尺五寸. 書符其上. 以爲信也. —원주)

【踞】 두 다리를 쭉 펴고 앉는 것.(伸兩足而坐也. —원주)

【陳留】 땅 이름. 汴梁에 속함.

070 장량張良

장량張良이 패공을 따라 서쪽으로 진격하였다.

○ 張良從沛公西.

071 자영子嬰의 항복과 진秦나라의 멸망

　패공은 진나라 군사를 크게 깨뜨리고 함곡관函谷關으로 들어가 패상
霸上에 이르렀다. 그러자 자영子嬰은 흰 수레에 흰말을 타고 목에 인수印綬
를 걸고 지도軹道 근처에 나와 항복하였다. 진나라는 진시황 26년(B.C.221)
에 천하를 합병한 이후 이세 삼세를 지나 망하였다. 황제라 일컬은 지
겨우 15년 만에 그친 것이었다.(B.C.207)

　○ 沛公大破秦軍, 入關至霸上. 秦王子嬰, 素車白馬, 繫頸以組,
出降軹道旁. 秦自始皇二十六年倂天下, 二世三世而亡. 稱帝
止十有五年.

【子嬰】 진시황의 첫째 아들 扶蘇의 아들로 秦나라 삼세 황제였던 셈이다. B.C.207년
　46일 만에 진나라 사직이 끊어지고 말았다.
【霸上】 地名. 장안의 동쪽 30리에 있음.(在長安東三十里. −원주)
【素車白馬】 喪이 있음을 표현함.
【繫頸】 항복을 표시함.
【軹道】 정(亭, 마을 행정 단위) 이름. 장안 동쪽 13리에 있다 함.

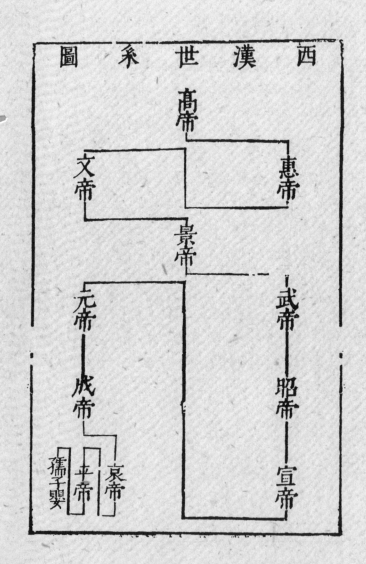

〈西漢世系圖〉《三才圖會》

(九) 西漢

1. 太祖高皇帝

⊛ 高祖. 한西漢나라 첫 황제.
劉邦. B.C.202~B.C.195년 재위.

072 태조고황제 太祖高皇帝

(1) 유방劉邦의 탄생

한漢의 태조太祖 고황제高皇帝는 요堯의 자
손으로서 성은 유씨劉氏, 이름은 방邦, 자는
계季였으며, 패沛 땅의 풍읍豐邑 중양리中陽里
사람이다.

그의 어머니가 대택大澤의 언덕에서 쉬다
가 꿈에 신을 만났다. 때마침 우레와 비가
크게 일어 어두워져 아버지 태공太公이 찾아
나섰다가 교룡蛟龍이 자신의 아내 위에 내려
와 있는 것을 보게 되었다. 이윽고 아내는
유계劉季를 낳았다. 유계는 코가 높고 용안龍
顔에 아름다운 수염을 가졌으며 왼쪽 다리에

〈한 고조(劉邦)〉《三才圖會》

72개의 점이 있었다. 너그럽고 어질어서 남을 사랑하였으며 마음이
활달하였다. 큰 도량이 있었으며 집안의 생산은 돌보지 않았다.

漢太祖高皇帝:

堯之後, 姓劉氏, 名邦, 字季, 沛豐邑中陽里人也. 母媼息大澤
之陂, 夢與神遇, 時大雷雨晦冥. 父太公往, 見交龍其上, 已而産
劉季, 隆準而龍顔, 美鬚髥, 左股有七十二黑子, 寬仁愛人, 意豁
如也. 有大度, 不事家人生産.

【堯之後】《新唐書》宰相世系에 이렇게 되어 있다. "劉氏는 帝堯로부터 나왔는데
帝堯의 손자가 태어나면서 손에 글씨가 있어 劉累라 하여 이름을 삼게 되었다.
그는 능히 용을 부릴 수 있어 夏나라 때 御龍氏가 되었고 商나라 때는 豕韋氏가
되었으며 周나라 때는 杜伯에 봉해졌다. 두백의 아들이 溫叔인데 그는 晉나라로
도망하여 士師가 되었고 그가 士蒍를 낳았다. 士蒍는 다시 成伯缺을 낳고 성백결은
士會를 낳았다. 그는 秦으로 갔다가 晉으로 돌아오면서 그 아들을 秦에 남겨두어
이로부터 劉氏를 성으로 삼았다. 그가 明을 낳고 명은 生遠을 낳았으며 생원은
陽을 낳고 양의 十世孫에 檮가 있어 魏나라에 벼슬하여 大夫가 되었다. 秦이
魏를 멸하자 梁으로 옮겨 淸을 낳았으며 淸은 다시 沛로 이사하여 仁號를 낳았고
인호는 煓을 낳고 단이 高帝를 낳았다." (案: 新唐書宰相世系云: 「劉氏出自帝堯,
帝堯之孫, 生而有文在手, 曰劉累, 因以爲名. 能御龍, 事夏爲御龍氏, 在商爲豕韋氏,
在周封爲杜伯, 杜子曰溫叔, 奔晉爲士師. 生士蒍, 士蒍生成伯缺, 缺生士會, 適秦
歸晉, 有子留於秦, 自爲劉氏. 生明, 明生遠, 遠生陽, 陽十世孫檮, 仕魏爲大夫.
秦滅魏徙梁, 生淸, 淸徙居沛, 生仁號, 仁號生煓, 煓生高帝.」 -원주)
【隆準】《漢書》注에 '隆은 높다(高)의 뜻이며, 準은 코(鼻)이다'라 하였다.
【鬚髥】턱에 난 것을 鬚라 하고 뺨에 난 것을 髥이라 함.(在頤曰鬚, 在頰曰髥.
-원주)

⑵ 대장부

유계는 장년이 되어 사상泗上의 정장亭長이 되었다. 일찍이 함양咸陽으로 요역繇役을 갔다가 진나라 시황제始皇帝의 모습을 보고 이렇게 말하였다. "아! 대장부라면 의당 이와 같아야 하리라."

及壯爲泗上亭長, 嘗繇役咸陽縱觀秦皇帝, 曰:「嗟乎! 大丈夫當如此矣.」

【亭長】秦나라 제도에 십리를 하나의 亭(행정 단위, 마을 단위)으로 하며 정에는 한 명의 장을 두어 도적을 방비토록 하였다.(秦制: 十里一亭, 亭置一長, 主督盜賊. -원주)
【繇】徭와 같음.

⑶ 유방의 아내

선보單父 사람 여공呂公은 관상을 잘 보았다. 그가 유계 유방의 모습을 보고 말하였다.
"내가 관상을 본 사람을 많았으나 유계와 같은 상은 없었소. 원컨대 그대는 자중자애하시오. 내게 딸이 있는데 당신의 기추箕帚의 첩으로 삼아주기를 원하오."
마침내 딸을 유계에게 주었는데 그가 바로 여후呂后이다.

單父人呂公好相人, 見劉季狀貌曰:「吾相人多矣, 無如季相.
願季自愛, 吾有息女, 願爲箕帚妾.」

卒與劉季, 卽呂后也

【單父】 지명. 선주(單州)에 속하며 '單'은 선(善)으로 읽음.
【息女】 딸.
【箕帚】 帚는 箒와 같음. 빗자루. 키와 빗자루를 들고 집안 일을 함. 남의 아내가
됨을 말함.

(4) 어디를 숨어도 찾아냄

진시황秦始皇이 일찍이 이렇게 말하였다.
"동남쪽에 천자의 기운이 있다."
이에 동쪽을 순유하여 그 기를 눌러 없애려고 하였다. 유계는 이
말을 듣고 망산芒山, 탕산碭山 등의 늪 가에 숨어들었다. 아내 여씨가
다른 사람과 함께 찾아 나섰는데 항상 그 곳을 알아내는 것이었다.
유계가 괴이히 여겨 묻자 여씨는 이렇게 대답하는 것이었다.
"당신이 계신 위에는 언제나 구름의 기운이 일어납니다. 그러므로
이를 따라가면 언제나 찾아낼 수 있지요."
유계는 기뻐하였다. 패沛의 자제들이 이를 듣고 거의가 그에게 귀부
하고자 하였다.

秦始皇嘗曰:「東南有天子氣.」
於是東遊以厭當之, 劉季隱於芒碭山澤閒, 呂氏與人俱求,常得之. 劉季怪問之, 呂氏曰:「季所居上有雲氣, 故從往常得季.」
劉季喜. 沛中子弟聞之, 多欲附者.

【厭】'壓'과 같음.
【芒, 碭】망산과 탕산. 두 산은 지금의 귀덕과 박주 사이에 있음.(二山在今歸德亳
　州之閒. —원주)

(5) 유씨관劉氏冠

유계가 정장이었을 때 대나무 껍질로 만든 관을 쓰고 있었다. 그런데
귀하게 된 뒤에도 항상 그 관을 쓰는 것이었다. 이것이 소위 '유씨관
劉氏冠'이다.

　為亭長時, 以竹皮為冠, 及貴常冠, 所謂劉氏冠也.

(6) 무리를 풀어줌

유계 유방은 현縣의 명령으로 무리를 여산驪山으로 호송護送하게 되었
는데 무리들이 거의가 도중에 도망가고 말았다. 그는 스스로 헤아려보아
그대로 가다가는 여산에 도착할 무렵이면 모두가 다 사라질 것이라
여겼다. 이에 풍읍豊邑 서쪽에 멈추어 술을 마시며, 그날 밤 호송하던
무리를 모두 풀어주며 이렇게 말하였다.
　"그대들은 모두 가고 싶은 데로 가시오. 나 역시 여기서 떠나겠소."

劉季爲縣送徒驪山, 徒多道亡, 自度比至盡亡之, 到豐西止飮,
夜乃解縱所送徒曰:「公等皆去, 吾亦從此逝矣.」

【送徒】죄수들을 이끌고 부역의 장소로 보내는 임무.
【度】'탁'으로 읽음. 헤아려 계산함.
【豐】지명. 杜陵의 서남쪽에 있음.

(7) 적제赤帝가 백제白帝를 죽이다

무리 중 장사 십여 명이 유계 유방을 따르기를 원하였다. 유계는 술에 취한 채 밤중에 늪 가의 오솔길을 걸어나갔다. 그런데 큰 뱀이 길을 가로막고 있는 것이었다. 유계는 칼을 빼어 베어버렸다. 뒤따라온 자가 그 큰 뱀이 있던 곳에 이르자 한 노파가 울면서 이렇게 말하는 것이었다.

"내 아들은 백제白帝의 아들인데 지금 적제赤帝의 아들이 베어버렸다."

그리고는 문득 사라져버리는 것이었다. 뒤따라 온 자가 유계에게 고하자 유계는 마음속으로 홀로 기뻐하며 자부自負하였다. 부하

〈約法三章〉 명각본《帝鑑圖說》

들은 날이 갈수록 더욱 유계를 두려워하게 되었다.

진섭陳涉이 일어서자 유계도 패沛에서 기병하여 제후에 호응하였다. 그 기치旗幟는 붉은 색으로 하였다. 이리하여 초 회왕懷王이 패공유계, 유방을 보내게 된 것이다.

徒中壯士, 願從者十餘人, 季被酒, 夜徑澤中, 有大蛇當徑, 季拔劍斬之, 後人來至蛇所, 有老嫗哭曰:「吾子白帝子也, 今者赤帝子斬之.」

因忽不見, 後人告劉季, 劉季心獨喜自負, 諸從者日益畏之. 陳涉起, 劉季亦起兵於沛, 以應諸侯, 旗幟皆赤, 楚懷王遣沛公.

【赤帝】赤은 오행으로 火이며 방위로는 남방. 劉邦이 남쪽 출신임을 상징한 것.
【白帝】白은 오행으로 金이며 서방. 秦나라가 서쪽에 위치하여 유방에게 망함을 뜻함.

(8) 약법삼장約法三章

패공은 진나라를 깨뜨리고 관중에 들어가 진왕秦王 자영子嬰의 항복을 받았다. 이윽고 진나라를 평정하고는 물러나 패상霸上에 군사를 주둔시켰다. 그리고 패공은 관중 여러 현縣의 부로父老와 호걸들을 모두 불러놓고 이렇게 말하였다.

"부로들께서는 진나라의 가혹한 법에 고통을 받은 지 오래입니다. 나는 제후들과 관중關中에 먼저 들어간 자가 이곳의 왕이 될 것이라 약속을 하였습니다. 따라서 나는 당연히 관중의 왕이 될 것이니 부로들과 약속합니다. 법은 삼장三章이면 그뿐이니, 사람을 죽인 자는 사형에 처할 것이요, 사람을 상하게 한 자와 도둑질한 자는 그에 상당한 처벌을 할 것입니다. 그 나머지 진나라의 가혹한 법은 모두 폐기합니다."

진나라 백성들은 크게 기뻐하였다.(B.C.206)

破秦入關, 降秦王子嬰, 旣定秦, 還軍霸上.

悉召諸縣父老豪傑, 謂曰:「父老苦秦苛法久矣. 吾與諸侯約, 先入關中者王之, 吾當王關中, 與父老約, 法三章耳: 殺人者死, 傷人及盜抵罪, 餘悉除去秦苛法.」

秦民大喜.

【苛】 가혹하고 자세하게 따짐을 뜻함.

【抵罪】 복건이 말하였다. "경중에 따라 법을 제정함을 말한다." 이기는 이렇게 말하였다. "사람을 다치게 한 자는 그 곡직이 있을 테고 도적질을 한 자는 많고 적음의 차이가 있을 것이다. 따라서 미리 그 죄를 정할 수가 없어 그 때문에 抵罪라고만 말한 것으로 어떤 죄에 저촉될지를 알 수 없기 때문이다." (服虔曰:「隨輕重制法也.」李奇曰:「傷人有曲直. 盜賊有多少. 罪名不可預定. 故凡言抵罪. 未知抵何罪也.」－원주)

(9) 홍문연鴻門宴

항우가 제후의 군사를 이끌고 서쪽 함곡관函谷關으로 들어서려 하자 어떤 사람이 패공에게 함곡관을 굳게 지키도록 설득하였다. 항우가 이르러 보니 문이 닫혀 있었다. 항우는 크게 노하여 이를 공격하여 깨뜨리고 들어가 희수戱水에 진군하여 다음날 아침 패공을 공격하기로 하였다.

〈樊噲〉明末淸初 馬駘(畵)《馬駘畵寶》

항우의 병력은 40만이었는데 백만이라 일컬으며 홍문鴻門에 주둔하였으며, 패공의 군사는 10만으로 패상霸上에 있었다. 범증范增이 항우를 설득하여 말하였다.

"패공은 산동山東에 있을 때에는 재물을 탐내고 여색을 좋아하였는데, 지금 관중關中에 들어와서는 재물에는 손을 대지 않고 가까이하는 여자도 없습니다. 이것은 패공의 뜻이 작은 데에 있지 않다는 것입니다. 제가 사람으로 하여금 그가 있는 곳을 살펴보게 하였더니 모두가 운기雲氣가 일어나고 용의 모양에 다섯 가지 빛깔을 띠고 있다 합니다. 이는 천자의 기운입니다. 급히 공격하여 때를 놓치지 않도록 하십시오!"

項羽率諸侯兵, 欲西入關, 或說沛公守關門. 羽至, 門閉, 大怒攻破之, 進至戱, 期旦擊沛公. 羽兵四十萬, 號百萬, 在鴻門; 沛公兵十萬, 在霸上.

范增說羽曰:「沛公居山東, 貪財好色, 今入關, 財物無所取,
婦女無所幸, 此其志不在小. 吾令人望其氣, 皆爲龍成五采, 此天
子氣也. 急擊勿失!」

【戲】 물 이름. 물은 화산의 위남현 여산 풍공곡 동쪽에서 발원하여 북으로 희정을
거쳐 위수로 들어간다.(水出華州渭南縣驪山馮公谷東, 北流經戲亭入渭. —원주)

【鴻門】 新豊縣의 동쪽에 있다.

【志不在小】 당씨가 말하였다. "함곡관을 들어가 진귀한 보물을 취하지 아니하고
여인들도 범하지 않았으니 이것이 고조의 창업 규모이다."(唐曰: 入關珍物無所取,
婦女無所幸, 此乃高祖之創業規模也. —원주)

(10) 어린 아이 같은 놈

항우의 막내 삼촌 항백項伯은 평소부터 장량張良과 친하였다. 그래서
밤에 패공의 진중으로 달려가 장량에게 급함을 고하고 불러내어 함께
떠나고자 하였다. 장량이 거절하였다.

"저는 패공을 따르겠습니다. 위급할 때 도망가는 것은 의롭지 못한
일입니다."

그리고 들어가 패공에게 갖추어 말한 다음 항백이 들어가 패공을
만나도록 하였다. 패공은 치주卮酒를 바쳐 항백의 장수長壽를 빌고 자녀
끼리의 결혼까지 약속하며 이렇게 말하였다.

"나는 관중에 들어와서 털끝만큼도 사사로이 가까이 한 것이 없소.
관리나 백성의 수효를 조사하여 기록하고 부고는 그대로 봉封해 놓고
장군께서 오시기를 기다리고 있었소. 함곡관을 수비하게 한 것은 다른
도둑을 막기 위한 것이었소. 원컨대 항백께서는 내 감히 항우 장군의
덕을 배반하지 않을 것임을 전해 주시오."

항백은 이를 승낙하면서 이렇게 일러주었다.

"내일 아침 일찍이 직접 와서 사과를 하지 않으면 안 될 것입니다."

그리고 항백은 돌아가 항우에게 갖추어 고하고 나서 다시 이렇게 말하였다.

"남이 큰 공을 세웠을 때 이를 치는 것은 의롭지 못한 일이다. 오히려 잘 대우해 주느니만 못하다."

패공은 이튿날 아침 1백여 기騎를 거느리고 홍문鴻門으로 가서 항우를 만나 사과하였다.

"신은 장군과 더불어 죽을 힘을 다하여 진나라를 공략하여 장군께서는 하수河水의 북쪽에서 싸우시고, 저는 하수 남쪽에서 싸웠습니다. 그러나 저는 제가 먼저 관중에 들어와 진나라를 멸하고 여기서 다시 장군을 뵙게 되리라고는 생각지 못하였습니다. 지금 소인들이 말을 퍼뜨려 장군과 저를 이간시키려 하고 있습니다."

항우는 이렇게 말하였다.

"이는 그대 패공의 좌사마左司馬 조무상曹無傷이 한 짓이오."

항우는 패공을 머물러 있도록 하며 함께 잔치를 벌였다. 범증은 항우에게 몇 번이나 눈짓하였으며, 허리에 차고 있던 옥결玉玦을 들어 결행을 하도록 세 번이나 알렸지만 항우는 이에 응하지 않았다. 범증은 나와 항장項莊으로 하여금 들어가도록 하였다.

"패공 앞으로 나아가 축수하면서 검무劍舞를 추겠다고 청하시오. 그리고 기회를 보아 패공을 쳐죽이시오."

이를 알아차린 항백도 칼을 빼어들고 일어나서 춤을 추며 항상 자신의 몸으로 패공을 엄폐掩蔽하였다. 결국 항장은 패공을 죽일 수 없었다. 장량張良이 급히 밖으로 나와 번쾌樊噲에게 일이 급함을 알렸다.

번쾌는 곧 방패를 끼고 곧바로 들어가 눈을 부릅뜨며 항우를 노려보았다. 머리털은 꼿꼿이 서고 눈은 찢어질 듯이 치켜 올라갔다. 그러자 항우가 말하였다.

"장사로군. 이 자에게 술을 내려주어라."

시중드는 자가 한 말들이 큰 잔을 주었다.

"돼지 어깨살을 주어라."

곧 날고기의 돼지 어깨살을 주었다. 번쾌는 곧바로 술을 들이켜고 칼을 빼어 고기를 베어 먹었다. 항우가 물었다.

"능히 더 마실 수 있는가?"

번쾌가 말하였다.

"신은 목숨조차 피하지 않을 판인데 술을 어찌 사양하겠소? 패공께서 먼저 진나라를 깨뜨리고 함양에 들어와 노고로움을 다하고 공의 크기가 이와 같건만 아직 봉작封爵의 상도 없소. 그런데도 장군께서는 소인의 말을 듣고 공로 있는 자를 죽이려 하시니 이는 망한 진나라의 뒤를 이를 뿐이오. 실로 장군이 취할 행동이 아닙니다."

항우가 말하였다.

"자리에 앉으시오."

번쾌가 장량을 따라 자리에 앉았다.

잠시 후 패공은 자리에서 일어나 변소로 가면서 번쾌를 불러 나오게 하여 샛길로 해서 패상으로 달려 돌아왔다. 그러자 장량이 항우에게 사과하였다.

"패공은 술을 이겨내지 못하여 인사도 드리지 못하였습니다. 그래서 저 장량으로 하여금 백벽白璧 한 쌍을 바치도록 하였으니 재배하며 장군 족하에게 바칩니다. 그리고 옥두玉斗 한 쌍을 아부亞父에게 바치도록 하였으니 재배하여 아부 족하에게 바칩니다."

항우가 물었다.

"패공은 어디에 있소?"

장량은 이렇게 말하였다.

"장군께서 패공의 잘못을 독려하실 뜻이 있음을 듣고 몸을 피해 홀로 되돌아갔습니다. 이미 진중에 도착하였을 것입니다."

그러자 아부 범증은 칼을 빼어 옥두를 쳐 깨뜨리면서 이렇게 말하였다.

"아! 어린 아이 녀석 하고는 일을 도모할 수 없다. 장군의 천하를 빼앗을 사람은 틀림없이 패공일 것이다."

羽季父項伯. 素善張良, 夜馳至沛公軍告良, 呼與俱去, 良曰:
「臣從沛公, 有急亡不義.」

入具告, 因要伯, 入見, 沛公奉卮酒爲壽, 約爲婚姻, 曰:「吾入關,
秋毫不敢有所近, 籍吏民封府庫, 而待將軍. 所以守關者, 備他
盜也, 願伯具言臣之不敢倍德.」

伯許諾曰:「旦日不可不蚤自來謝.」

伯去具以告羽, 且曰:「人有大功, 擊之不義. 不如因善遇之.」

沛公旦從百餘騎, 見羽鴻門, 謝曰:「臣與將軍, 戮力而攻秦,
將軍戰河北, 臣戰河南. 不自意先入關破秦, 得復見將軍於此.
今者有小人之言, 令將軍與臣有隙.」

羽曰:「此沛公左司馬曹無傷之言.」

羽留沛公與飲. 范增數目羽, 舉所佩玉玦者三, 羽不應.

增出使項莊入:「前爲壽, 請以劍舞, 因擊沛公.」

項伯亦拔劍起舞, 常以身翼蔽沛公, 莊不得擊. 張良出告樊噲
以事急, 噲擁盾直入, 瞋目視羽, 頭髮上指, 目眥盡裂.

羽曰:「壯士, 賜之卮酒.」

則與斗卮酒.

「賜之彘肩.」

則生彘肩. 噲立飲, 拔劍切肉啗之.

羽曰:「能復飲乎?」

噲曰:「臣死且不避, 卮酒安足辭? 沛公先破秦入咸陽, 勞苦
而功高如此, 未有封爵之賞, 而將軍聽細人之說, 欲誅有功之人,
此亡秦之續耳, 切爲將軍不取也.」

羽曰:「坐.」

噲從良坐.

須臾沛公起如厠, 因招噲出, 閒行趨霸上, 留良謝羽曰: 「沛公不勝桮勺, 不能辭, 使臣良奉白璧一雙, 再拜獻將軍足下, 玉斗一雙, 再拜奉亞父足下.」

羽曰: 「沛公安在?」

良曰: 「聞將軍有意督過之, 脫身獨去, 已至軍矣.」

亞父拔劍, 撞玉斗而破之曰: 「唉! 竪子不足謀, 奪將軍天下者, 必沛公也.」

【季父】숙부를 가리킴.
【項伯】《史記》索隱에 이름은 전이고 자는 백릉이라 하였으며 안사고는 자가 백이라 하였다.(索隱云: 名纏, 字伯陵. 師古云: 字伯. ―원주)
【卮】네 말 들이의 큰 술 그릇.
【倍】背와 같음.
【蚤】早와 같음.
【曹無傷】인명. 성은 曹, 이름은 無傷.
【數】'삭'으로 읽음.
【目羽】항우에게 눈짓을 함.
【玦】차고 있는 옥.
【項莊】항우의 從弟.
【瞋】瞋과 같음. 눈을 부릅뜸.
【勺】술이나 국을 퍼 올리는 기구. 국자.
【亞父】范增을 가리킴.
【督過】과실을 나무람.
【竪子】'어린 녀석'이라는 뜻으로 항우를 가리킴.

(11) 항우項羽의 함양咸陽 입성

패공은 패상의 진중에 돌아오자 즉시 조무상曹無傷을 죽여버렸다. 며칠이 지나 항우는 군사를 이끌고 서쪽으로 들어가 함양을 도륙하고 자영子嬰까지 죽였으며 진나라의 궁실에 불을 질렀는데 석 달이 되도록 꺼지지 않았다. 그리고 시황제의 무덤을 파 헤쳤으며 보물과 미녀들을 거두어 동쪽으로 가버렸다. 진나라 백성은 크게 실망하였다.

沛公至軍, 立誅曹無傷. 居數日, 羽引兵西屠咸陽, 殺降王子嬰, 燒秦宮室, 火三月不絶. 掘始皇冢, 收寶貨婦女而東, 秦民大失望.

(12) 금의야행錦衣夜行

한생韓生이 항우에게 말하였다.

"관중關中은 산이 막혀 있고 하수가 띠를 이루어 사방이 요새이며 땅이 비옥하고 풍요롭습니다. 도읍을 삼아 패자霸者가 될 만한 곳입니다."

그러나 항우는 진나라 궁전이 잔폐하고 다 깨어진 것을 보았고, 게다가 동쪽 고향으로 돌아가고 싶어 이렇게 말하였다.

"부귀富貴하고 나서 고향에 돌아가지 않는 것은 비단옷을 입고 밤길을 다니는 것과 같다."

한생은 실망하였다.

〈項羽〉 淸 金古良《無雙譜》

"사람들이 초나라 사람들은 원숭이를 목욕시켜 관_冠을 씌운 것 같다더니 과연 그렇군."

항우가 듣고 노하여 한생을 삶아 죽였다.

韓生說羽:「關中阻山帶河, 四塞之地肥饒, 可都以霸.」

羽見秦殘破, 且思東歸, 曰:「富貴不歸故鄕, 如衣繡夜行耳.」

韓生曰:「人言楚人沐猴而冠, 果然.」

羽聞之烹韓生.

【四塞】 네 곳이 모두 막혀 안전함. 서광은 동쪽은 함곡관, 남쪽은 무관, 서쪽은 산관, 북쪽은 소관이라 함.(徐廣云: 東函谷, 南武關, 西散關, 北蕭關也. ―원주)

【沐猴而冠】 초나라 사람을 폄하하여 표현한 것. 사람처럼 의관은 갖추고 있으나 사람 같지 않음을 뜻함.

(13) 서초패왕西楚霸王이 된 항우

항우가 사람을 보내어 회왕_{懷王}에게 관중을 평정하였다고 복명_{復命}하였더니 왕은 이렇게 말하는 것이었다.

"약속대로 하라."

항우는 노하여 말하였다.

"회왕은 원래 우리 집안에서 세워준 왕일 뿐이다. 정벌의 공이 있는 것도 아니다. 어찌 제멋대로 약속한 일을 주장한다는 말인가?"

이에 겉으로는 존칭하여 의제_{義帝}라 일컬었으나 강남_{江南}으로 옮겨 침_郴에 도읍을 정하게 하였다. 그리고 천하를 나누어 여러 장수를 왕으로 삼고 항우 자신은 자립하여 서초패왕_{西楚霸王}이 되었다.

羽使人致命懷王, 王曰:「如約.」

羽怒曰:「懷王吾家所立耳, 非有功伐, 何得專主約?」

乃陽尊爲義帝, 徙江南, 都郴.

分天下王諸將, 羽自立爲西楚霸王.

【致命】 항우가 관중의 왕이 되겠다고 요구하여 그 때문에 먼저 와서 복명한 것이다.(羽將以求王關中, 故先復命. -원주)

【如約】 먼저 관중에 들어가는 자가 관중의 왕이 되기로 한 약속.(如先入關中者王 之約. -원주)

【郴】 지명. 湖南에 속함.

【西楚霸王】 옛날 江陵을 南楚, 吳를 東楚, 彭城을 西楚라 하였음.(孟康曰:「舊名 江陵爲南楚, 吳爲東楚, 彭城爲西楚.」-원주)

⒁ 한왕漢王에 봉해진 유방

그리고는 이렇게 말하였다.

"파촉巴蜀도 관중關中의 땅이다."

그리고 패공을 한왕漢王으로 삼아 파촉한중巴蜀漢中의 왕이 되게 하였으며 관중은 셋으로 나누어 진나라의 항복한 장수 세 사람을 그곳 왕으로 삼아 한漢의 통로를 막도록 하였다. 한왕漢王이 노하여 항우를 공격하려 하자 소하蕭何가 말렸다.

"원컨대 대왕은 한중漢中의 왕이 되셔서 그 백성을 길러 어진 사람을 초빙하고 파·촉을 거두십시오. 그리고 돌아와 삼진三秦을 평정하시면 천하를 도모할 수 있을 것입니다."

한왕은 이에 그 나라로 가서 소하를 승상으로 삼았다.

乃曰:「巴蜀亦關中地.」

立沛公爲漢王, 王巴蜀漢中, 而三分關中, 王秦降將三人, 以距
塞漢路.

漢王怒欲攻羽, 蕭何諫曰:「願大王, 王漢中養其民, 以致賢人,
收用巴蜀, 還定三秦, 天下可圖也.」

王乃就國, 以何爲丞相.

【巴蜀漢中】 파군은 지금의 순원 등의 지역이며 촉군은 지금의 사천 등지이다.
한중군은 섬서에 속하며 지금의 홍원부이다. 한왕이 처음 이곳을 봉을 받았다.
(巴郡, 今順元等處是也. 蜀郡, 今四川等處是也. 漢中郡, 屬陝西. 今興元府也.
案: 漢王初封都此. −원주)

【三人】 章邯, 董翳, 司馬欣으로 이들을 三秦으로 파견하여 평정하고 이들을
그곳의 왕으로 삼았다. 즉 장한(雍王), 사마흔(塞王), 동예(翟王)를 말한다.

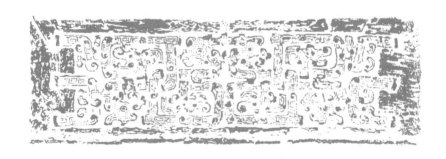

073 오성五星

한漢나라 원년(B.C.206), 오성五星이 동정東井에 모였다.

○ 漢元年, 五星聚東井.

【五星】木火土金水의 다섯 별. 정경성(井經星)은 진(秦) 분야의 옹주(雍州)에
해당하며 이 때 오성이 그곳에 모였음은 패공이 제왕이 될 징조였다 함.

074 한신韓信

(1) 가랑이 밑으로

앞서 회음淮陰 사람 한신韓信은 집이 가난하여 성 밑에서 낚시질을 하고 있었다. 빨래하던 노파가 한신의 배고파하는 모습을 보고 밥을 주자 한신은 이렇게 말하였다.

"내 반드시 후하게 보답하겠습니다."

노파는 노하여 말하였다.

"대장부가 제 먹을 것도 마련하지 못하기에 내 왕손王孫을 가엾게 여겨 밥을 주었을 뿐이오. 어찌 보답을 바라겠소?"

회음의 백정白丁들 중에 그 곳 젊은이로서 한신을 업신여기는 자가 있었다. 그는 무리를 믿고 한신을 이렇게 모욕하였다.

"너는 비록 덩치가 크고 칼을 차고 다니기를 좋아하지만 속으로는 겁쟁이이다. 능히 나를 찔러보아라. 그렇게 못한다면 내 가랑이 밑으로 기어 나가거라."

한신은 이를 뚫어지게 보다가 엎드려 그의 가랑이 밑을 엉금엉금 기어 나갔다. 이에 온 시중의 사람들은 한신을 겁쟁이라고 비웃었다.

○ 初淮陰韓信, 家貧釣城下.

有漂母, 見信餓, 飯信, 信曰:「吾必厚報母.」

母怒曰:「大丈夫不能自食, 吾哀王孫而進食, 豈望報乎?」

淮陰屠中少年, 有侮信者, 因衆辱之曰:「若雖長大好帶劍, 中情怯耳, 能死刺我, 不能, 出我胯下.」

信熟視之, 俛出胯下蒲伏, 一市人皆笑信怯.

【淮陰】淮安에 속하는 지명.
【蒲伏】匍匐과 같으며 손발을 이용하여 엉금엉금 기는 것. 쌍성연면어.

(2) 한신을 잡으러 간 소하蕭何

항량項梁이 회수淮水를 건너자 한신은 그를 따랐다. 다시 자주 항우에게 계책을 말하였으나 채용되지 않자 이를 버리고 한漢나라로 가서 치속도위 治粟都尉가 되었다. 이리하여 자주 재상 소하蕭何와 의견을 토론할 수 있었으며 소하는 한신을 기이하게 여겼다.

한왕漢王이 군사를 거느리고 남정南鄭으로 향할 때 장병들은 모두 고향 생각에 잠겨 망향의 노래를 부르며 많은 장병이 도망가고 말았다. 이에 한신은 소하가 이미 여러 번 자기를 한왕에게 추천하였을 것인데도 응답이 없는 것은 한왕이 자기를 쓸 마음이 없기 때문이라고 생각하고 이윽고 도망나와 버렸다. 그러자 소하는 직접 나서서 그의 뒤를 쫓았다. 그러자 사람들은 이렇게 말하였다.

"승상 소하가 도망간다."

한왕은 크게 노하여 양쪽 팔을 잃은 듯이 낙담하였다. 소하가 돌아와서 왕을 뵙자 왕은 노하여 소하를 꾸짖었다.

"너마저 달아나면 어찌 한단 말이오?"

소하는 이렇게 말하였다.

"한신을 쫓아간 것입니다."

왕은 이렇게 말하였다.

"달아난 장수가 십수 명이나 되지만 그대는 쫓아간 일이 없었소. 한신을 쫓아갔다니 거짓말이오."

소하는 이렇게 말하였다.

"다른 장수들이라면 언제든지 쉽게 얻을 수 있는 자들입니다. 그러나 한신은 둘도 없는 나라의 인물입니다. 왕께서 반드시 한왕漢王으로 오래 하심에 만족하신다면 그에게 맡길 일이란 없습니다. 그러나 왕께서 천하를 다투려 하신다면 한신이 아니고서는 함께 일을 계책할 만한 인물이 없습니다."

왕은 이렇게 말하였다.

"나 역시 동쪽으로 진출하고 싶소. 어찌 이런 데서 울울鬱鬱하게 오랫동안 머물러 있을 수 있겠소?"

소하는 이렇게 말하였다.

"계책이 반드시 동쪽으로 향하려는 것이라면 능히 한신을 쓰십시오. 그러면 한신은 머물러 있을 것입니다. 그렇지 않으면 한신은 끝내 달아나고 말 것입니다."

왕은 허락하였다.

"내 그대를 위하여 그를 장將으로 삼겠소."

소하는 이렇게 말하였다.

"머물지 않을 것입니다."

왕이 말하였다.

"대장大將으로 삼겠소."

소하가 말하였다.

"아주 다행입니다. 왕께서는 평소에 거만하고 무례하셔서 대장을 임명하는 데도 아이들을 불러들이듯이 하셨습니다. 이것이 한신이 달아난 이유입니다."

이에 단壇을 설치하고 예를 갖추었다. 장수들이 모두 기뻐하여 누구나 자신이 대장이 되는 것으로 여겼다. 그런데 한신에게 배수되자 일군 一軍이 다 놀랐다.

한왕은 드디어 한신의 계책을 써서 여러 장수의 부서를 정하고 소하를 관중關中에 남겨두어 파巴와 촉蜀의 공물貢物을 받아들여 군량을 보급하게 하였다. 한신은 군사를 이끌고 고도故道로부터 나와 옹왕雍王 장한章邯을

습격하였다. 장한이 패하여 죽자 새왕塞王 사마흔司馬欣, 적왕翟王 동예
董翳가 모두 항복하였다.

項梁渡淮, 信從之. 又數以策干項羽, 不用, 亡歸漢, 爲治粟都尉.
數與蕭何語, 何奇之, 王之南鄭, 將士皆謳歌思歸, 多道亡. 信度
何已數言, 王不用, 旣亡去.

何自追之, 人曰:「丞相何亡.」

王怒, 如失左右手, 何來謁, 王罵曰:「若亡何也?」

何曰:「追韓信.」

王曰:「諸將亡以十數, 公無所追, 追信詐也.」

何曰:「諸將易得耳, 信國士無雙, 王必欲長王漢中, 無所事信,
必欲爭天下, 非信無可與計事者.」

王曰:「吾亦欲東耳, 安能鬱鬱久居此乎?」

何曰:「計必東, 能用信, 信卽留, 不然信終亡耳.」

王曰:「吾爲公以爲將.」

何曰:「不留也.」

王曰:「以爲大將.」

何曰:「幸甚. 王素慢無禮, 拜大將如呼小兒, 此信所以去.」

乃設壇場具禮, 諸將皆喜, 人人自以爲得大將, 至拜乃韓信也,
一軍皆驚. 王遂用信計, 部署諸將, 留蕭何收巴蜀租, 給軍粮食.
信引兵從故道出, 襲雍王章邯. 邯敗死, 塞王司馬欣·翟王董翳
皆降.

【淮水】 당주(唐州)의 동백현(桐柏縣) 동백산(桐柏山)에서 발원하여 동쪽으로
치수(溹水), 비수(肥水), 사수(泗水)와 합류하여 바다로 드는 물.

【治粟都尉】 식량을 저장 관리하는 일을 담당하는 사농경(司農卿).

【南鄭】 郡 이름. 漢中을 가리킴.

【一軍】 1만 2천5백 명을 일군이라 함.

【故道】 武都에 속하는 지명.

075 의제義帝의 죽음

한나라 2년(B.C.205), 항우가 의제義帝를 강중江中에서 죽였다.

○ 漢二年, 項籍弑義帝於江中.

076 진평陳平

처음 양무陽武 사람 진평陳平은 집은 가난하였으나 독서를 좋아하였다. 동리 지신地神에게 제사지낼 때 진평은 그 재宰가 되었는데 그 제사에 쓰인 고기를 나눠줌이 아주 공평하였다. 부로父老들이 말하였다.

"훌륭하다! 진씨 집안의 어린 아이가 재가 되어 이렇게 일을 잘 처리하다니."

진평은 이렇게 한탄하였다.

"아! 나로 하여금 천하의 재상이 되게 한다면 역시 마치 이 고기를 자르듯이 공평하게 할 텐데."

처음에 진평은 위왕魏王 구咎를 섬겼으나 쓰이지 않자 그를 떠나 항우를 섬겼다가 죄를 범하고 달아났다. 그는 위나라 무지無知를 통해 한왕을 만나 도위참승전호군都尉參乘典護軍에 임명되었다. 그러자 주발周勃이 한왕에게 말하였다.

"진평은 비록 마치 관옥冠玉처럼 잘생겼지만 그 속은 아직 쓸 만한 것이 없음이 분명합니다. 제가 듣기로는 진평은 집에 있을 때에는 형수를 도적질하였고 위나라를 섬겼으나 용납되지 않았으며, 초나라로 도망갔으나 역시 용납되지 않자 다시 달아나 우리 한나라로 왔다 합니다. 지금 대왕께서는 진평으로 하여금 군사를 감독케 하셨는데, 그는 여러 장수로부터 뇌물을 받았습니다. 대왕께서는 깊이 살피시기를 바랍니다."

한왕이 위무지를 꾸짖자 무지는 이렇게 대답하였다.

"제가 왕께 말씀드린 것은 그의 능력이요, 왕께서 문책하시는 것은 그의 행동입니다. 지금 미생尾生이나 효기孝己의 행실이 있다 해도 성패를 판가름하는 데에는 도움이 되지 않습니다. 그런데 대왕께서는 어느 겨를에 그러한 사람을 찾아 쓸 수 있겠습니까?"

한왕은 진평을 호군중위護軍中尉에 임명하여 여러 장수 모두를 감독하게 하였다. 그러자 여러 장수들은 이에 감히 다시는 더 말을 하는 자가 없게 되었다.

○ 初陽武人陳平, 家貧好讀書, 里中社, 平爲宰, 分肉甚均,
父老曰:「善! 陳孺子之爲宰.」

平曰:「嗟乎! 使平得宰天下, 亦如此肉矣.」

初事魏王咎, 不用, 去事項羽, 得罪亡. 因爲無知求見漢王,
拜爲都尉參乘典護軍, 周勃言於王曰:「平雖美如冠玉, 其中未必
有也. 臣聞平居家盜其嫂, 事魏不容, 亡歸楚. 又不容, 亡歸漢.
今大王令護軍, 受諸將金, 願王察之.」

王讓魏無知, 無知曰:「臣所言者能也, 大王所問者行也, 今有
尾生・孝己之行, 而無益成敗之數, 大王何暇用之乎?」

王拜平護軍中尉, 盡護諸將, 諸將乃不敢復言.

【陽武】 변량(汴梁)에 속하는 지명.
【里中】 25가(家)가 하나의 이(里)가 됨.
【典護軍】 의전과 호위를 담당하는 軍職.
【冠玉】 관을 옥으로 수식하여 외견은 아름다우나 그 속은 쓸모가 없음. 비록
    재주는 있으나 덕이 없음을 비유함.(飾冠以玉, 則外見美, 而中無有. 喻乎雖有才而
    無德也. ―원주)
【讓】 꾸짖음(責).
【尾生】 고대의 믿음을 지킨 선비. 혹 微生高라고도 함. 다리에서 애인을 기다리다
    물이 불어나자 난간을 붙든 채 물에 빠져 죽었다 함. '尾生守信'의 고사를
    남김.(《莊子》)
【孝己】 殷나라 고종(高宗)의 아들로 효행에 지극하였던 인물.

077 초한전楚漢戰

한왕이 낙양洛陽에 이르자 신성新城의 삼로三老 동공董公이 길을 막아서며 말하였다.

"덕에 순응하는 자는 창성하고 덕을 거역하는 자는 멸망합니다. 군대를 냄에 명분이 없으면 그 일은 성공하지 못합니다. 그 역적이 누구인지 밝히면 적은 이에 복종할 것입니다. 항우는 무도하여 그 임금主君, 義帝을 추방하여 죽였으니 천하의 역적입니다. 무릇 인仁은 용기로써 하는 것이 아니며, 의義는 힘으로써 하는 것이 아닙니다. 대왕께서는 의당 삼군의 무리를 거느리고 의제를 위해 소복을 입으시고 제후들에게 고하여 항우를 치십시오."

이에 한왕은 의제를 위해 발상發喪하고 제후에게 고하였다.

"천하가 함께 의제를 세웠는데 지금 항우는 의제를 추방하여 시살弑殺하였다. 과인은 관중의 병사를 모두 모으고 삼하三河의 장사들을 거두어 남쪽 강수江水, 한수漢水를 배로 내려가 제후 왕王들을 따라 의제를 시살한 초楚를 치고자 원한다."

○ 漢王至洛陽, 新城三老董公, 遮說曰:「順德者昌, 逆德者亡. 兵出無名, 事故不成. 明其爲賊, 敵乃可服. 項羽無道, 放弑其主, 天下之賊也. 夫仁不以勇, 義不以力. 大王宜率三軍之衆, 爲之素服, 以告諸侯而伐之.」

於是漢王爲義帝發喪, 告諸侯曰:「天下共立義帝, 今項羽放弑之. 寡人悉發關中兵, 收三河之士, 南浮江漢而下, 願從諸侯王, 擊楚之弑義帝者.」

【新城】지명.
【三老】관직이름. 고대 십정(十亭)을 하나의 향(鄕)으로 하며 향에는 삼로 (三老)를 주어 교육과 풍속을 가르치고 진작시키도록 하였음.
【三河】하남(河南), 하동(河東), 하내(河內)를 가리킴.

078 한漢의 승세

한왕은 다섯 제후의 군사 56만을 이끌고 초나라를 쳐서 팽성彭城으로 들어가 그 보화와 미인을 거둔 다음 술을 마련하여 큰 잔치를 열었다.

항우는 마침 제齊를 공격하고 있다가 이를 듣고 스스로 정병 3만을 이끌고 되돌아와 한나라를 쳐서 수수睢水 가에서 한군을 크게 쳐부수었다. 한나라 군사의 전사자가 20만에 이르러 수수는 물이 시체로 해서 흐르지 못하였다. 항우는 한왕을 세 겹으로 포위하였으나 때마침 서북쪽으로부터 큰바람이 일어나 나무가 부러지고 지붕이 날아가고 모래가 일어 대낮이 어두워졌다. 한왕은 이에 수십 기騎와 함께 포위를 벗어날 수 있었다.

한편 심이기審食其가 한왕의 아버지 태공太公과 아내 여씨呂氏를 샛길로 안내하여 빠져나오다가 초나라 군사를 만나 포로가 되고 말았다. 항우는 그들을 항상 자기의 진중에 인질로 잡아두고 있었다.

한왕이 형양滎陽에 이르자 패주한 군사들이 모두 다시 집결하였다. 소하蕭何도 관중關中의 노약자들까지 모두 동원징집하여 형양으로 보내주어 한나라 군사는 다시 크게 기세가 올랐다.

○ 漢王率五諸侯兵五十六萬, 伐楚入彭城, 收其寶貨美人, 置酒高會. 項羽方擊齊, 聞之, 自以精兵三萬還, 擊漢, 大破漢軍於睢水上. 死者二十萬人, 水爲之不流. 圍漢王三匝, 會大風從西北起, 折木發屋, 揚沙石晝晦. 王乃得與數十騎遁, 審食其從太公呂氏閒行, 遇楚軍, 爲楚所獲, 常置軍中爲質. 漢王至滎陽, 諸敗軍皆會, 蕭何亦發關中老弱, 悉詣滎陽, 漢軍復大振.

【五諸侯】 상산왕(常山王, 張耳), 하남왕(河南王, 申陽), 한왕(韓王, 鄭昌), 위주(魏主, 豹), 은왕(殷王, 卬)을 가리킴. 그러나 장이는 이 때에 거느린 군사가 없어 아마 진여(陳餘)가 아닌가 함.(賁父云: 張耳此時無兵, 蓋陳餘也. ─원주)

【彭城】 하남(河南)에 속하며, 항우가 서초패왕이 되어 도읍으로 한 패군(沛郡)을 말함. 지금의 江蘇省 徐州.

【睢水】 물 이름. 하남부의 진류현(陳留縣)에서 발원하여 동쪽으로 옹구(雍丘)를 지나 응천부(應天府)에 이르러 변하(汴河)로 흘러들어가는 물.

【食其】 신하 이름. '심이기'로 읽음.

【滎陽】 郡 이름. 정주(鄭州)를 가리킴.

079 소하蕭何

소하가 한중漢中을 지키면서 종묘宗廟와 사직社稷을 세우고 현읍縣邑의 제도를 정하여 행정이 편하도록 하였다. 그리고 관중의 호구戶口를 계산하고 조운漕運을 돌려 군사를 징집하여 일찍이 한나라 군사에 양식과 군사가 끊어진 적이 없었다.

〈蕭何〉《三才圖會》

○ 蕭何守關中, 立宗廟社稷縣邑, 事便宜施行, 計關中戶口, 轉漕調兵, 未嘗乏絶.

【漕】 水運, 漕運을 뜻함.

● 원주의 기록은 다음과 같다.

張氏가 말하였다. "蕭何가 고조를 도와 일대의 규모를 정하였으니 역시 원대하였다. 고조가 征伐의 일로 주로 밖에 있을 때 소하는 關中을 지키며 그 근본을 영위하였으니 한나라가 천하를 얻은 것은 관중의 근본이 튼튼했기 때문이었다. 이는 소하가 재상으로서 큰일을 한 것이다. 그리고 소하는 재상이 되고 나자 우선 韓信을 추천하여 大將으로 삼아 三秦의 계책을 안정시켰으니 이 역시 재상으로서 사람을 쓸 줄 아는 인물이었다."(張曰: 「蕭何佐高帝, 定一代規模, 亦宏遠矣. 高帝征伐多在外, 何守關中, 營緝根本, 漢所以得天下者, 以關中根本固故也. 此何相業之大者. 又何爲相之初, 首薦韓信爲大將, 而三秦之計遂定, 此亦得爲相用人之體也.」)

080 구상유취口尚乳臭

위왕魏王 표豹가 모반하자 한왕은 한신을 보내어 치게 하였다. 표가 백직柏直을 대장으로 삼자 한왕은 이렇게 말하였다.

"백직 따위는 아직 젖비린내 나는 아이인데 어찌 한신을 당하겠는가?"

한신의 복병은 하양夏陽으로부터 강에 다리가 없어 목앵木罌을 타고 군사를 건네 안읍安邑을 습격하여 표를 사로잡았다.

한신은 이윽고 위나라를 평정하고 나자 한왕에게 3만의 군사를 달라고 청하였다.

"원컨대 북진하여 연, 조를 들어 치고, 동쪽으로 제나라를 쳐서 남쪽 초나라 양식 길을 끊은 다음, 서쪽으로 나와 형양滎陽에서 대왕과 합류하고자 합니다."

한왕은 장이張耳를 보내어 함께 하도록 하였다.

○ 魏王豹叛, 漢王遣韓信擊之. 豹以柏直爲大將, 王曰:「是口尚乳臭, 安能當韓信?」

信伏兵從夏陽, 以木罌渡軍, 襲安邑虜豹.

信旣定魏, 請兵三萬人:「願以北擧燕趙, 東擊齊, 南絶楚糧道, 西與大王會於滎陽.」

王遣張耳與俱.

【柏直】 인명.
【夏陽】 하중(河中)에 속하는 지명.
【罌】《通鑑》注에 "나무를 큰 항아리에 묶어 이를 타고 강을 건넜다"라 하였다. 罌은 항아리로서 배는 부르고 입구가 작은 것을 말한다.(謂甁之大復小口者也. —원주)

【安邑】 선주(鮮州)에 속하는 지명.

● 원주의 기록은 다음과 같다.

吳氏가 말하였다. "漢나라가 천하를 취함에는 공벌에 차례와 순서가 있었으니 대체로 秦나라와 같다. 진나라는 먼저 咸陽을 근거로 형세의 훌륭함을 가진 다음 巴蜀을 취하여 富饒함의 근본을 삼고 드디어 范雎의 遠交近攻策을 써서 먼저 韓魏를 멸하고 드디어 楚趙燕齊를 멸하여 천하를 통일하였다. 高祖도 처음에 巴蜀에 거하면서 蜀을 근거로 三秦을 취하고 그 연후에 韓信의 책략에 따라 趙를 취하고 燕齊를 취한 다음 高祖와 垓下에서 만나 項羽을 꺾어 멸하였다. 대체로 먼저 쉬운 것부터 하고 어려운 곳은 뒤로 미루며 먼저 작은 것부터 하고 큰 것은 뒤로 미루며 먼저 형세를 점거하고 뒤에 이를 쫓아 취하였으니 이것이 用兵의 도이다."(吳曰:「漢取天下, 共征伐 次敍. 大抵如秦, 秦人先據咸陽, 以爲形勝之勢, 乃取巴蜀, 以爲富饒之本. 遂用 范雎遠交近攻其之策, 先滅韓魏次及楚趙燕齊, 以一天下. 高祖始居巴蜀, 由蜀 而取三秦, 然後韓信引兵取趙, 取燕取齊, 與高祖會垓下, 以挫羽而滅之. 大抵 先易而後難, 先小而後大, 先據形勝, 而後追取, 此用兵之道也.」)

081 진여陳餘

3년(B.C.204), 한신과 장이가 조나라를 치고자 정형井陘의 입구에 군사를 집결시키자 조왕 헐歇과 성안군成安君 진여陳餘가 이를 방어하고 있었다.

이좌거李左車가 진여에게 말하였다.

"정형의 길은 나가는 길은 수레가 똑바로 갈 수 없고 기마騎馬도 줄을 서서 나아갈 수 없을 만큼 좁습니다. 그 형세로 보아 틀림없이 양식이 훨씬 뒤늦게 따라갈 것입니다. 저에게 기습할 군사를 주십시오. 샛길에서 그 치중輜重을 끊겠습니다. 족하는 성지城池를 깊이 파고 보루 堡壘를 높이 쌓아 적이 공격해 오더라도 맞서지 마십시오. 그렇게 되면 저들은 앞으로 나아가 싸울 수도 없고, 물러서 돌아갈 수도 없으며 들에는 약탈할 것도 없어서, 열흘이 못되어 한신과 장이 두 장수의 목을 베어 휘하에 갖다 바칠 것입니다."

그러나 진여는 유학자儒學者이며 자칭 의병이라 하여 이러한 기계奇計를 쓰지 않았다.

한신이 이를 듣고는 크게 기뻐하며, 이에 감히 내려가서는 정형구에 못 미친 곳에 머물렀다. 그리고 한밤중에 가벼운 기병 2천 명에게 사람마다 붉은 기를 들고 샛길을 통해 조나라 군사가 보이는 곳에 이르도록 하여 이렇게 지시하였다.

"조나라는 우리가 물러서는 것을 보면 틀림없이 성을 비워 놓고 우리를 추격해 올 것이다. 너희들은 재빨리 조나라 성벽으로 들어가 조나라의 깃발을 뽑아버리고 대신 우리 한나라의 붉은 깃발을 꽂아라."

그리고 1만 명의 군사를 내어 강을 등지고 배수진을 치도록 하였다. 날이 밝자 대장의 깃발과 북을 세웠다. 그리고 북을 울리며 정형의 입구를 향해 나서자 조나라는 성벽을 열고 공격해 왔다. 전투가 꽤 오래 계속되자 한신과 장이는 거짓으로 깃발과 북을 버리고 물가에 있는 자신의 진영으로 달아났다. 조나라는 과연 성벽을 비워놓은 채 뒤쫓아왔다.

〈張耳斬陳餘圖〉 명각본 《兩漢開國中興志傳》

　강기슭의 군사는 모두가 죽기를 무릅쓰고 싸웠다. 조나라 군사는
이미 한신 등을 놓친 터라 성으로 돌아가다가 성에는 붉은 기가 꽂혀
있는 것을 보고 크게 놀라 마침내 혼란이 일어 달아나기 시작하였다.
한나라 군사는 이를 협공하여 크게 패배시켰고 진여를 죽이고 조헐을
사로잡았다. 모든 장수들이 축하하며 한신에게 물었다.

　"병법에는 오른쪽은 산과 언덕을 등 뒤로 두고 물과 못은 왼쪽이나
앞으로 두도록 되어 있는데 지금 물을 등지고도 승리한 것 어찌된
일입니까?"

　한신은 이렇게 말하였다.

　"병법에 '죽을 땅에 빠뜨려야 뒤에 살아나고, 패망할 땅에 두어야
나중에 살아난다'고 하지 않았는가?"

　장수들은 모두 탄복하였다. 한신은 현상금을 걸어 이좌거李左車를
찾아 결박을 풀어주고 그를 스승으로 섬겼으며, 그의 계책대로 변사에게
글을 주어 연燕에 보내자 연나라는 바람에 풀이 눕듯이 항복하였다.

○ 三年, 信耳以兵擊趙, 聚兵井陘口, 趙王歇, 及成安君陳餘禦之.

李左車謂餘曰:「井陘之道, 車不得方軌, 騎不得成列, 其勢糧食必在後. 願得奇兵, 從閒道絕其輜重. 足下深溝高壘, 勿與戰. 彼前不得鬥, 退不得還, 野無所掠, 不十日, 兩將之頭, 可致麾下.」

餘儒者, 自稱義兵不用奇計. 信閒知之, 大喜. 乃敢下, 未至井陘口止. 夜半傳發輕騎二千人, 人持赤幟, 從閒道望趙軍, 戒曰:「趙見我走, 必空壁逐我, 若疾入趙壁, 拔趙幟立漢赤幟.」

乃使萬人先背水陣. 平旦建大將旗鼓, 鼓行出井陘口. 趙開壁擊之, 戰良久. 信耳佯棄鼓旗, 走水上軍. 趙果空壁逐之, 水上軍皆殊死戰. 趙軍已失信等歸壁, 見赤幟大驚, 遂亂遁走. 漢軍夾擊, 大破之, 斬陳餘禽趙歇.

諸將賀, 因問曰:「兵法右倍山陵, 前左水澤, 今背水而勝何也?」

信曰:「兵法不曰陷之死地, 而後生, 置之亡地, 而後存乎?」

諸將皆服. 信募得李左車, 解縛師事之. 用其策, 遣辯士奉書於燕, 燕從風而靡.

【井陘】 山 이름. 威州 위 井陘縣에 있다.

【方軌】 수레가 나란히 갈 수 없음.

【殊死】 결사의 뜻을 보임.

082 수하隨何

　수하隨何가 구강왕九江王 경포黥布를 설득하여 초나라를 배반하고 한나라에 귀순토록 하였다. 이윽고 그가 이르자 한왕은 마침 침상에 걸터앉아 발을 씻기고 있으면서 경포를 불러 만나게 되었다. 경포는 이를 보고 후회스럽기도 하려니와 화가 나서 자살하려 하였다. 그가 물러나 숙사로 돌아왔더니 방의 휘장과 음식이며 시종도 모두 한왕의 처소와 같이 되어 있었다. 그는 크게 기뻐하여 기대를 넘어섰다고 여겼다.

　○ 隨何說九江王黥布, 畔楚歸漢. 旣至, 漢王方踞床洗足, 召布入見, 布悔怒欲自殺. 及出就舍, 帳御食飮從官, 皆如漢王居, 又大喜, 過望.

【九江】 지명.
【黥布】 원래 이름이 英布였으나 죄를 져 이마에 入墨의 형을 받다 黥布라 불렀음. 楚나라 장수였음.
【過望】 자신의 소망을 넘어섬.(過於己所望也. −원주)

083 여섯 나라를 세우다

역이기酈食其가 한왕에게 여섯 나라의 후계자를 세울 것을 설득하였다. 한왕은 말하였다.

"빨리 여섯 나라 군주의 인印을 새기거라."

장량張良이 들어와 알현할 때 한왕은 마침 식사를 하던 중으로, 장량에게 그 일을 갖추어 일러주었다. 그러자 장량이 말하였다.

"청컨대 앞에 있는 젓가락을 빌려 주십시오. 대왕을 위해 계산해 드리겠습니다."

드디어 장량은 여덟 가지의 어려운 문제를 제시하였다. 그 중 일곱째는 이러하였다.

"천하 유사游士들이 모두 부모 친척을 이별하고 선영의 무덤을 떠나 대왕을 따르고 있는 것은, 조그만 땅이라도 얻을 욕심 때문입니다. 이제 다시 여섯 나라의 후예를 세운다면 유사들은 각기 자신의 고국에 돌아가 그 군주를 섬길 것입니다. 그 때 대왕께서는 누구와 더불어 천하를 취하겠습니까? 게다가 초나라보다 강대한 나라는 없습니다. 그런데 여섯 나라가 그에게 꺾여 초나라에 복종한다면 대왕은 어떻게 그들을 신하로 삼을 수 있겠습니까? 진실로 식객食客 역이기의 계책을 쓰신다면 대사는 이미 사라진 것입니다."

한왕은 식사를 멈추고 입에 들어 있는 음식을 토하고는 이렇게 꾸짖었다.

"그 더벅머리 놈이 하마터면 나의 큰일을 망칠 뻔했군."

그리고는 곧 도장 만드는 일을 중지시켰다.

○ 酈食其說漢王, 立六國後, 王曰:「趣刻印.」

張良來謁, 王方食, 具告良.

良曰:「請借前箸, 爲大王籌之.」

遂發八難.

其七曰:「天下游士, 離親戚棄墳墓, 從大王游者, 徒欲望尺寸之地. 今復立六國後, 游士各歸事其主, 大王誰與取天下乎? 且楚惟無彊, 六國復撓而從之, 大王焉得而臣之乎? 誠用客謀, 大事去矣.」

漢王輟食吐哺, 罵曰:「豎儒, 幾敗乃公事.」

令趣銷印.

【籌】 계획함.(畫也. −원주)

【八難】 "첫째, 옛날 湯武가 桀紂를 치고 그 후대를 봉할 때는 능히 그 사명을 헤아렸으나 지금 폐하는 능히 항적을 제압할 사명을 가지고 있는가? 둘째, 武王이 殷에 들어갔을 때 먼저 商容의 旌閭에 표를 올리고 箕子를 풀어주었으며 比干의 墓를 봉하였는데 지금 폐하는 그렇게 할 수 있는가? 세 번째, 鉅橋의 식량을 풀고 鹿臺의 재물을 풀어 貧窮한 자에게 나누어주었는데 지금 폐하는 능히 그렇게 할 수 있는가? 넷째, 殷나라는 일이 이미 끝나자 가죽을 덮어 수레 덮개로 쓰고 병기를 거꾸로 실어 다시는 전쟁의 방법을 사용하지 않겠다고 보였는데 폐하는 그렇게 할 수 있는가? 다섯째, 그들은 말을 華山의 남쪽으로 돌려보내어 다시 말을 전쟁에 사용하지 않겠다고 보였는데 지금 폐하는 그렇게 할 수 있는가? 여섯 째, 소를 桃林의 들로 보내어 쉬게 하여 천하에 전쟁물자를 나르기 위해 소를 쓰는 일이 없을 것임을 보였는데, 폐하는 그렇게 할 수 있겠는가? 그 일곱, 여덟째는 아래의 天下游士와 楚惟無彊의 두 단락이다."(「一曰: 昔湯武伐桀紂, 封其後者, 度能制其死命也, 今陛下能制項籍死命乎? 二曰: 武王入殷, 表商容閭釋箕子囚, 封比干墓, 今陛下能乎? 三曰: 發鉅橋粟, 散鹿臺財, 以賜貧窮, 今陛下能乎? 四曰: 殷事已畢, 偃革爲軒, 倒載干戈, 示不復用, 今陛下能乎? 五曰: 歸馬華山之陽, 示無所爲, 今陛下能乎? 六曰: 息牛桃林之野, 示天下不復輸積, 今陛下能乎? 其七其八: 卽下文天下游士, 楚惟無彊, 二段是也.」 −원주)

【豎儒】 안사고는 그 천열하고 무지함이 마치 어린아이 같음을 말한 것이라 하였다.(師古曰: 言其賤劣無智, 若童豎也. −원주)

【幾】 음은 '기'이며 '가깝다'의 뜻.(音機, 近也. −원주)

084 진평陳平의 반간계

초나라가 형양滎陽에서 한왕을 포위하자 한왕이 진평陳平에게 물었다.
"지금 천하는 분분한데 언제쯤이나 안정되겠소?"
진평이 말하였다.
"항왕項王의 골경지신骨鯁之臣은 아부亞父의 무리 몇 사람뿐입니다.
첩자를 놓아 그들의 사이를 의심하게 하면 초나라를 깨뜨리는 일은
틀림없습니다."
한왕은 진평에게 황금 4만 금을 주며 그 쓰임은 묻지 않기로 하였다.
진평은 그 돈으로 많은 간첩을 풀어놓았다. 결국 항우는 범증을 크게
의심하였다. 범증은 자신의 해골이나 거두겠노라 청하였으며, 돌아가던
도중에 등에 종기가 나서 죽고 말았다.

○ 楚圍漢王於滎陽, 漢王謂陳平曰:「天下紛紛, 何時定乎?」
平曰:「項王骨鯁之臣, 亞父輩數人耳, 行間以疑其心, 破楚必矣.」
王與平黃金四萬斤, 不問其出入, 平多縱反間. 羽大疑亞父,
請骸骨, 歸疽發背死.

【骨鯁】사지의 뼈가 강함을 뜻하며 역시 충신을 두고 하는 말.(骨彊四支曰鯁.
故君謂忠臣亦曰骨鯁. —원주)

085 기신紀信

초나라가 한왕을 포위하여 더욱 위급하게 되자 기신紀信이 말하였다.
"사태가 급합니다. 초를 속이기를 청합니다."
이에 기신은 한왕의 수레를 타고 동문 밖으로 나와서 이렇게 말하였다.
"식량이 떨어져 한왕은 항복하러 나올 것이다."
초나라 군사들은 모두 성의 동문으로 나와 구경하였다. 한왕은 이에
그 틈을 타서 서문으로 탈출하였다. 항우는 기신을 불태워 죽였다.

○ 楚圍漢王益急, 紀信曰:「事急矣, 請誑楚.」
乃乘漢王車, 出東門, 曰:「食盡漢王出降.」
楚人皆之城東觀, 漢王乃得出西門去, 項羽燒殺紀信.

【誑】속임.(欺也. -원주)

086 한신韓信의 군사를 빼앗다

한왕이 성고成皐에 진을 치자 항우가 포위하였다. 한왕은 다시 도망하여 북쪽으로 하수를 건너 새벽에 조나라의 성으로 들어갔다. 그리고 한신의 군사를 빼앗고 한신은 따로 조나라 군사를 모아 제나라를 치도록 명하였다.

○ 漢王軍城皐, 羽圍之. 王逃去, 北渡河, 晨入趙壁, 奪韓信軍, 令信收趙兵擊齊.

【成皐】 지명. 孟津의 경계에 있음.

087 역이기酈食其의 건의

역이기가 한왕에게 말하였다.
"형양榮陽을 빼앗아 오창敖倉의 곡식을 확보하고 성고의 험준함을
요새로 삼아야 합니다."
왕은 이에 따랐다.

○ 酈食其說王:「收榮陽據敖倉粟, 塞成皐之險.」
王從之.

【敖倉】 원래 산 이름이며 진나라가 이곳에 큰 창고를 지어 군량을 보관하였음.

088 괴철蒯徹과 한신韓信

역이기는 한왕을 위하여 제왕을 항복하도록 설득하였다. 그러자 괴철蒯徹이 한신에게 말하였다.

"장군께서 제나라를 치고 있음에도 한나라가 따로 사신을 보내어 제나라에게 항복을 권유하고 있습니다. 장군께 공격을 중지하라는 조서가 있었습니까? 저 역생酈生은 수레에 엎드려 세 치 혀를 뽑아 제나라의 70여 성을 항복시켰습니다. 그런데 장군은 장수가 되신 지 몇 해가 되도록 도리어 저 같은 어린 유생의 공로만큼도 못하시군요!"

○ 酈食其爲漢王, 說齊王下之, 蒯徹說韓信曰:「將軍擊齊, 而漢獨發閒使下之, 寧有詔止將軍乎? 酈生伏軾, 掉三寸舌, 下七十餘城, 將軍爲將數歲, 反不如一豎儒之功乎!」

【齊王】역이기는 천하가 한나라로 귀착될 것임을 알고 앉아서 이를 맞이할 수 있다고 책략을 일러준 것임.(田廣案:「酈生有天下歸漢, 可坐而策之語.」 −원주)

089 역이기를 삶아 죽이다

4년(B.C.203), 한신은 제나라를 습격하여 깨뜨렸다. 제왕齊王은 역이기를
삶아 죽이고 달아났다.

○ 四年, 信襲破齊, 齊王烹食其而走.

090 너의 아버지를 삶아 죽이리라

한漢과 초楚가 군대를 모두 광무廣武에 주둔시키고 있었다. 항우는 큰 도마 위에 한왕의 아버지 태공을 올려놓고 한왕에게 고하였다.

"급히 항복하지 않으면 내 태공을 삶아 죽이리라."

한왕이 말하였다.

"나와 너와는 함께 북면北面하여 회왕懷王을 섬기면서 형제의 의를 맺었었다. 그러니 나의 아버지가 너의 아버지인 셈이다. 기어코 너의 아버지를 삶아 죽이겠거든 나에게 그 국을 한 잔 나누어주면 영광이리라"

항우가 한왕과 직접 두 사람만이 맞서 싸우고 싶다고 하자 한왕은 이렇게 말하였다.

"나는 차라리 지혜로 싸우고 싶다. 힘으로 싸울 수는 없다."

그리고 다시 항우의 죄 열 가지를 들어 따졌다. 항우는 크게 노하여 숨겨놓았던 노弩로 한왕을 쏘아 왕이 가슴을 맞아 상처를 입었다.

○ 漢與楚皆軍廣武. 羽爲高俎, 置太公其上, 告漢王曰:「不急下, 吾烹太公.」

王曰:「吾與若俱北面事懷王, 約爲兄弟, 吾翁卽若翁. 必欲烹而翁, 幸分我一杯羹.」

羽願與王挑戰.

王曰:「吾寧鬪智, 不鬪力.」

因數羽十罪, 羽大怒, 伏弩射王傷胸.

【廣武】孟康은 滎陽에 두 개의 성을 쌓아 서로 마주보게 하였는데 그 이름을 廣武城이라 하였으며 敖倉의 서쪽 三皇山 위에 있음.(孟康曰:「於滎陽築兩城而相對, 名爲廣武城, 在敖倉西三皇山上.」 -원주)

【十罪】"항우는 왕과의 약속을 어기고 나를 漢王으로 삼았으니 첫 번째 죄요, 卿子冠軍을 속여 죽였으니 두 번째 죄요, 趙나라를 구원하였으나 보답이 없이 제후의 군사를 협박하여 관중으로 들어왔으니 세 번째 죄요, 진나라 궁실을 불지르고 始皇의 무덤을 파헤쳤으며 그 재물을 사사로이 취하였으니 네 번째 죄요, 秦나라의 항복한 王子嬰을 죽였으니 다섯 번째 죄요, 진나라 자제를 속여 新安에서 20만을 구덩이에 묻었으니 여섯 번째 죄요, 왕이 땅을 평정하고 그들을 옛 땅을 잘 다스리도록 허락하였음에도 그들을 고향에서 모두 쫓아내어 이주시켰으니 일곱 번째 죄요, 義帝를 축출하고 스스로 彭城을 도읍으로 정하여 韓梁 땅을 빼앗았으니 여덟 번째 죄이며, 사람을 시켜 義帝를 江南으로 보내어 몰래 죽였으니 아홉 번째 죄이며, 정치를 펴면서 공평하지 못하고 약속을 지키지 않아 천하에 용납을 얻지 못하여 대역무도하니 이것이 열 번째 죄이다."(「羽負約 王我於漢, 罪一; 矯殺卿子冠軍, 罪二; 救趙不還報, 而擅劫諸侯兵入關, 罪三; 燒秦宮室, 掘始皇冢, 私其財, 罪四; 殺秦降五子嬰, 罪五; 詐阬秦子弟新安二十萬衆, 罪六; 王諾將善地, 而徙逐故主, 罪七; 出逐義帝, 自都彭城, 奪韓梁地, 罪八; 使人陰 殺義帝江南, 罪九; 爲政不平, 守約不信, 天下所不容, 大逆無道, 罪十也.」—원주)

【射】 '석'(石)으로 읽음.

091 진짜 왕이 되어야지

초나라가 용저龍且로 하여금 제나라를 구원토록 하자 용저는 이렇게 말하였다.

"한신은 상대하기 쉬운 사람이다. 표모漂母에게 밥을 얻어먹은 것으로 보아 제 몸 하나 거둘 계책이 없으며 남의 가랑이 밑을 기어 나가는 것으로 보아 남이 가진 용기조차 갖추지 못한 자이다."

그리고는 나아가 유수濰水를 사이에 끼고 한신과 대진하였다.

한신은 밤중에 군사를 시켜서 모래를 넣은 자루로 강 상류를 막았다가 이튿날 아침 강을 건너 용저를 공격하다가 거짓 패한 척하며 되돌아 도망하였다. 용저가 추격해오자 한신은 막았던 물을 터뜨리도록 하였다. 용저의 군사는 태반이 건너지 못하게 되었고 이 때 급습하여 용저를 죽였다.

한신은 사람을 시켜 한왕에게 보고하면서 임시로 제나라 왕이 되어 제나라를 진수하겠다고 청하였다. 한왕이 크게 노하여 꾸짖자 장량과 진평이 한왕의 발을 밟으며 귀를 잡고 속삭였다. 왕은 이를 알아차리고 다시 짐짓 이렇게 꾸짖었다.

"대장부가 제후를 평정하였으니 곧바로 진왕眞王이 될 것이지 어찌 임시 왕이 되겠다는 것인가?"

그리고는 인장印章을 새겨 그 자리에서 한신을 제왕齊王으로 삼아 주었다.

○ 楚使龍且救齊, 龍且曰:「韓信易與耳, 寄食於漂母, 無資身 之策, 受辱於胯下, 無兼人之勇.」

進與信夾濰水而陣. 信夜使人囊沙壅水上流, 旦渡擊且, 佯敗 還走. 且追之, 信使決水. 且軍大半不得渡, 急擊殺且. 信使人言之 漢王, 請爲假王以鎭齊. 漢王大怒罵之, 張良·陳平, 躡足附耳語.

王悟, 復罵曰:「大丈夫定諸侯, 卽爲眞王耳, 何以假爲?」
遣印立信爲齊王.

【且】'저'(子魚切)로 읽음.
【濰水】密州의 莒縣 濰山에서 발원하여 북쪽으로 濰州의 昌邑縣에 이르러 바다로
　흘러드는 물.(水出密州莒縣濰山, 北至濰州昌邑縣, 入海. ―원주)
【躡足】왕의 발을 밟아 귀띔해 줌.(蹈王足以喩之. ―원주)

092 천하를 셋으로 나누어 가집시다

항우는 용저가 죽었다는 말을 듣고 크게 두려워 무섭武涉을 한신에게 보내어 이렇게 말하도록 하였다.

"서로 연합하여 평화롭게 천하를 셋으로 나누어 가집시다."

한신이 말하였다.

"한왕은 나에게 상장군上將軍의 도장을 주었소. 그리고 자신의 옷을 벗어 내게 입혀주기도 하였으며 자신이 먹을 것을 나에게 주기도 하였소. 내 말은 들어주었고 나의 모책은 채택하였소. 내가 이를 배반한다면 이는 상서롭지 못한 일이오. 비록 죽더라도 바꿀 수 없소이다."

괴철蒯徹도 역시 한신을 설득하였으나 한신은 듣지 않았다.

○ 項羽聞龍且死, 大懼, 使武涉說信:「欲與連和三分天下.」

信曰:「漢王授我上將軍印, 解衣衣我, 推食食我, 言聽計用. 我倍之不祥, 雖死不易.」

蒯徹亦說信, 信不聽.

093 회남왕 경포黥布

한나라가 경포를 회남왕淮南王으로 삼았다.

○ 漢立黥布爲淮南王.

【淮南】九江에 속하는 지명.

094 범을 길러 후환을 남기는 꼴

항우는 도움도 적어지고 식량도 바닥이 났는데 한신이 다시 진군하여 공격해 오자 항우는 이에 한나라와 천하를 나누어 갖기로 약정하였다. 이리하여 홍구鴻溝의 서쪽은 한나라로, 그 동쪽은 초나라로 하고 태공과 여후呂后를 돌려주었으며 군대를 풀고 동쪽彭城으로 돌아갔다.

한왕 역시 서쪽으로 돌아가고 싶어하자 장량과 진평이 이렇게 말하였다.

"지금 한나라는 천하의 반을 차지하고 있으며 초나라 군사는 굶주리고 지쳐 있습니다. 지금 초나라를 풀어주고 치지 않으면 이는 범을 길러서 후환을 남기는 것입니다."

한왕은 그들의 의견을 따랐다.

○ 項王少助食盡, 韓信又進兵擊之, 羽乃與漢約, 中分天下. 鴻溝以西爲漢, 以東爲楚, 歸太公 · 呂后, 解而東歸.

漢王亦欲西歸, 張良 · 陳平曰:「漢有天下大半, 楚兵饑疲. 今釋不擊, 此養虎自遺患也.」

王從之.

【鴻溝】 물 이름이며 지명.

095 해하가垓下歌

(1) 사면초가四面楚歌와 항우의 최후

5년(B.C.202), 한왕은 항우를 추격하여 고릉固陵에 이르렀다. 그런데 한신과 팽월彭越이 약속한 기일에 나타나지 않는 것이었다. 장량이 왕에게 권하였다.

"초나라 땅과 양梁나라 땅을 한신과 팽월에게 주겠노라 허락하십시오."

한왕이 그 말대로 하자 두 사람 모두 군사를 이끌고 왔으며 경포黥布 역시 합세하게 되었다.

항우가 쫓겨 해하垓下에 이르렀을 때 군사는 적어졌고 식량도 모두 소진된 상태였다. 한신 등이 이 틈을 타 추격하자 항우는 패하여 성 안으로 들어갔다. 한나라 군사가 그를 겹겹이 포위하였다. 항우는 밤에 들으니 한나라 군사가 모두 사면에서 초나라 노래를 부르는 것이었다. 항우가 크게 놀라 이렇게 말하였다.

"한나라가 이미 우리 초나라 땅을 모두 차지한 것이냐? 어찌 초나라 사람이 저리도 많단 말이냐?"

그리고 일어나 장막 안에서 술잔을 마시며 우미인虞美人에게 일어나 춤을 추게 하고, 자신은 슬픈 노래를 불러 비분강개悲憤慷慨하며 눈물을 몇 줄기 흘렸다. 그 노래는 이러하였다.

〈虞姬〉(項羽 寵妃) 淸 上官周 《晚笑堂畵傳》

〈垓下戰〉 청대 민간 年畫

"힘은 산을 뽑을 수 있고 기氣는 세상을 덮으련만,
때가 불리한데 추마騅馬는 나가지 않는구나.
추가 나가지 않으니 어찌한단 말인가!
우虞여, 우여, 너를 어찌한단 말인가?"

추騅는 항우가 매일 타던 준마이다. 좌우도 모두 울어 감히 얼굴을
들어 항우를 쳐다볼 수 없었다.
항우는 이에 밤을 틈타 8백 여 기騎를 이끌고 포위를 뚫고 남쪽으로
탈출하여 회하淮河를 건넜으나 길을 잃어 그만 큰 늪에 빠지고 말았다.
한나라 군사가 뒤쫓아오자 항우는 다시 동성東城에 이르렀다. 이때는
겨우 28 기뿐이었다. 항우는 그 기병들을 돌아보며 이렇게 말하였다.

"내가 군사를 일으킨 지 지금 8년, 70여 회를 싸웠지만 일찍이 패배한 적이란 없었다. 지금 마침내 여기에서 곤액에 처하고 말았으나 이는 하늘이 나를 버린 것이지 내가 싸움을 잘못한 죄가 아니다. 오늘 진실로 죽음을 결판내리라. 원컨대 그대들을 위하여 결전을 벌여 기어이 포위를 무너뜨리고 적장을 베어 제군들에게 이를 알도록 하리라."

모두가 그의 말과 같았다. 이에 동쪽으로 가서 오강烏江을 건너려 하자 그 곳 정장亭長이 배를 마련하여 기다리고 있었다.

"강동江東이 작은 땅이기는 하나 역시 왕 노릇을 할 만한 곳입니다. 어서 건너시지요."

항우는 이렇게 말하였다.

"내 처음 기병할 때 이 강동의 자제 8천 명과 함께 이 오강을 건너 서쪽으로 향하였었소. 그런데 지금 한 사람도 살아서 돌아오는 이가 없소. 비록 강동의 부형들이 나를 불쌍히 여겨 왕으로 삼아준다고 해도 내 무슨 면목으로 다시 그들을 볼 수 있겠으며, 나라고 어찌 유독 마음에 부끄러움을 느끼지 않겠소?"

이에 스스로 목을 베어 죽어버렸다.(B.C.202)

○ 五年, 王追羽至固陵. 韓信·彭越期不至.

張良勸王:「以楚地梁地許兩人.」

王從之, 皆引兵來, 黥布亦會.

羽至垓下, 兵少食盡. 信等乘之, 羽敗入壁, 圍之數重.

羽夜聞漢軍四面皆楚歌, 大驚曰:「漢皆已得楚乎? 何楚人多也?」

起飮帳中, 命虞美人起舞, 悲歌慷慨, 泣數行下.

其歌曰:『力拔山兮氣蓋世, 時不利兮騅不逝, 騅不逝兮可奈何! 虞兮虞兮奈若何?』

騅者羽平日所乘駿馬也.

左右皆泣, 莫敢仰視. 羽乃夜從八百餘騎, 潰圍南出, 渡淮迷失道, 陷大澤中. 漢追及之, 至東城, 乃有二十八騎.

羽謂其騎曰:「吾起兵八歲, 七十餘戰, 未嘗敗也. 今卒困此, 此天亡我, 非戰之罪. 今日固決死, 願爲諸君決戰, 必潰圍斬將, 令諸君知之.」

皆如其言.

於是欲東渡烏江, 亭長艤船待, 曰:「江東雖小, 亦足以王, 願急渡.」

羽曰:「籍與江東子弟八千人, 渡江面西, 今無一人還. 縱江東父兄, 憐而王我, 我何面目復見, 獨不愧於心乎?」

乃刎而死.

【固陵】 지명. 회양에 속하였다 함.
【許兩人】《通鑑》에 장량이 睢陽 이북은 彭越을 왕으로 삼기를 청하였으니 梁나라 땅이요, 陳나라 땅 동쪽은 韓信을 왕으로 삼기를 청하였으니 초나라 땅이다. (通鑑: 張良請取睢陽而北王彭越, 梁地也; 從陳以東王韓信, 楚地也. −원주)
【垓下】 제방 이름이며 박주(亳州)에 있다.(원주)
【楚歌】 漢나라 군사가 초나라 사람을 위하여 노래를 부른 것이다.
【虞美人】 항우의 愛姬.
【騅】 푸른 색과 흑색이 섞인 말. 항우의 애마. 흔히 '烏騅馬'라고도 부른다.
【東城】 和州에 속하는 현으로 지금의 烏江縣.(원주)
【如其言】《通鑑》에 한나라 장수 하나와 도위 둘을 목을 베었으며 십수백인을 죽이자 여러 기마들이 모두 감복하였다.(通鑑云: 斬漢一將二都尉, 殺數十百人, 諸騎皆伏. −원주)
【烏江】 浦이름이며 東城에 있다.(원주)
【艤】 배를 강가에 대고 있음을 말한다.(航向岸曰艤. −원주)

⑵ 유방, 드디어 황제로 즉위하다

이리하여 초나라 땅은 모두 평정되었다. 그런데 오직 노魯나라만이 항복하지 않는 것이었다. 한왕이 이를 도륙하려고 성 아래에까지 이르렀더니 오히려 성 안에서는 음악 소리와 시를 읊는 소리가 들려오는 것이었다.

그들은 예의의 나라로서 군주 항우를 위해 죽음으로써 절개를 지키겠다는 것이었다. 이에 항우의 머리를 보여주자 그제야 항복하였다.

한왕은 군사를 돌이켜 급히 제왕齊王 한신의 성으로 달려가 그의 군사를 빼앗고 즉시 한신을 초왕楚王으로, 팽월을 양왕梁王으로 삼았다. 그리고 한왕은 황제皇帝의 지위에 올랐다. (B.C.202)

楚地悉定, 獨魯不下, 王欲屠之. 至城下, 猶聞鉉誦之聲. 爲其守禮義之國, 爲主死節. 持羽頭示之, 乃降. 王還, 馳入齊王信壁, 奪其軍, 立信爲楚王, 彭越爲梁王. 漢王卽皇帝位.

【楚王】 淮北의 왕이며 下邳에 도읍하고 있었다.
【梁王】 魏地의 왕으로 定陶에 도읍을 정하고 있었다.

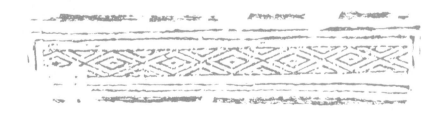

096 내가 천하를 얻은 까닭은

고조高祖가 낙양洛陽의 남궁南宮에서 잔치를 벌이면서 이렇게 말하였다.

"철후徹侯와 제장諸將은 모두 말해 보시오. 내가 천하를 얻은 이유는 무엇이오? 또 항씨項氏가 천하를 잃은 이유는 무엇이오?"

고기高起와 왕릉王陵이 대답하였다.

"폐하께서는 사람으로 하여금 성을 공격하고 땅을 차지하게 하시고는 이를 그에 맞게 베풀어주시며 천하와 더불어 그 이익을 함께 하셨습니다. 그러나 항우는 그렇지 않았습니다. 공 있는 사람은 해치고 어진 사람은 의심하였으며 싸움에 이겨도 남의 공을 인정하지 않으며 땅을 얻어도 남에게 그 이익을 주지 않았습니다."

그러자 고조가 이렇게 말하였다.

"그대는 그 하나만 알고 둘을 모르오. 무릇 장막 안에서 전략을 계산하여 천리 밖의 싸움에서 승리를 거두게 하는 면에서는, 나는 자방子方만 못하오. 그리고 국가의 재정을 채워 넣고 백성을 위무하며 먹을 것을 공급하고 군량을 운송하는 길이 끊어지지 않게 하는 데에 있어서는, 나는 소하蕭何만 못하오. 그리고 백만 대군을 연결하여 싸우면 반드시 이기고 공격하면 반드시 취하는 면에 있어서는, 나는 한신만 못하오. 이 세 사람은 모두가 인걸人傑이오. 나는 능히 이들을 썼으니 이것이 내가 천하를 취할 수 있었던 것이오. 그러나 항우는 하나의 범증이 있었으나 능히 쓰지도 못하였소. 이것이 항우가 나에게 사로 잡히게 된 까닭이오."

신하들이 모두 즐거워하며 감복하였다.

○ 置酒洛陽南宮, 上曰:「徹侯諸將皆言, 吾所以得天下者何? 項氏所以失天下者何?」

高起·王陵對曰:「陛下使人攻城掠地, 因而與之, 與天下同其利; 項羽不然, 有功者害之, 賢者疑之, 戰勝而不予人功, 得地而不與人利.」

上曰:「公知其一, 未知其二. 夫運籌帷幄之中, 決勝千里之外, 吾不如子房; 塡國家撫百姓, 給餽餉, 不絶粮道, 吾不如蕭何; 連百萬之衆, 戰必勝, 攻必取, 吾不如韓信. 此三人者, 皆人傑也. 吾能用之, 此吾所以取天下. 項羽有一范增, 而不能用. 此其所以爲我禽也.」

羣臣悅服.

【徹侯】 通侯, 列侯와 같으며 지극한 공이 있는 자를 뜻함.
【帷幄】 앞쪽을 가린 군영을 帷라 하며, 전체 주위를 다 가린 것을 幄이라 한다.
(在前曰帷, 悉周曰幄. —원주)
【子房】 張良의 자.

097 전횡田橫의 자살

옛날 제齊나라 전횡田橫은 그 무리 5백여 명과 함께 해도海島로 들어가 버티고 있어 임금이 그를 불렀다.

"전횡이여, 돌아오시오. 크게는 왕에, 작아도 후侯를 삼아주겠소. 만약 오지 않으면 장차 군사를 보내어 죽일 것이오."

그러자 전횡은 객인客人 두 사람과 말을 갈아타며 낙양의 시향尸鄕에 이르러 스스로 목을 끊어버렸다. 고조는 그를 왕의 예로써 후히 장사 지냈다. 두 객인도 자살하여 전횡을 따르자 섬에 있던 5백 명도 이를 듣고 자살하였다.

○ 故齊田橫與其徒五百餘人入海島, 上召之曰:「橫來, 大者王, 小者侯, 不來且擧兵誅.」

橫與二客乘傳, 至洛陽尸鄕自剄.

以王禮葬之, 二客自剄從之, 五百人在島中者, 聞之自殺.

〈전횡과 오백의사〉 徐飛鴻(그림)

【田橫】 齊王과 전광(田廣)의 숙부. 이 사건으로 輓歌가 처음 만들어진 것으로도
유명함. 田氏는 전국시대 田氏齊의 혈통이어서 끝까지 버틴 것임.
【海島】 山東省 卽墨의 동북쪽 바다에 있는 섬으로 明代까지 이 섬을 田橫島라
불렀다 함.

098 원수를 등용하라

처음 계포季布는 항우의 장수가 되어 자주 고제 한왕을 궁지에 몰아넣은 적이 있었다. 항우가 망한 후 고제는 상금을 걸어 계포를 찾으면서 감히 이를 숨겨주는 자는 삼족을 멸하리라 하였다. 계포는 머리를 깎고 목에 철사를 둘러 노예의 모습을 하고는 스스로 노魯나라 주가朱家에게 팔려 일을 하고 있었다. 주가는 마음속으로 그가 계포라는 것을 알고, 낙양으로 가서 등공滕公을 만나 말하였다.

"계포에게 무슨 죄가 있습니까? 신하라면 각기 자신의 주인을 위하여 충성을 다하게 마련입니다. 계포 같은 현명한 자를 한나라가 급하게 잡겠다고 하니 그는 북쪽 호胡로 달아나거나 남쪽 월越로 도망칠 것입니다. 이는 장사를 버려 적국을 도와주는 꼴이 될 것입니다."

등공이 고조에게 이를 알리자 이에 계포를 용서하고 불러 낭중郎中으로 삼았다.

○ 初季布, 爲項羽將, 數窘帝. 羽滅帝購求布, 敢匿者罪三族. 布乃髡鉗爲奴, 自賣於魯朱家.

朱家心知其布也, 之洛陽見滕公曰:「季布何罪? 臣各爲其主耳, 以布之賢, 漢求之急, 不北走胡, 南走越耳. 此棄壯士資敵國也.」

滕公言於上, 乃赦布召拜郎中.

【髡】머리를 깎음.(剃髮也. ─원주)
【鉗】쇠로 목을 묶음.(以鐵束頸也. ─원주)
【朱家】인명. 본전에 계포가 濮陽의 周氏 집에 숨어들자 周氏가 "漢나라가 그대를 급히 찾고 있어 추적하여 장차 우리 집에까지 이를 것입니다. 제 말을 들어주십시오" 라 하면서 감히 계책을 일러주었다. 계포가 허락하자 이에 그이 머리를 깎고

목에 쇠줄을 묶어 廣柳車에 싣고 魯나라 朱家에게 가서 팔았다.(本傳云: 布匿濮
陽周氏. 周氏曰:「漢求將軍急, 迹且至臣家, 能聽臣.」敢進計, 布許之. 迺髡鉗布,
置廣柳車中, 之魯朱家所賣之. -원주)

【滕公】하후영(夏侯嬰)을 가리킴.

【郎中】관직 이름.

✹ 원주의 기록은 다음과 같다.

蘇軾이 말하였다. "漢高祖와 唐太宗은 모두 創業의 賢君이요, 李布와 屈突通은
모두 一朝의 烈丈夫이다. 모두가 능히 임금을 위해 몸을 바쳤으니 죽음에
차이가 없었다. 오직 賢君이 능히 至公의 마음을 미루어 한 것이었고 사사로운
원한을 이유로 선비를 죽이는 일이 없었으니 이것이 곧 萬世 帝王의 업을
이룰 수 있었던 까닭이다."(蘇軾曰:「漢高祖, 唐太宗, 皆創業之賢君; 李布.
屈突通, 皆一朝之烈丈夫. 皆能以身徇主, 有死無二. 惟賢君故能推至公之心,
不以私怨殺士, 此可以爲萬世帝王之業.」)

099 나를 살려주기는 했지만 불충의 표본이다

정공丁公이 항우의 장수였을 때 일찍이 고조를 팽성彭城의 서쪽에 몰아넣고 단병短兵을 휘두르며 접근해왔다. 고조가 다급한 나머지 돌아보며 이렇게 말하였다.

"두 현자賢者가 어찌 이렇게 서로 곤액으로 몰아넣소?"

그 말에 정공은 되돌아서고 말았다.

이 때 고제가 된 후에 이르러 정공이 고조에게 알현하였다. 고제는 군중軍中을 순시하면서 이렇게 말하였다.

"정공은 신하로서 적을 놓아준 불충한 자로다. 항우로 하여금 천하를 잃게 하였다."

그리고 마침내 정공을 베면서 말하였다.

"뒤에 남의 신하 된 자는 정공을 본받지 않도록 하렷다."

○ 丁公爲項羽將, 嘗逐窘帝彭城西, 短兵接, 帝急, 顧曰:「兩賢豈相厄哉?」

丁公乃還. 至是謁見, 帝以徇軍中曰:「丁公爲臣不忠, 使項王失天下.」

遂斬之, 曰:「使後爲人臣, 無效丁公也.」

【丁公】 계포의 외삼촌.(季布母弟. -원주)

【短兵】 短刀. 아주 가까이 접근하여 피할 수 없이 대들었음을 말함.

※ 원주의 기록은 다음과 같다.

司馬溫公(司馬光)이 말하였다. "高祖가 豐沛에서 일어났을 때 호걸을 망라하고 도망자 반역자까지도 초치함이 역시 매우 많았는데 帝位에 올라서는 유독 丁公만이 不忠하다고 죽음을 당하였으니 무슨 이유이겠는가? 무릇

進取와 守成은 그 형세가 다르기 때문이다. 群雄이 角逐할 때는 백성은 주인이 없어 오는 자라면 받아들이는 것이 진실로 마땅하다. 그러나 고귀한 天子가 되어서는 四海에 신하 아닌 자가 없으니 진실로 예의를 분명히 밝혀 보이지 않아 신하된 자로 하여금 두 마음을 품어 이익을 노리게 해도 되게 한다면 국가가 어찌 능히 장구한 안녕을 얻을 수 있겠는가? 이 까닭으로 대의로써 끊어 천하로 하여금 신하된 자로서 불충이란 스스로 용납되지 않음을 밝히 알도록 해야 하는 것이다. 사사로운 은혜가 얽혀 비록 자신을 살려주기까지 한 경우라도 오히려 의에 부합되지 않았으니 그러한 한 사람을 죽여 천만인을 두렵게 한 것은 그 사려가 어찌 깊고 또한 원대하지 않다 하리오! 그 자손이 4백여 년의 天祿을 누렸으니 마땅하도다."(司馬溫公曰: 「高祖起豐沛以來罔羅豪傑, 招亡納叛亦已多矣. 及即帝位, 而丁公獨以不忠 受戮, 何哉? 夫進取之與守成, 其勢不同. 當群雄角逐之際, 民無定主, 來者受之, 固其宜也. 及貴爲天子, 四海之內, 無不爲臣, 苟不明禮義示之, 使爲臣者人懷 二心, 以徼大利. 則國家其能久安乎? 是故斷以大義, 使天下曉然皆知爲臣, 不忠者, 無所自容. 而懷私結恩者, 雖至於活己, 猶以義不與也, 戮一人而千萬 人懼, 其慮事豈不深且遠哉! 子孫享有天祿四百餘年, 宜矣.」)

100 도읍을 정하다

제나라 사람 누경婁敬이 고조를 설득하였다.

"낙양洛陽은 천하의 중앙입니다. 그러나 덕이 있으면 쉽게 번성하지만 덕이 없으면 쉽게 망하는 곳입니다. 그러나 진秦나라 땅은 산이 둘러싸이고 물이 띠를 이루어 사방이 요새로 되어 있어 견고함을 삼을 수 있습니다. 폐하께서 진나라의 옛 땅에 의거하신다면 이는 천하의 목을 누르고 그 등을 치는 것입니다."

고조가 이를 장량에게 묻자 장량이 말하였다.

"낙양은 사면이 적의 침입을 받는 곳으로 무력으로 다스리는 나라를 세우기에 적합한 땅은 아닙니다. 그러나 관중은 왼쪽은 효산殽山과 함곡관函谷關이 있고, 오른쪽은 농산隴山과 촉蜀이 있어 삼면이 막혀 지켜낼 수 있습니다. 누경의 말이 옳습니다."

고조는 그 날로 서쪽 관중關中을 도읍으로 정하였다.

○ 齊人婁敬說上曰:「洛陽天下之中, 有德易以興, 無德易以亡. 秦地被山帶河, 四塞以爲固, 陛下案秦之故, 此搤天下之亢, 而拊其背也.」

上問張良, 良曰:「洛陽四面受敵, 非用武之國. 關中左殽函, 右隴蜀, 阻三面而守, 敬說是也.」

上卽日西都關中.

【婁敬】인명. 뒤에 고조가 劉씨 성을 하사하여 劉敬이라고도 함.
【亢】목(頸)과 같음.
【殽】崤와 같음.

101 욕심 없는 유후留侯 장량

유후留侯 장량은 병을 핑계하고
벼슬에서 물러나 음식을 입에 대지
않으면서 이렇게 말하였다.

"우리 집안은 대대로 한韓나라의
재상이었다. 한나라가 망하고 나서
한나라를 위하여 원수는 갚았다.
지금 나는 세 치 혀로써 황제의
스승이 되어 만호후萬戶侯에 봉해
졌다. 이는 포의布衣로서 지극한
것이다. 이제는 인간사를 버리고
적송자赤松子를 좇아 놀아야겠다."

장량은 젊을 때 하비下邳의 흙
다리 위에서 노인을 만났는데 그는

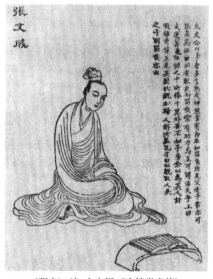

〈張良〉清 上官周 《晩笑堂畫傳》

자신의 신발을 다리 아래에 떨어뜨리고 장량에게 이렇게 말하는 것이었다.

"얘야, 내려가서 신발을 가져오너라."

장량은 화가 나서 그를 때려주려 하다가 늙은이가 불쌍하다고 여겨
다리 아래로 내려가서 신을 주워왔다. 그런데 노인은 발로 이를 받아
신으면서 이렇게 말하였다.

"어린아이는 가르칠 만하구나. 닷새 후에 여기서 나와 만나자."

장량은 약속한 날에 가 보았더니 노인은 먼저 와 있다가 노하여
말하였다.

"어른과 약속을 해 놓고서 늦게 오다니 어찌 된 일이냐?"

그리고 다시 닷새 후를 약속하였다. 그 날이 되어 장량이 가보았더니
노인은 역시 먼저 와 있는 것이었다. 노하여 다시 닷새 후를 약속하였다.
장량은 한밤중에 가 보았다. 노인이 이르러 만족하며 책 한 편을
주면서 이렇게 말하였다.

"이 책을 읽으면 제왕의 스승이 될 수 있다. 뒷날 제북濟北의 곡성산
穀城山 아래에서 황석黃石을 보게 될 것이니 이것이 곧 나이다."

아침이 되어 보았더니 그것은 《태공병법太公兵法》이었다. 장량은
기이하게 여겨 주야로 습독하였다. 이리하여 이윽고 임금을 도와
천하를 평정하게 되었던 것이다. 고조가 공신들을 봉하면서 장량에게는
제齊나라 3만 호戶의 땅을 스스로 택하도록 하자 장량이 말하였다.

"제가 처음으로 진류陳留라는 곳에서 폐하를 만났습니다. 이는 하늘이
저를 폐하께 주신 곳입니다. 그저 그 유留의 땅에 봉해주시면 족합니다."

뒷날 장량이 곡성산을 지나가다가 과연 황석을 발견하였다. 이에
이를 사당에 받들어 모셨다.

○ 留侯張良, 謝病辟穀, 曰:「家世相韓, 韓滅爲韓報讐. 今以
三寸舌爲帝者師, 封萬戶侯, 此布衣之極, 願棄人閒事, 從赤松
子遊耳.」

良少時, 於下邳圯上, 遇老人墮履圯下, 謂良, 曰:「孺子, 下取履」
良欲毆之, 憫其老, 乃下取履.

老人以足受之, 曰:「孺子可教, 後五日, 與我期於此.」

良與期往, 老人已先在, 怒曰:「與長者期, 後何也?」

復約五日, 及往, 老人又先在, 怒復約五日, 良半夜往, 老人至,
乃喜, 授以一編書, 曰:「讀此可爲帝者師, 異日見濟北穀城山
下黃石, 卽我也.」

旦視之, 乃太公兵法. 良異之, 晝夜習讀.

旣佐上定天下, 封功臣, 使良自擇齊三萬戶, 良曰:「臣始與陛
下遇於留, 此天以臣授陛下, 封留足矣.」

後經穀城, 果得黃石焉, 奉祠之.

【留】縣이름으로 陳留를 가리킴.

【謝病云云】도가의 학설을 믿어 辟穀導引術을 수행하며 먹지 아니하고 조용히
行氣術을 행하는 것. 도가의 수련 방법.

【赤松】神農氏 시대의 선인. 《神仙傳》과 《列仙傳》등에 그 사적이 실려있음.

✹ 원주의 기록은 다음과 같다.

司馬溫公(司馬光)이 말하였다. "무릇 살아 있는 것에게 죽음이 있음은 마치
밤이 있으면 아침이 오는 것처럼 필연이니 자고로 이를 초연히 뛰어넘어
홀로 존재한 자는 없다. 자방(유후)과 같이 明辨達理로써 신선술이라는
것이 虛詭한 것임을 족히 알았을 것이나 그래도 赤松子를 따라 놀겠다고
한 것은 그 지혜가 가히 알 만하다. 무릇 功名을 누릴 때 신하된 자로서
처하기 어려움이란 소위 고조가 칭한 三傑일 뿐이다. 그런데 淮陰(한신)은
주멸되고 蕭何는 옥에 갇혔으니 가득 찬 것을 밟으면서 그칠 줄 몰랐음이
아니겠는가? 그러므로 자방이 神仙에 의탁하여 인간 세상을 버리고 공명을
외물처럼 여기며 영리를 버려두고 거들떠보지도 않았으니 소위 明哲保身이란
것이 子房에게 있었던 것이다."(司馬溫公曰:「夫生之有死, 猶夜旦之必然.
自古及今, 固未有超然而獨存者也. 以子房之明辨達理, 足以知神仙之爲虛詭矣.
然其欲從赤松子遊者, 其智可知矣. 夫功名之際, 人臣之所難處, 如高帝所稱
者三傑而已. 淮陰誅夷, 蕭何繫獄, 非以履盛滿而不止耶? 故子房託於神仙,
遺棄人間, 等功名於外物, 置榮利而不顧, 所謂明哲保身者, 子房有焉.」)

【圯】흙으로 만든 다리. 초나라 방언에 다리를 '圯'라 함.(楚人謂橋曰圯. −원주)

【穀城山】東平에 있는 산 이름.

【太公】강태공. 呂尙.

102 한신韓信과 고조의 애증

(1) 토사구팽兎死狗烹

6년(B.C.201), 어떤 사람이 글을
올려 초왕楚王 한신이 모반하려 한다
고 고해오자 장수들은 말하였다.

"군사를 내어 그 녀석을 구덩이
에 묻어버려야 한다."

고조가 진평에게 물었더니 진평
은 위험하다고 여기며 이렇게 말
하였다.

"옛날 천자는 순시하면서 제후
들을 모이도록 하였습니다. 폐하
께서는 나서서 운몽택雲夢澤으로
놀이 간다고 거짓으로 말하면서
제후들을 진陳 땅으로 모이라 하십
시오. 그리고 그 틈을 타서 그를

〈韓信〉淸 上官周《晩笑堂畵傳》

잡는다면 이는 하나의 역사力士가 할 수 있는 일에 불과할 것입니다."

고조는 진평의 의견을 좇아 제후들에게 고하였다.

"진으로 모이도록 하라. 내 장차 운몽택으로 놀이를 가리라."

그리하여 진에 이르자 한신도 와서 배알하였다. 고조는 무사에게
명하여 한신을 잡아 묶어 뒤따르는 수레에 실었다. 그러자 한신은
이렇게 말하였다.

"과연 사람들의 말이 맞도다. 교활한 토끼가 죽고 나니 사냥개가
삶겨 죽고, 나는 새가 없어지니 양궁良弓은 창고에 던져지며, 적국이
파하니 모신謀臣이 사라진다 하였도다. 천하가 이미 평정되었으니 내가
진실로 삶길 차례로구나."

드디어 한신을 기틀에 묶어 돌아와서는 그를 사면하고 대신 강등하여 회음후淮陰侯로 삼았다.

○ 六年, 人有上書告楚王韓信反, 諸將曰:「發兵阬豎子耳.」

上問陳平, 平危之曰:「古有巡守, 會諸侯. 陛下第出僞遊雲夢, 會諸侯於陳, 因禽之, 一力士之事耳.」

上從之, 告諸侯:「會陳, 吾將遊雲夢.」

至陳, 信上謁, 命武士縛信, 載後車.

信曰:「果若人言, 狡兎死, 走狗烹; 飛鳥盡, 良弓藏; 敵國破, 謀臣亡. 天下已定, 臣固當烹.」

遂械繫以歸, 赦爲淮陰侯.

【阬】坑과 같음.

【守】狩와 같음.

【雲夢】초나라 두 못 이름. 강북과 강남에 걸쳐 있으며 천리나 뻗쳐 있음.(楚二澤名, 跨江南北, 連亘千里. —원주)

【械】차꼬(桎梏)를 말함.

✹ 원주의 기록은 다음과 같다.

陳氏가 말하였다. "高帝가 천하를 얻을 때 詭詐의 말은 모두가 陳平에게서 나왔다. 이것이 項羽와 紛爭할 때라면 가하거니와 어찌 君臣 사이에 이를 쓸 수 있단 말인가? 韓信으로 하여금 反心을 갖게 하는 것도 오히려 불가한 것인데 한신이 아직 반심을 갖지도 않았음에랴. 그렇다면 功臣으로서 누가 스스로 의혹을 품지 않겠는가?"(陳曰:「高帝得天下, 率詭詐之言, 盡出於陳平, 施於項羽紛爭時猶可也, 其可施於君臣之間乎? 使韓信有反心, 尙不可爲, 而信未有反心也. 然則功臣孰不自疑乎?」)

(2) 다다익선多多益善

　고조가 일찍이 조용히 한신에게 여러 장수들은 능히 얼마만큼의
군사를 거느릴 수 있는지를 물으면서 이렇게 말하였다.
　"나 같은 자라면 얼마만큼을 거느릴 수 있겠소?"
　한신이 대답하였다.
　"폐하는 10만 명 거느릴 정도에 불과하지요."
　고조가 물었다.
　"그러면 그대는 어느 정도요?"
　한신은 이렇게 말하였다.
　"저는 많으면 많을수록 더욱 잘 처리하지요."
　고조가 웃으면서 말하였다.
　"많으면 많을수록 잘 해낸다면서 어찌 나에게 잡혔소?"
　한신이 말하였다.
　"폐하는 능히 병사를 거느릴 수는 없으나 장수를 거느리는 데에는
뛰어나지요. 이것이 제가 폐하에게 잡힌 까닭입니다. 게다가 폐하는
소위 하늘이 내려주셨으니 사람의 힘으로 된 것이 아닙니다."

　上嘗從容問信諸將能將兵多少, 上曰:「如我能將幾何?」
　信曰:「陛下不過將十萬.」
　上曰:「於君何如?」
　曰:「臣多多益辨.」
　上笑曰:「多多益辨, 何以爲我禽?」
　曰:「陛下不能將兵, 而善將將, 此信所以爲陛下禽, 且陛下所
謂天授, 非人力也.」

【辨】일을 처리함을 뜻함.(理也. −원주)

103 주인과 사냥개의 차이

고조가 부符를 쪼개어 공신들을 봉封하였는데 찬후酇侯 소하蕭何의 식읍이 유독 많았다. 공신들이 모두 불평하였다.

"우리들은 갑옷을 입고 날카로운 무기를 들어, 많은 사람은 백여 번 전투를 벌였고, 적은 사람이라도 수십 번을 싸웠습니다. 소하는 일찍이 말이 땀을 흘리는 노고도 없었고, 그저 글과 먹으로만 의논을 벌여왔습니다. 그런데 도리어 소하가 우리보다 위에 처하는 것은 무슨 이유입니까?"

고조가 말하였다.

"여러분은 사냥을 알고 있는가? 짐승을 쫓아가 물어 죽이는 것은 개요, 이를 풀어 지시하는 것은 사람이다. 여러분은 한갓 달아나는 짐승을 잡은 것이니 그 공은 개에 해당한다. 소하 같은 이라면 이는 사람의 공인 것이다."

신하들은 모두가 감히 말을 하지 못하였다.

○ 剖符封功臣, 酇侯蕭何, 食邑獨多, 功臣皆曰:「臣等被堅執銳, 多者百餘戰, 少者數十合, 蕭何未嘗有汗馬之勞, 徒持文墨議論, 顧反居臣等上何也?」

上曰:「諸君知獵乎? 逐殺獸者狗也, 發縱指示者人也. 諸君徒能得走獸耳, 功狗也. 至如蕭何, 功人也.」

羣臣皆莫敢言.

【剖】 分也.
【酇】 지명. 南陽에 속함.

104 가장 미운 놈 옹치雍齒

고조가 이미 큰 공을 이룬 신하들에게는 봉지를 주었지만 그 나머지 사람들은 공로를 다투어 결정할 수가 없었다. 고조가 복도複道 위에서 멀리 보았더니 여러 장수들이 서성이며 모래밭에 앉아 서로 이야기를 나누고 있었다.

고조가 장량에게 묻자 장량은 이렇게 설명하였다.

"폐하께서는 이 무리들 덕분에 천하를 얻으셨는데, 봉지를 내리심에는 모두가 폐하의 옛날 친구나 친한 사람에게 줄 뿐입니다. 게다가 주살誅殺당한 사람들은 모두가 폐하께서 평소 미워하거나 원망하던 자들입니다. 이 무리들은 모든 사람들에게 봉지가 주어질 수도 없을 것이며, 또한 지난날 평소의 과실을 의심받아 주살당할까 두려워하여 저렇게 모여 모반을 상의하고 있는 것입니다."

고조는 물었다.

"어찌하면 좋겠소?"

장량이 말하였다.

"폐하께서 평소에 미워하는 바, 신하들도 모두 알고 있는 자 중에 가장 심한 자가 누구입니까?"

고조가 대답하였다.

"옹치雍齒요."

장량이 말하였다.

"급히 옹치부터 봉하십시오."

이에 옹치를 십방후什方侯에 봉하고 급히 승상丞相과 어사御史에게 공을 정하고 봉을 행하도록 재촉하였다. 신하들은 모두 기뻐하며 이렇게 말하였다.

"옹치조차도 후가 되는데 우리는 근심할 것이 없다."

이리하여 조서를 내려 큰 공이 있는 자 18명의 차례를 정하였고, 승상 소하에게는 칼을 차고 신을 신고 전상殿上에 오를 수 있으며 입조入朝할 때에는 뛰지 않아도 된다고 하였다.

○ 上已封大功臣, 餘爭功不決. 上從複道上望見, 諸將往往,
坐沙中相與語.

上問張良, 良曰:「陛下以此屬取天下, 今所封皆故人親愛; 所
誅皆平生仇怨, 此屬畏不能盡封, 又恐見疑平生過失及誅, 故
相聚謀反耳.」

上曰:「奈何?」

良曰:「陛下平生所憎, 羣臣所共知, 誰最甚者.」

上曰:「雍齒.」

良曰:「急先封齒.」

於是封齒爲什方侯, 而急趣丞相御史, 定功行封, 羣臣皆喜曰:
「雍齒且侯, 吾屬無患矣.」

詔定元功十八人位次, 賜丞相何, 劍履上殿殿, 入朝不趨.

【雍齒】 고조의 신하로 고조가 일찍이 그로 하여금 豐을 지키도록 하였을 때
웅치가 叛逆을 꾀한 적이 있었음.

● 원주의 기록은 다음과 같다.

司馬溫公이 말하였다. "張良은 高帝의 謀臣으로 그에게 心腹으로 일을 맡겼
으니 의당 알고 있는 바는 말하지 아니한 것이 없는데, 어찌 여러 장수들이
모반을 꿈꾸고 있음을 듣고도 반드시 고제의 질문을 받기를 기다린 연후에야
말을 했겠는가? 대체로 高帝가 처음 천하를 얻었을 때 자주 애증에 따라
誅賞을 행하여 간혹 때로는 至公을 해치는 일도 있어 羣臣들이 왕왕 희망을
이루지 못하여 서운해하고 스스로 위험을 느끼는 마음이 있었을 것이다.
그 때문에 장량이 이 일을 기회로 충성으로써 고제의 뜻을 변화시켜 위로는
사사로운 아당의 실수가 없도록 하고 아래로는 의심과 모반의 뜻이 없도록
하여 국가에 근심이 없으며, 그 이익이 후세에 미치도록 하고자 한 것일
테니 장량 같은 자는 가히 모책에 뛰어났다 할 수 있다."(司馬溫公曰:「張良爲

高帝謀臣, 委以心腹, 宜其知而無不言, 安有聞諸將謀反, 必待高帝見問, 然後
乃言之邪? 蓋以高帝初得天下, 數用愛憎行誅賞, 或時害至公, 羣臣往往有觖
望自危之心, 故良因事納忠, 以變移帝意, 使上無阿私之失, 下無猜忌之謀,
國家無虞, 利及後世, 若良者, 可謂善諫矣.」)

【十八人】 열여덟 사람은 蕭何, 曹參, 張敖, 周勃, 樊噲, 酈生, 酈商, 夏侯嬰, 灌嬰,
傅寬, 靳歙, 王陵, 陳武. 王吸, 薛歐, 周昌, 丁復, 蟲達이다. (원주)

105 태상황太上皇

고조는 아버지 태공을 높여 태상황太上皇으로 삼았다.

○ 尊太公爲太上皇.

106 숙손통叔孫通

고조는 진秦나라의 가혹한 법을 고쳐 법을 간이하게 하였다.

그런데 신하들이 술을 마시면서 공을 다투면서 취하면 혹 마구 소리를 지르며 칼을 빼어 기둥을 내리치는 등 엉망이었다. 그러자 숙손통叔孫通이 고조에게 말하였다.

"유자儒者는 더불어 진취적인 것은 할 수 없지만, 이미 얻은 천하를 지켜내는 일에 참여시키기에는 필요합니다. 바라건대 노魯 땅의 유생들을 불러 함께 조정의 의식儀式을 마련하기를 원합니다."

고조는 그의 의견을 따랐다. 그런데 노나라에 두 사람의 유생이 응하기를 거부하면서 이렇게 말하는 것이었다.

"예악은 덕을 쌓은 이후에야 흥하게 할 수 있는 것이다."

이에 숙손통은 응해 온 사람과 임금의 좌우, 그리고 자신의 제자 백여 명과 더불어 야외에 띠를 묶어 직위를 표시하여 의식을 연습하였다.

○ 帝懲秦苛法爲簡易. 羣臣飮酒爭功, 醉或妄呼, 拔劍擊柱.

叔孫通說上曰:「儒者難與進取, 可與守成. 願徵魯諸生, 共起朝儀.」

上從之, 魯有兩生不肯行, 曰:「禮樂積德, 而後可興也.」

通與所徵及上左右, 與弟子百餘人, 爲緜蕝野外習之.

【叔孫通】 신하 이름으로 예에 뛰어났던 학자.
【緜蕝】 '면절'로 읽으며 띠 풀을 묶어 직위를 표시함을 뜻함.(束茅表位. −원주)

107 황제의 존귀함을 비로소 알게 되었소

7년(B.C.200), 장락궁長樂宮이 완성되어 제후와 신하들이 모두 조정에 이르러 축하하였다. 알자가 예禮를 다스려 제후, 왕 이하 이吏 6백 석石까지 안내하여 차례에 맞추어 축하를 올리게 되었는데, 공구恐懼하여 정숙하고 공경스럽게 하지 않음이 없었다. 축하의 예가 끝나고 법식에 맞추어 술을 마련하였다. 어사가 법식을 집행하여 의식대로 하지 않은 자를 들어내어 곧바로 끌고 나갔다. 조회가 끝나고 술잔치를 마칠 때까지 감히 시끄럽게 떠들거나 예를 잃는 자가 없었다. 고조는 이렇게 말하였다.

"나는 오늘에야 황제의 존귀함을 알게 되었다."

그리고는 숙손통을 태상太常에 임명하였다.

○ 七年, 長樂宮成, 諸侯羣臣皆朝賀. 謁者治禮, 引諸侯王以下, 至吏六百石, 以次奉賀, 莫不振恐肅敬. 禮畢置法酒, 御史執法, 擧不如儀者, 輒引去. 竟朝罷酒, 無敢誼譁失禮者.

上曰:「吾乃今日知爲皇帝之貴也.」

拜通爲太常.

【法酒】어주(御酒)를 말함.(御酒曰法酒. ─원주)

【御史】御史는 일곱 관직이 있으니 御史, 御史大夫, 中丞, 侍御史, 治書侍御史, 殿中侍御史, 監察御史로 이를 七貴라 한다. 여기서는 대체로 殿中侍御史를 가리키며 奉正班列을 담당하는 자를 뜻한다.(御史之官有七. 曰御史, 曰御史大夫, 曰中丞, 曰侍御史, 曰治書侍御史, 曰殿中侍御史, 曰監察御史, 謂之七貴. 此蓋殿中侍御史, 掌供奉正班列者也. ─원주)

【太常】奉常이라고도 하며 九卿의 하나이다. 天神, 人鬼, 地祇의 예를 관장하며 서경에 말한 秩宗이 그 임무이다.(一作奉常, 九卿之一. 掌天神人鬼地祇之禮. 書曰秩宗卽其任也. ─원주)

108 백등白登에서 포위당한 고조

　흉노匈奴가 변방을 노략질하자 고조는 몸소 장수가 되어 토벌을 나섰다. 몰돌선우冒頓單于가 대곡大谷에 있다는 말을 듣고 병사 30만을 모아 북쪽으로 이들을 쫓아 평성平城에 이르렀다.

　그런데 몰돌의 정병 40만 기騎가 고조를 백등白登에 포위하여 7일이나 갇히게 되었다. 이에 진평陳平이 비밀의 계책을 써서 사신을 연지閼氏에게 보내어 후한 뇌물을 주었다.

　몰돌은 이에 고조의 포위를 풀고 돌아갔다. 진평은 고조를 따라 북벌北伐하는 동안 무릇 여섯 번이나 기이한 계략을 내어 그 때마다 문득 봉읍封邑이 늘어났다.

　○ 匈奴寇邊, 帝自將擊之, 聞冒頓單于居代谷, 悉兵三十萬, 北逐之至平城. 冒頓精兵四十萬騎, 圍帝於白登七日.

　用陳平秘計, 使閒厚遺閼氏, 冒頓乃解圍去. 平從帝征伐, 凡六出奇計, 輒益封邑.

〈漢胡交戰圖〉 山東 沂南 畫像石墓 門額

【冒頓單于】‘冒’는 음이 ‘몰’(沒), 혹은 ‘묵’(墨)이다. 그리고 ‘頓’은 음이 ‘돌’(突), 혹은 특(特)으로 ‘몰돌선우’, 혹은 ‘묵특선우’로도 읽는다. 흉노의 발음을 취한 것으로 첩운식의 음이다. 그러나 여기서는 우선 ‘몰돌’로 읽었다. ‘선우’는 흉노의 왕을 지칭하는 칭호이다.

【單于】《通鑑》에 “單于는 匈奴의 天子에 대한 칭호이다”라 하였고,《漢書音義》에 “單于란 ‘廣大하다’는 뜻으로 天單于(천자)를 상징한 말이다”라 하였다.(通鑑注: 單于匈奴天子之號也. 漢書音義曰: 單于者, 廣大之貌, 言其象天單于然也. −원주)

【代谷】《史記》에는 上谷이라 하였으며 上谷郡은 北平에 속하며 지금의 易州이다. (원주)

【平城】大同에 속하는 현이다.

【白登】지명. 역시 大同에 속하는 현.

【閼氏】‘연지’(煙支)로 읽으며 單于의 妻이다.

【出奇計】그 기계가 무엇인지 세상에 알려지지는 않았다.(其計頗祕. 世莫得聞. −원주)

【益封邑】戶牖侯에서 曲逆侯로 더해주었다.(由戶牖侯, 更曲逆侯. −원주)

109 흉노匈奴와의 화친

9년(B.C.198), 유경劉敬을 흉노와 화친할 사신으로 보냈다. 그리하여 가인家人의 딸을 공주公主라 이름하여 선우單于에게 시집을 보냈다.

○ 九年, 遣劉敬使匈奴和親, 取家人子, 名公主, 妻單于.

【劉敬】婁敬. 고조가 劉氏를 하사하여 이름이 바뀜. 100참조.

110 한신韓信의 최후

10년(B.C.197), 대대代의 상국
진희陳豨가 반란을 일으키자
고조가 몸소 장군이 되어 토벌
하였다. 그 때 회음후淮陰侯
한신 부하의 아우 상변上變이,
한신이 몰래 진희와 모반을
꾀하고 있다고 알려왔다.
이에 여후呂后가 소하와 모책
을 세워, 진희는 이미 패하여
죽었다고 거짓으로 말하고는

〈韓信〉《三才圖會》

한신을 속여 축하하러 들어오도록 하였다. 그리고는 무사를 시켜 한신을
묶어 참수하였다.

한신이 말하였다.

"내 괴철蒯徹의 모책을 쓰지 않았다가 이에 아녀자에게 속임을 당하고
말았음을 후회하도다."

드디어 한신의 삼족三族을 몰살하였다.

○ 十年, 代相國陳豨反, 帝自將擊之. 淮陰侯韓信舍人弟上變,
告信陰與豨謀. 呂后與蕭何謀, 詐稱豨已敗死, 紿信入賀, 使武士
縛信斬之.

信曰:「吾悔不用蒯徹之謀, 乃爲兒女子所詐.」

遂夷信三族.

【代】 그곳의 왕은 劉恆으로 高帝의 셋째 아들로 바로 文帝이다.

【舍人云云】《사기》에 "그 사인이 한신에게 죄를 얻어 한신이 이를 죽이려 하자 그 사인의 아우가 한신이 반역을 꿈꾼다고 일러바쳤다"라 하였다.(史云:「其舍人 得罪信, 因欲殺之, 故舍人弟告信欲反.」 −원주)

【上變】 사람 이름.

【夷信三族】 司馬溫公은 이렇게 말하였다. "세상에 혹 '한신은 최초로 큰 대책을 세워 고조와 漢中에서 일어나 三秦을 평정하고, 병력을 나누어 북쪽으로 올라 魏를 사로잡고 代땅을 취하였으며 趙을 엎어버리고 燕을 위협하였다. 그리고 동쪽으로 齊를 치고 남쪽으로 楚를 멸하였다. 대체로 한나라가 천하를 잡은 것은 모두 한신의 공이다. 그의 무인으로서의 어려움을 이겨낸 행적을 보건대 한신이 어찌 반역의 마음이 있었겠는가? 오히려 고조가 사술의 모책을 써서 진중에서 사로잡은 것이다'라는 반대의 의견도 있다. 그러나 한신 역시 화를 자초한 것도 있으니 처음 한이 楚(항우)와 滎陽에서 싸울 때 한신은 齊를 멸하고 보고도 하지 아니한 채 스스로 제왕이 되었으며, 그 뒤 한나라가 초(항우)를 固陵까지 추격하였을 때 한신은 약속한 기일에 오지 않았다. 당시 고제는 진실로 그가 와 주기를 바랐던 때였다." 태사공(사마천)은 이렇게 말하였다. "가령 한신이 겸양을 배워 자신의 공과 능력을 자랑하지 아니하였더라면 그는 한나라의 勛將으로 주공이나 소공에게 비견되어 후대 대대로 혈식(제사)을 받는 위치가 되었을 텐데 이런 것에 힘을 쓰지 아니하고 반역을 도모하였으니 종족이 夷滅 당하는 것이 역시 마땅하지 않겠는가!"(司馬溫公曰:「世或以韓信首建大策, 與高 帝起漢中, 定三秦, 分兵以北, 禽魏取代, 仆趙脅燕. 東擊齊, 南滅楚. 大抵漢之得天 下者, 皆信之功也. 觀其距武涉之說, 信豈有反心哉! 而高帝用詐謀, 禽信於陣, 負言則有之矣. 然信亦有以取之焉. 始漢與楚相距滎陽, 信滅齊, 不還報而自王, 其後漢追楚固陵, 與信期而不至. 當是之時, 高帝固有取之心矣.」 太史公曰:「假令 韓信學道謙讓, 不伐功不矜能, 則漢家勛將, 比於周召之徒, 後世具血食矣. 不務出此, 而謀畔逆, 夷滅宗族不亦宜乎!」 −원주)

111 처음엔 폐하를 알지 못하였습니다

11년(B.C.196), 고조는 진희陳狶를 깨뜨리고 돌아와 괴철을 체포하도록 조서를 내렸다. 괴철은 잡혀와서 이렇게 말하였다.

"진秦나라가 사슴을 놓치자 천하가 함께 이를 쫓았지요. 그 중에 키가 크고 걸음이 빠른 사람이 먼저 이를 잡았습니다. 당시 저는 오직 한신만을 알고 있었을 뿐 폐하는 알지 못하였습니다. 천하에 폐하처럼 되고자 했던 자는 심히 많았습니다만 힘이 모자랐을 뿐입니다. 또한 그러한 이들을 다 잡아 삶아 죽일 수도 없을 것입니다!"

고조는 그를 용서해 주었다.

○ 十一年, 帝破狶還, 詔捕蒯徹, 至曰:「秦失其鹿, 天下共逐, 高材疾足者先得之. 當時臣獨知韓信, 非知陛下. 天下欲爲陛下所爲者甚衆, 力不能耳. 又不可盡烹邪!」

帝赦之.

【捕蒯徹】《通鑑》에 임금이 돌아와 한신이 죽었다는 말을 듣고 呂后에게 "한신이 죽으면서 어떤 말을 하던가?"라고 묻자 "괴철의 계책을 쓰지 못하였음이 한스럽다" 했다 하자 드디어 제나라에 조서를 내려 괴철을 잡아들이게 하였다. (通鑑. 上還, 聞信死問呂后曰:「信死亦何言?」. 信言:「恨不用蒯徹計.」遂詔齊捕之. ─원주)

【非知陛下也】본전에는 "개는 그 주인이 아니면 짖게 마련"이라는 말을 한 것이 실려 있다.(本傳有「狗各吠非其主」之語. ─원주)

112 팽월彭越의 죽음

양왕梁王 팽월彭越의 태복太僕이 그 장수 호첩扈輒이 팽월을 권하여 모반토록 한다고 보고하였다.

고조는 곧 사람을 보내어 팽월을 습격하여 잡아 가두도록 하였더니 모반의 형세가 이미 분명하였다. 그러나 그를 사면하여 촉蜀 땅에 살도록 하였다. 그러자 여후가 이렇게 말하였다.

"이는 스스로 환난을 남기는 것입니다."

이리하여 마침내 팽월을 죽이고 그 삼족을 멸하였다.

○ 梁王彭越太僕, 告其將扈輒勸越反. 上使人掩越囚之, 反形已具, 赦處蜀.

呂后曰:「此自遺患.」

遂誅之夷三族.

【太僕】 벼슬 이름.
【扈輒】 장수 이름.

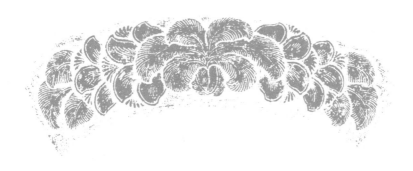

113 육가陸賈의 《신어新語》

고조는 육가陸賈를 파견하여 남해南海의 위尉 조타趙佗를 남월왕南粵王에 봉하였다.

조타는 신하를 일컫고 한나라를 받들기를 약속하였다. 육가는 돌아와 이를 보고하고 태중대부太中大夫에 임명되었다.

육가는 때때로 고조의 앞에서 시서詩書를 설명하였다. 그러자 고조가 그를 꾸짖었다.

"이에 그대는 말 위에서 천하를 얻을 것이지 시서로써 무엇을 할 수 있다는 말이오?"

육가는 이렇게 말하였다.

"폐하께서는 말 위에서 천하를 얻으셨습니다. 그러나 어찌 말 위에서 다스릴 수 있겠습니까? 문무를 함께 쓰는 것이 장구한 술책입니다. 진나라로 하여금 천하를 병탄하고 나서 인의를 행하고 선성先聖을 법받게 했다면 폐하가 어찌 천하를 얻을 수 있었겠습니까?"

고조가 말하였다.

"시험 삼아 나를 위해 글을 지어보시오. 진나라가 천하를 잃은 이유와 내가 천하를 얻은 이유, 그리고 옛날의 성패를 말이오."

이에 육가는 12편의 글을 저술하여 고조에게 바쳤다. 고조는 그 글을 올릴 때마다 훌륭하다고 하였으며, 책이름을 《신어新語》라 하였다.

○ 遣陸賈立南海尉佗, 爲南粵王. 佗稱臣奉漢約. 賈歸報, 拜太中大夫.

賈時前說詩書, 帝罵之曰:「乃公馬上得天下, 安事詩書?」

賈曰:「陛下以馬上得之, 寧可以馬上治之乎? 文武並用, 長久之術也, 使秦幷天下, 行仁義, 法先聖, 陛下安得有之.」

帝曰:「試爲我著書, 秦所以失, 吾所以得, 及故成敗.」
賈著書十二篇, 每奏稱善, 號曰《新語》.

【南海】 廣州에 속하는 현 이름.
【尉陀】 趙陀. 본래 龍川令이었으며 南海尉事를 겸하여 그 때문에 尉陀라 함.
　일찍이 왕을 참칭하여 불복하였으나 이때에 봉하여 드디어 약속을 지켰음.
【粵】 越과 같음.
【新語】 陸賈의 저술로 지금도 전함. 육씨는 '고조가 평소 들어보지 못한 내용이므로
　책이름을 《新語》라 하였다'라 함.(陸曰:「高帝平生未嘗聞此言也. 故曰新語.」
　ー원주)

114 경포黥布

　회남왕淮南王 경포黥布는 고조가 한신을 죽이고 팽월을 소금에 절이는 것을 보고는 자신도 그들과 공로가 같은 한 몸과 같으므로 자신에게도 화가 미칠 것이라 의심하고 드디어 반란을 일으켰다. 고조는 스스로 장군이 되어 이를 격파하였다.

　○ 淮南王黥布, 見帝殺韓信醢彭越, 以同功一體之人, 自疑禍及, 遂反. 帝自將擊之.

【黥布】 원래 이름이 '英布'였으며 묵형을 받아 '黥布'라 함.

〈漢初三將〉(韓信, 彭越, 英布) 元刻本《新刊全相平話前漢書續集》삽화

115 대풍가 大風歌

12년(B.C.195), 고조가 경포를 깨뜨리고 돌아오는 길에 노나라에 들러 태뢰太牢로써 공자를 제사지냈다. 그리고 다시 패沛에 들러 주연을 베풀어 종실과 친구들을 불러 술을 마셨다. 술기운이 오르자 고조는 스스로 이렇게 노래를 지어 불렀다.

"큰바람이 일어나니 구름이 흩날리네.
위엄이 해내海內를 덮도다. 고향에 돌아왔네.
어찌하면 맹사猛士를 얻어 사방을 지킬꼬?"

패중沛中의 젊은이들에게 이 노래를 연습시켜서 부르게 하고 패를 탕목읍湯沐邑으로 삼았다.

○ 十二年, 帝破布還, 過魯, 以太牢祠孔子. 過沛置酒, 召宗室故人飮.

酒酣上自歌曰:『大風起兮雲飛揚, 威加海內兮歸故鄕, 安得猛士兮守四方?』

令沛中子弟習歌之, 以沛爲湯沐邑.

【太牢】소, 양, 돼지 세 종류의 희생을 갖추어 큰 잔치를 여는 것을 태뢰(太牢)라 함.
【上自歌】林氏는 "風은 고조 자신을 비유하며 雲은 亂을 비유한다. 이미 난을 평정하고 고향으로 돌아와 賢才와 함께 이를 지켜내기를 생각한 것이다"라 하였다.(林氏曰:「風帝自喩, 雲喩亂也. 言已平亂而歸故鄕, 故思賢才公共守之也.」—원주)
【湯沐邑】그 읍의 부세를 목욕 값으로 쓴다는 말로 봉지를 하사함을 뜻함.

116 상산사호商山四皓

앞서 척희戚姬가 고조의 총애를
받아 조왕趙王 여의如意를 낳자 여후
呂后는 소외당하는 신세가 되고 말
았다. 태자는 어질기만 하고 약하
였고, 고조는 여의가 자신을 닮았
다고 태자를 폐하고 여의를 세우려
하였다. 이를 두고 신하들이 다투어
간하였으나 고조는 듣지 않았다.
여후가 사람을 장량에게 보내어
계책을 세워 달라고 강요하자 장량
은 이렇게 말하였다.

〈商山四皓〉 淸 黃愼(畫)

"이는 다만 입으로만 다투기는 어렵습니다. 임금이 불러도 오지
않는 자가 네 사람 있으니 바로 동원공東園公, 기리계綺里季, 하황공夏黃公,
녹리선생甪里先生입니다. 그들은 임금께서 선비에게 거만히 굴며 모욕
한다고 여겨 그 때문에 달아나 산속에 숨어, 한나라 신하가 되지 않겠다는
뜻을 굽히지 않는 자들입니다. 임금께서는 이 네 사람을 높이 여기고
계십니다. 지금 태자로 하여금 겸손한 말로 편지를 써서 안거安車로
고청固請하면 의당 올 것입니다. 그들이 오거든 빈객으로 삼아 때를
보아 그들을 모시고 조정으로 들어가 임금께서 보실 수 있도록 하면
하나의 도움이 될 것입니다."

여후는 사람을 보내어 태자의 편지를 받들고 그들을 부르자 네 사람이
왔다.

고조는 경포黥布를 치고 돌아와서 태자를 바꾸고자 하는 마음이 더욱
강해져 있었다. 그 뒤 어느 날 술자리가 마련되어 태자가 모시고 있을
때, 장량이 불렀던 네 사람을 모시고 따라 들어왔다. 나이는 모두
80여 세로 수염과 눈썹이 하얗고 의관이 심히 위엄이 있었다.

고조가 괴이히 여겨 묻자 네 사람이 나아가 각각 성명을 말하였다. 고조는 크게 놀라 물었다.

"내가 그대들을 여러 해 찾았으나 그대들은 나를 피해 도망치고 말았소. 그런데 지금 어떻게 내 아들을 따라 함께 교유하고 있소?"

네 사람이 말하였다.

"폐하께서는 선비를 가볍게 여기며 꾸짖기를 잘하십니다. 저희들은 의로 보아 모욕당할 수 없습니다. 그런데 지금 듣자하니 태자께서는 인자하고 효성스러우며 공손하고 선비를 사랑합니다. 그 때문에 천하 사람들이 다 목을 빼고 태자를 존경하여 그를 위해 죽어도 좋다고 하지 않는 자가 없습니다. 그래서 저희들도 왔을 따름입니다."

고조가 말하였다.

"공들을 번거롭게 하였군요. 끝까지 조정해주고 보살펴주기를 다행으로 여기겠소."

네 사람이 나가자 고조는 척부인을 불러 그들을 가리키며 말하였다.

"내가 태자를 바꾸려 하였더니 저 네 사람이 태자를 도와 날개가 이미 달린 셈이니 더 이상 어쩔 수 없구려."

○ 初戚姬有寵, 生趙王如意, 呂后見疏, 太子仁弱, 上以如意類己, 欲廢太子而立之, 群臣爭之, 皆不能得.

呂后使人彊要張良畫計, 良曰:「此難以口舌爭也. 上所不能致者四人, 曰東園公·綺里季·夏黃公·甪里先生, 以上嫚侮士, 故逃匿山中, 意不爲漢臣. 上高此四人, 今令太子, 爲書卑詞, 安車固請, 宜來, 至以爲客, 時從入朝, 令上見之, 則一助也.」

呂后使人奉太子書招之, 四人至. 帝擊布還, 愈欲易太子. 後置酒, 太子侍, 良所招四人者從, 年皆八十餘, 鬚眉皓白, 衣冠甚偉. 上怪問之, 四人前對, 各言姓名.

上大驚曰:「吾求公數歲, 公避逃我. 今何自從吾兒游乎?」

四人曰:「陛下輕士善罵, 臣等義不辱. 今聞太子仁孝恭敬愛士, 天下莫不延頸願爲太子死者, 故臣等來耳.」

上曰:「煩公, 幸卒調護.」

四人出, 上召戚夫人, 指示之曰:「我欲易之, 彼四人者輔之, 羽翼已成, 難動矣.」

【四仁】 '商山四皓'를 가리키며 《史記》 주에 東園公(姓은 唐이며 字는 宣明으로 園東에 살았음), 夏黃公(성은 崔이며 이름은 黃, 夏里에 살았음), 角里先生(성은 周, 이름은 術로 角里에 살았음), 綺里季 등 네 사람이라 하였음.

117 상림원上林苑을 농토로

소하가 장안長安은 땅이 좁은데 상림上林 안에는 버려 둔 빈 땅이 많다고 여겨 백성들에게 나누어주어 농사지을 수 있도록 하자고 청하였다.

고조는 크게 노하여 소하를 옥에 가두어 정위로 하여금 형틀을 채우도록 하였다가 며칠 후에 사면해주었다.

○ 蕭何以長安地陿, 上林中多空地棄, 請令民得人田. 上大怒, 下何廷尉械繫之, 數日而赦之.

【長安】 安西에 속하는 현.
【上林】 천자의 後苑. 비원과 같음.
【赦之】 이 내용은 高帝本紀에 자세히 실려 있다.

118 그 다음을 알 바 아니다

고조가 경포黥布를 칠 때 빗나간 화살에 맞아 병이 심해지자 여후가
물었다.

"폐하께서 백세百歲하신 후, 재상 소하도 죽고 나면 누가 이를 대신할
수 있겠습니까?"

왕이 말하였다.

"조삼曹參이지."

"그 다음은요?"

"왕릉王陵이오. 그러나 좀 우직하오. 진평이 도와주면 될 거요. 진평은
지혜가 넉넉하지만 혼자서는 일을 감당하기 어렵소. 주발周勃은 중후重厚
하지만 문재가 적소. 태위太尉로 삼을 만하오. 우리 유씨劉氏를 안전하게
할 자는 틀림없이 주발일 거요."

여후가 다시 물었다.

"그 다음은요?"

고조가 말하였다.

"그 다음은 역시 알 바가 아니오."

○ 上擊布中流矢, 病甚, 呂后問:「陛下百歲後, 蕭相國死,
誰可代之?」

曰:「曹參.」

「其次?」

曰:「王陵, 然少戇, 陳平可以助之. 平智有餘, 然難獨任, 周勃
重厚少文, 可令爲太尉, 安劉氏者必勃也.」

復問:「其次?」

上曰:「此後亦非乃所知也.」

【流矢】 빗나간 화살.
【戇】 우직(愚直)함을 뜻함.

119 고조가 붕어崩御하다

고조가 죽어 장릉長陵에서 장사지냈다.(B.C. 195)
고조는 한왕이 된 지 4년, 황제가 된 지 8년, 모두 12년이었다. 태자 영盈이 즉위하였다. 이가 효혜황제孝惠皇帝이다.

○ 上崩, 葬長陵. 爲漢王者四年, 爲帝者八年, 凡十二年.
太子盈立, 是爲孝惠皇帝.

【長陵】咸陽에 있음.

2. 孝惠皇帝

🔘 惠帝. 한西漢나라 제2대 황제.

劉盈. B.C.194~B.C.188년 재위.

120 효혜황제 孝惠皇帝

효혜황제 孝惠皇帝는 이름이 영盈이며 어머니는 여태후 呂太后이다. 그의 즉위 원년(B.C.194), 여태후는 조왕 趙王 여의 如意를 짐살 鴆殺하고, 척부인의 손발을 끊고, 눈알을 도려내고 귀를 지지고 음약 瘖藥을 먹여 변소에 처하도록 하고 나서 사람돼지 人彘라 부르며 혜제를 불러 구경시켰다. 황제가 이를 보고 크게 울었으며 이로 인해 병이 들어 1년 남짓 일어나지 못하였다.

孝惠皇帝:

名盈母呂太后. 卽位之元年, 呂后鴆殺趙王如意, 斷戚夫人手足, 去眼燿耳, 飮瘖藥使居厠中, 命曰人彘, 召帝觀之. 帝驚大哭, 因病, 歲餘不能起.

【鴆】 새가 蝮蛇를 먹으면 그 깃으로 술에 넣어 젓기만 해도 이를 마시면 즉시 죽는다.(鳥食蝮, 以其羽畫酒中, 飮之立死. ─원주)
【燿】 불로 지지는 것. 熏으로도 쓴다. 약으로 귀를 지져 귀머거리가 되게 하는 것이다.(灼也. 一作熏. 以藥熏耳, 令其聾也. ─원주)
【瘖藥】 벙어리가 되게 하는 독약.

121 재상 소하蕭何

2년(B.C.193), 정승 소하가 죽었다. 제齊의 재상 조삼曹參은 사인들에게 급히 여장을 차리도록 명하였다.

"나는 조정에 들어가 정승이 된다."

과연 조정의 사신이 와서, 조삼을 불러 소하를 이어 상국이 되었다. 그는 한결같이 소하가 정해 놓은 약속을 준수하였다. 그러자 백성들이 이렇게 노래하였다.

"소하가 정승이 되어 모든 일마다 하나 같았네,
조삼이 이를 이어 지켜내어 놓침이 없다네.
해마다 청정하니 백성은 평안을 한결같이 누리네."

○ 二年, 蕭何卒. 齊相曹參, 令舍人趣爲裝:「吾立相.」

使者果召參, 代何爲相國.

一遵何約束, 百姓歌之曰:『蕭何爲相, 較若畫一, 曹參代之, 守而勿失, 載其淸爭, 民以寧壹.』

【齊】당시 齊王은 劉肥로 고조의 첫째 아들이었다.

122 조삼曹參이 죽다

5년(B.C.190), 조삼이 죽었다.

○ 五年, 曹參卒.

〈曹參〉《三才圖會》

123 왕릉王陵과 진평陳平

6년(B.C.189), 왕릉王陵이 우승상이 되고, 진평陳平이 좌승상이 되었다.

○ 六年, 王陵爲右丞相, 陳平爲左丞相.

124 장량張良이 죽다

장량이 죽었다.

○ 張良卒.

125 주발周勃

주발周勃이 태위太尉가 되었다.

○ 周勃爲大尉.

126 혜제惠帝가 죽다

혜제의 재위 7년, 아들 없이 죽었다. 여태후는 남의 아들을 데려다가 태자로 삼았는데, 이때에 이르러 즉위시키고 여태후 자신은 조정에 임하여 제制를 칭하였다.(B.C.187)

○ 帝在位七年, 崩無子. 呂太后取他人子, 以爲太子, 至是卽位. 太后臨朝稱制.

【他人子】후궁 미인의 아들로 바로 少帝이다.(後宮美人子, 卽少帝也. —원주)

127 여태후呂太后

원년(B.C.187), 여태후가 모든 여씨를 왕으로 삼고자 의논토록 하였다. 왕릉이 말하였다.

"고제는 흰말을 잡아 맹세하였습니다. '유씨劉氏가 아닌 자가 왕이 되거든 천하가 함께 이를 공격하라'라구요."

그러나 진평과 주발은 이를 찬성하였다. 왕릉은 재상직을 파하였고 드디어 여씨를 왕에 봉하였다.

○ 元年, 太后議立諸呂爲王, 王陵曰:「高帝刑白馬盟曰:『非劉氏而王, 天下共擊之.』」

平勃以爲可, 陵罷相, 遂王呂氏.

【刑】 백마의 목을 베어 그 피를 입술에 바르는 것.(刉白馬以歃也. -원주)
【王呂氏】 이 사건은 《通鑑》 본기에 자세히 실려 있다.(詳見通鑑本紀. -원주)

128 남의 아들을 양자로

4년(B.C.184), 태후는 소제少帝를 폐위하고 가두었다가 죽였다. 그리고 항산왕恒山王 의義를 세워 황제로 삼고, 이름을 홍弘으로 고쳤다. 이 역시 남의 아들을 데려다가 혜제의 아들이라 이름 붙인 자이다.

○ 四年, 太后廢少帝幽殺之. 立恒山王義爲帝, 改名弘. 亦名 佗人子, 爲惠帝子者也.

【幽】 가두어 유폐시키는 것.(囚也. -원주)
【恆】 恒과 같은 글자임.

129 좌단左袒

8년(B.C.180), 여태후가 죽고 나자 여씨들이 반란을 일으키려 하였다. 이 때 여록呂祿은 북군을 거느렸고 여산呂産은 남군을 거느리고 있어 태위太尉 주발은 군사를 움직일 수 없었다. 이에 진평·주발은 역기酈寄라는 사람으로 하여금 여록을 설득시켜, 인수印綬를 풀어 군사를 주발에게 넘겨주도록 하였다. 주발이 북군의 군문에 들어가 이렇게 명령하였다.

"여씨 편을 드는 사람은 우단右袒하고, 유씨 편을 드는 사람은 좌단左袒하라."

군중이 모두 좌단하였다. 주발은 주허후朱虛侯 유장劉章을 불러 병졸 천여 명을 주어 남군의 대장 여산을 공격하여 죽이도록 하였다. 다시 부대를 나누어 여씨를 모조리 잡아들여 나이에 관계없이 모두 참수해 버렸다.

○ 八年, 太后崩, 諸呂欲爲亂. 時呂祿將北軍, 呂産將南軍. 大尉勃不能主兵. 平勃使酈寄說祿, 解印以兵授勃.

勃入軍門令曰:「爲呂氏者右袒, 爲劉氏者左袒.」

軍中皆左袒. 召朱虛侯劉章, 予卒千餘人, 擊呂産殺之. 分部悉捕諸呂, 無少長皆斬之.

【章】齊王 劉肥의 아들.

130 문제文帝가 뒤를 잇다

여러 대신들이 대왕代王 항恒을 맞아 세우려 하자, 항은 서쪽을 향하여 세 번이나 사양하고 남쪽을 향하여 두 번이나 사양하였다. 드디어 제위에 오르자(B.C.179) 자홍子弘 등을 주벌하고 천하에 사면赦免令을 내렸다. 이가 태종太宗 효문황제孝文皇帝이다.

○ 諸大臣, 迎立代王恒, 王西鄕讓者三, 南鄕讓者再. 遂卽位, 誅子弘等, 赦天下, 是爲太宗孝文皇帝.

【鄕】向과 같음.

3. 孝文皇帝

● 文帝. 한西漢나라 제3대 황제.
劉恒. B.C.179～B.C.157년 재위.

131 효문황제 孝文皇帝

효문황제는 이름이 항恒이며 어머니는
박씨薄氏였다. 용이 가슴을 부여잡는 꿈
을 꾸고 문제文帝를 낳았다. 문제가 즉위
하여 어머니를 황태후皇太后로 받들었다.

〈한 문제〉《三才圖會》

孝文皇帝: 名恒, 母薄氏. 夢龍據胸,
遂生帝. 帝立, 尊爲皇太后.

132 좌우의 승상을 세우다

원년(B.C.179), 진평을 좌승상으로 삼고 주발을 우승상으로 삼았다.

○ 元年, 陳平爲左丞相, 周勃爲右丞相.

133 헌상품을 받지 않겠다

당시 어떤 사람이 천리마千里馬를 바치자 문제는 이렇게 말하였다.
"난기鸞旗를 앞세우고 속거屬車가 뒤따르면 길행吉行은 하루에 50리,
사행師行은 하루에 30리를 간다. 짐이 천리마를 타고 혼자서 어디를
앞서 가겠는가?"
이에 그 말은 돌려주고 여비를 주면서 조서를 내렸다.
"짐은 헌상품을 받지 않는다. 사방에 알려 헌상품을 가지고 오지
말도록 하라."

○ 時有獻千里馬者, 帝曰:「鸞旗在前, 屬車在後, 吉行日五十里,
師行日三十里. 朕乘千里馬, 獨先安之?」
於是還其馬, 與道里費, 而下詔曰:「朕不受獻也. 其令四方毋
來獻.」

【鸞旗】깃발 위에 방울을 단 것을 난기라 한다.(旗上有鈴曰鸞旗. -원주)

134 재상이 하는 일은 따로 있습니다

문제는 국가의 일에 대하여 분명히 익히고 조정에서 우승상 주발에게 물었다.

"천하에 1년 동안 판결하는 건수가 얼마쯤 되오?"

주발이 모른다고 사과하자 문제가 다시 물었다.

"1년 동안의 돈과 곡식의 출납은 얼마쯤 되오?"

주발은 역시 모른다고 사과하면서 황송하고 부끄러워 땀이 등을 적셨다. 문제가 이번에는 좌승상 진평에게 물었다. 그러자 진평은 이렇게 대답하였다.

"일마다 주관하는 자가 있습니다. 판결에 대한 질문은 정위廷尉의 직책이며, 돈과 곡식에 대한 질문은 치속내사治粟內史의 책무입니다."

임금이 물었다.

"그러면 그대는 주관하는 일은 무엇이오?"

진평이 사과하면서 말하였다.

"폐하께서는 저로 하여금 재상으로서의 죄를 기다리라 하시니 재상이란 천자를 도와 음양을 이치대로 하며 사시를 순리롭게 합니다. 그리고 아래로는 만물의 마땅함을 이루도록 하며, 밖으로는 사이四夷를 진무鎭撫하고, 안으로는 백성을 친부親附토록 하여 경과 대부로 하여금 각기 그 직분을 수행하도록 합니다."

문제가 훌륭하다 칭하였다. 주발은 크게 부끄러이 여겨 병을 핑계로 직위를 내놓았다.

○ 帝益明習國家事, 朝而問右丞相勃曰:「天下一歲決獄幾何?」

勃謝不知.

又問:「一歲錢穀出入幾何?」

勃又謝不知, 惶愧汗出沾背.

上問左丞相平, 平曰:「有主者, 卽問決獄責廷尉; 問錢穀責治粟內史.」

上曰:「君所主者何事?」

平謝曰:「陛下使待罪宰相. 宰相者, 上佐天子, 理陰陽, 順四時; 下遂萬物之宜. 外鎭撫四夷; 內親附百姓. 使卿大夫各得其職焉.」

帝稱善. 勃大慚, 謝病免.

【治粟內史】司農卿을 말한다. 군량이나 식량을 관장하는 직책.
【四夷】東夷, 西戎, 南蠻, 北狄을 가리킨다.

135 가의賈誼

하남河南 태수 오공吳公의 다스림은 천하
제일이었다. 문제는 그를 불러 정위廷尉
로 삼았다. 그러자 오공은 낙양洛陽 사람
가의賈誼를 추천하였다. 가의는 나이 스물
남짓이었으나 1년 사이에 차례를 뛰어넘어
태중대부太中大夫가 되었다.

○ 河南守吳公, 治平爲天下第一,
召爲廷尉. 吳公薦洛陽人賈誼, 年二
十餘. 一歲中, 超遷爲大中大夫.

〈賈誼〉청각본《歷代名臣像解》

136 진평이 죽다

진평이 죽었다.

○ 陳平卒.

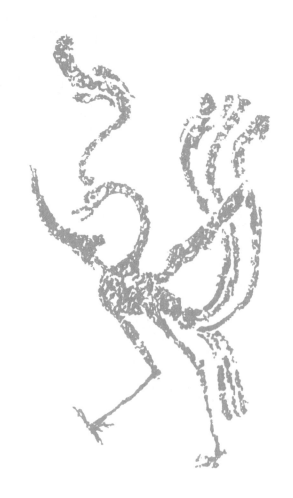

137 농지세의 감면

2년(B.C.178), 천하에 조서를 내려, 한 해의 농지세를 반으로 줄였다.

○ 二年, 賜天下今年田租之半.

【賜】 免(면제해줌)과 같다.

138 장석지張釋之

3년(B.C.177), 장석지張釋之가 정위廷尉가 되었다. 문제文帝가 외출하여 중위교中渭橋를 건널 때 어떤 자가 다리 아래로 뛰어 임금의 말이 놀라게 되었다. 그를 잡아 정위에게 넘겨주자 정위 장석지가 아뢰었다.

"황제의 길을 방해한 자는 벌금형에 해당합니다."

문제가 노하자 장석지가 말하였다.

"법이라는 것은 그러한 것입니다. 더 무겁게 하면 법이 백성으로부터 믿음을 얻지 못합니다. 정위는 천하의 공평함을 다루는 자입니다. 한 번 기울면 천하가 법을 집행하면서 모두가 경중을 그렇게 정하게 됩니다. 그렇게 되면 백성은 수족을 어디에 둘 수 있겠습니까?"

문제는 한참 후 이렇게 말하였다.

"정위의 말이 옳다."

그 후 어떤 자가 고묘高廟의 옥환玉環을 훔치자 이를 잡아 정위에게 내려 처리토록 하였다. 정위 장석지가 아뢰었다.

"기시棄市에 해당합니다."

문제는 크게 노하여 이렇게 말하였다.

"백성으로써 선제先帝의 기물器物을 훔쳤으니 나는 그에게 삼족을 멸해야 한다고 여긴다. 그런데 정위는 법만 내세우고 있으니 이는 내가 함께 종묘를 받들어 모시는 뜻에 어긋난다."

장석지는 이렇게 말하였다.

"종묘의 기물을 훔쳤다고 삼족을 멸한다면, 만약 어리석은 자가 장릉長陵의 흙을 한 줌 파냈다면 어떠한 법을 그에 가중시켜야 하겠습니까?"

문제는 이를 허락하였다.

○ 三年, 張釋之爲廷尉. 上行中渭橋, 有一人橋下走, 乘輿馬驚, 捕屬廷尉.

釋之奏:「犯蹕, 當罰金.」

上怒, 釋之曰:「法如是. 更重之, 是法不信於民. 廷尉天下之平也. 一傾, 天下用法, 皆爲之輕重, 民安所措手足乎?」

上良久曰:「廷尉當是也.」

其後人有盜高廟玉環. 得, 下廷尉治.

釋之奏:「當棄市.」

上大怒曰:「人盜先帝器, 吾欲致之族, 而廷尉以法奏之. 非吾所以共承宗廟意也.」

釋之曰:「盜宗廟器而族之. 假令愚民取長陵一抔土, 何以加其法乎?」

帝許之.

【中渭橋】다리 이름. 위수에 놓인 여러 다리 중의 하나.(渭橋非一, 此在其中者. −원주)

【蹕】천자의 출입에 반드시 먼저 길을 청소하고 행인의 통행을 금한다. 나갈 때를 警이라 하며 들어올 때를 蹕이라 한다.(天子出入, 必先清道, 禁止行人. 出稱警, 入言蹕也. −원주)

139 한 말의 좁쌀도 찧을 수 있다

6년(B.C.174), 회남淮南 여왕厲王 장長이 모반하였다. 그래서 왕은 폐위당하고 귀양가는 길에 죽고 말았다. 백성들은 이렇게 노래를 불렀다.
"한 척의 베도 옷을 만들 수 있고, 한 말의 조粟도 찧을 수 있다. 형제 두 사람이 서로 용납지 않는구나."
문제는 이 노래를 듣고 몹시 괴로워하면서 뒤에 그의 아들 넷을 후侯에 봉하였다.

○ 六年, 淮南厲王長謀反. 廢徙死, 民有歌之者, 曰:『一尺布尚可縫. 一斗粟尚可春. 兄弟二人不相容.』
帝聞而病之, 後封其四子爲侯.

【長】 고조의 넷째 아들 劉長.(高帝第四子. —원주)
【廢徙】 왕을 폐위시켜 蜀으로 옮겨 죽임.(廢王徙蜀而死. —원주)
【封其四子】 劉安을 阜陵侯로, 劉勃을 安陵侯로, 劉賜를 陽周侯로 삼았으며 그 하나는 알 수 없어 잠시 비워둠.(封安爲阜陵侯, 勃爲安陵侯, 賜爲陽周侯, 其一人無考, 姑闕之. —원주)

140 흉노왕이 죽다

흉노匈奴의 목돌선우冒頓單于가 죽었다.

○ 匈奴冒頓死.

141 가의賈誼의 상소

　이에 앞서 문제는 가의賈誼를 공경公卿의 자리에 앉히려고 의논토록
하였다. 그랬더니 대신들은 그의 단점을 들추어 반대하였다. 문제는
가의를 장사왕長沙王 태부太傅로 삼았다가 다시 양왕梁王 태부로 옮기도록
하였다. 가의가 이렇게 상소하였다.
　"바야흐로 지금 사건의 형세는 통곡할 일이 하나요, 눈물 흘릴 일이
둘이요, 길게 탄식할 일이 여섯 가지입니다."

　○ 先是, 上議以賈誼位公卿, 大臣多短之. 上以爲長沙王大傅,
徒梁王大傅.
　上疏曰:「方今事埶, 可爲痛哭者一, 可爲流涕者二, 可爲長太
息者六.」

【大臣多短之】《漢書》에 絳灌과 東陽侯馮敬 등의 무리가 모두 나서서 그를
　해하였다.(漢書云:「絳灌, 東陽侯馮敬之屬, 盡害之.」 −원주)
【長沙王】長沙國은 潭州에 있다. 王은《사기》주에 의하면 吳芮의 玄孫 差로써
　세습하여 왕이 된 자로 景帝의 아들 發이 아니다.(長沙國在潭州. 王, 史注云:
　「是吳芮之玄孫差, 襲爲王者, 非景帝子發也.」 −원주)
【梁王】文帝의 아들이며 梁의 懷王이다.
【埶】'勢'와 같음.
【痛哭一】나중에 제후가 장대하여 반측하면 제압할 수 없다.(他日諸侯長大,
　反側難制也. −원주)
【流涕二】첫째는 조정이 蠻夷를 받드는 것은 輕重이 도치된 것이며 둘째는
　세세한 것을 즐기다가 큰 일을 하지 못할까 하는 근심이다.(一言朝廷而奉蠻夷,
　輕重倒置. 二言翫細娛, 不圖大患也. −원주)

【太息六】 첫째는 奢僭을 쓰게 되는 일, 둘째 俗吏가 大體를 알지 못한 채 제도의
경영이 고정되지 못하는 것, 셋째는 마땅히 태자를 輔導하여 취사를 잘 정하며
대신을 우대하여야 할 일이며 나머지 세 가지는 알 수 없음.(一言服用奢僭. 二言俗吏
不知大體, 經制不定. 三言當輔導太子, 審定取舍, 優禮大臣. 又三說無考. —원주)

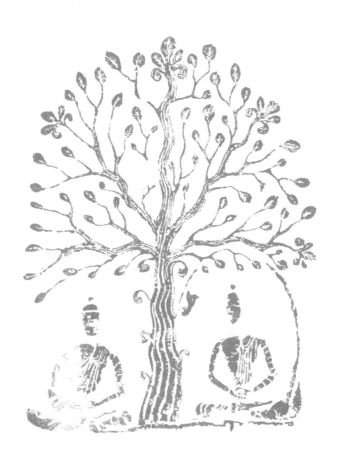

142 문제文帝의 외삼촌

10년(B.C.170), 문제의 외삼촌 박소薄昭가 한나라 사신을 죽였다. 문제는 차마 그를 주살하지 못하고 공경公卿과 신하들로 하여금 가서 곡을 하도록 하였다. 박소는 자살하였다.

○ 十年, 帝舅薄昭, 殺漢使者. 帝不忍誅. 使公卿羣臣往哭之. 昭自殺.

143 농지세를 반으로

12년(B.C.168), 백성에게 한 해의 전조田租를 반으로 감해 주었다.

○ 十二年, 賜民今年田租半.

144 육형肉刑의 폐지

13년(B.C.167), 대창령大倉令 순우의淳于意가 사형에 해당하는 죄를 지었다. 그러자 순우의의 막내딸 제영緹縈이 글을 올렸다.

"죽은 자는 다시 살려내지 못하며 형벌로 몸이 잘린 자는 다시 이어 붙일 수 없습니다. 원컨대 저를 관비로 써 주셔서 아버지의 형벌을 갚고자 합니다."

문제는 그의 뜻을 불쌍히 여겨 육형肉刑을 폐하도록 조칙을 내렸다.

○ 十三年, 大倉令淳于意, 有罪當刑.

少女緹縈上書曰:「死者不可復生, 刑者不可復屬. 願沒入爲官婢, 以贖父刑.」

上憐其意 詔除肉刑.

【緹縈】 순우의의 딸 이름.
【除肉刑】 당시 승상 張蒼 등이 이에 대하여 율법을 정하여 육형(신체의 일부를 훼상하는 형벌)을 없애기로 주청하여 황제의 재가를 얻은 기록이 구체적으로 《통감》에 실려 있음.

145 농지세를 면제함

이 해, 농토의 조세租稅를 면제해주었다.

○ 是歲, 除田之租稅.

146 신원평新垣平

16년(B.C.164), 방사方士 신원평新垣平을 상대부上大夫로 삼았다.

○ 十六年, 方土新垣平爲上大夫.

147 신원평을 주살함

후원년(後元年, B.C.163), 신원평을 거짓을 꾸몄다고 주살하였다.

○ 後元年, 平以詐伏誅.

148 천자도 말을 타고 병영에 들어올 수 없습니다

6년(B.C.158), 흉노匈奴가 상군上郡과 운중雲中을 노략질하자 문제는 조서를 내려 장군 주아부周亞夫는 세류細柳에 주둔토록 하고, 유례劉禮는 패상霸上에 차례를 기다리게 하였으며, 서려徐厲는 극문棘門에 머물러 호胡를 맞서도록 하였다. 문제가 직접 군사를 위문하러 나서서 패상과 극문에 이르러 곧바로 말을 달려 군문 안으로 들어갔다. 그러자 대장 이하 기마병이 임금을 맞이하였다. 그 다음으로 세류로 갔더니 들어갈 수가 없었다. 앞장선 기병이 말하였다.

"천자께서 곧 군문에 납신다."

그러자 도위가 이렇게 말하는 것이었다.

"군중에서는 장군의 명령만 따를 뿐, 천자의 조칙이라도 들어줄 수 없습니다."

문제는 신하에게 부절符節을 들고 들어가 장군 주아부에게 전하도록 하여 비로소 명령을 내려 그제야 문이 열리게 되었다. 그러자 이번에는 문을 지키는 병사가 기사들에게 말하였다.

"장군과의 약속에 영내에서는 수레나 말을 달릴 수 없게 되어 있습니다."

문제는 고삐를 잡아당겨 천천히 군영에 이르러 예를 치르고 떠났다. 여러 신하들이 모두 놀라자 문제는 이렇게 말하였다.

"아! 이야말로 진정한 장군이다. 조금 전 패상과 극문의 군대는 아이들 놀이였도다."

○ 六年, 匈奴寇上郡·雲中. 詔將軍周亞夫, 屯細柳, 劉禮次霸上, 徐厲次棘門以備胡. 上自勞軍, 至霸上及棘門軍. 直馳入, 大將以下騎送迎. 已而之細柳, 不得入.

先驅曰:「天子且至軍門.」

都尉曰:「軍中聞將軍令, 不聞天子詔.」

上乃使使持節, 詔將軍亞夫, 乃傳言開門.

門士請車騎曰:「將軍約. 軍中不得驅馳.」

上乃按轡, 徐行至營. 成禮以去.

羣臣皆驚, 上曰:「嗟乎! 此眞將軍矣. 向者霸上棘門軍, 兒戱耳.」

【雲中】 지명.

【細柳】 軍營으로 長安에 있었음.

【棘門】 지명. 關中에 있었음.

149 문제文帝가 죽다

7년(B.C.157), 문제文帝가 죽었다. 재위 23년이었으며, 궁전이나 원유苑囿, 거기車騎와 의복 등 어느 하나 새로 보탠 것이 없었다. 일찍이 노대露臺를 만들고자 목수를 불러 계산해 보도록 하였더니 백금百金이 소요된다고 하자 문제는 이렇게 말하였다.

"이는 중인 열 가구의 재산이다. 어찌 그런 돈을 들여 누대를 짓겠는가?"

몸에는 항상 익제弋綈를 걸쳤고 총애하는 신부인慎夫人도 옷이 땅에 끌리지 않도록 하여 천하에 소박함이 먼저임을 보인 것이다. 오왕吳王이 조정에 나오지 못하자 궤장几杖을 하사하였으며, 장무張武가 뇌물을 받자 상을 내려 그 마음이 부끄럽도록 하였다.

그는 오로지 덕으로써 백성을 감화시키다 당시의 공경 대부公卿大夫들도 독실하고 온후함을 풍류로 삼았으며, 남의 결점을 들춰내는 것을 수치로 여겼다. 이것이 상하의 풍속이 되었으며 이 때문에 나라 안은 안녕을 얻었고 집집마다 사람마다 풍족함을 누려 후세에도 이에 비할 만한 시대가 없었다. 패릉霸陵에 장사지내고 나서 태자가 즉위하였으니 이가 효경황제孝景皇帝이다.

○ 七年, 帝崩. 在位二十三年, 宮室苑囿, 車騎服御, 無所增益. 嘗欲作露臺, 召匠計之, 直百金.

上曰:「中人十家之産也. 何以臺爲?」

身衣弋綈, 所幸慎夫人, 衣不曳地, 示朴爲天下先. 吳王不朝, 賜以几杖, 長武受賂金錢, 更加賞賜, 以愧其心. 專以德化民. 當時公卿大夫, 風流篤厚, 恥言人過, 上下成俗. 是以海內安寧, 家給人足. 後世莫能及. 葬霸陵. 太子卽位, 是爲孝景皇帝.

【弋】黔과 같으며 검은 색(皂)을 뜻함.
【吳王】高帝의 형 劉仲의 아들로 劉濞.
【賜以几杖】비스듬히 누워 몸을 기댈 수 있는 기구.
【愧其心】장무가 뇌물을 받자 황제가 御府의 금을 풀어 하사하여 부끄러움을
느끼게 한 것.
【霸陵】지명. 霸上.

4. 孝景皇帝

◉ 景帝. 한西漢나라 제4대 황제.
劉啓. B.C.156~B.C.141년 재위.

150 효경황제孝景皇帝

효경황제孝景皇帝는 이름이 계啓이다.
즉위 원년(B.C.156)에 승상 신도가申屠嘉가
상주하였다.

"공으로는 고조황제高祖皇帝만큼 크신
분이 없으시니 이를 위해 묘호廟號를 태조
太祖로 함이 마땅합니다. 그리고 덕으로는
효문황제孝文皇帝만한 분이 없으시니 이를
위해 묘호를 태종太宗으로 함이 마땅합
니다."

경제景帝가 말하였다.

"옳다."

〈한 경제〉《三才圖會》

孝景皇帝:

名啓. 卽位之元年, 丞相申屠嘉奏:「功莫大於高皇帝, 宜爲帝
者太祖之廟; 德莫盛於孝文皇帝, 宜爲帝者太宗之廟.」

制曰:「可.」

【廟號】임금이 죽은 후 그 위패를 사당에 모시면서 부르는 칭호. 예로 역대
임금의 태조, 고조 등을 말함.

〈漢 景帝〉명각본《歷代帝賢像》

151 지낭智囊 조착鼌錯

경제가 태자였을 때 조착鼌錯이 그의 가령家令이 되어 총애를 받아 태자의 동궁에서는 그를 지낭智囊이라 불렀다. 황제로 즉위하자 조착은 내사內史가 되었고 경제는 자주 한가할 때면 그에게 정사에 관해 말을 나누기를 청하였다. 그때마다 그의 의견은 채택되어 총애가 구경九卿을 엎을 정도였으며 이로써 법과 정령政令이 많이 개정되었다.

○ 帝爲太子時, 鼌錯爲家令, 得幸, 太子家號爲智囊. 帝卽位, 錯爲內史, 數請閒言事. 輒聽, 寵傾九卿, 法令多所更定.

【智囊】 '지혜 주머니'라는 뜻.
【九卿】 太常卿, 光祿卿, 衛尉卿, 太僕卿, 大理卿, 鴻臚卿, 宗正卿, 司農卿, 大府卿 을 말함.

152 오초칠국吳楚七國의 난

(1) 칠국지란七國之亂

처음, 효문제 때에 오왕吳王 비濞의 태자가 입견하여 황태자를 모시고 주연에 참석할 수 있게 되었다.

이 때 둘은 바둑을 두다가 다툼이 벌어져 불손하게 굴자 황태자가 노하여 바둑판을 들어 비의 태자를 쳐죽여 버렸다. 비는 이에 병을 일컫고 조정에 나오지 않았다. 조착은 여러 차례 문제에게 오왕의 과실을 들어 그 땅을 삭감하도록 말하였지만 문제는 차마 그렇게 할 수가 없었다. 경제가 즉위하자 조착이 아뢰었다.

"오왕吳王은 천하의 망인亡人을 유인하여 모반을 꾸미고 있습니다. 지금 오 땅을 줄여도 모반할 것이요, 줄이지 않아도 모반할 것입니다. 그러나 줄이면 빨리 모반하는 대신 그 화는 적을 것이고, 줄이지 않으면 모반은 늦어질 것이나 그 화는 클 것입니다."

경제는 공경公卿, 열후列侯, 종친들에게 이를 의논토록 하였으나 감히 그 어려움을 터놓는 사람이 없었다. 조착이 다시 아뢰었다.

"초楚와 조趙도 죄가 있으니 각각 군郡 하나씩을 삭감하시고, 교서膠西는 간계한 짓을 하였으니 현 여섯을 삭감하십시오."

그리하여 오의 회계會稽, 예장豫章을 삭감하기로 하여 그 문서가 오나라에 이르자 오왕은 드디어 모반을 일으키고 말았다. 그러자 교서膠西, 교동膠東, 치천菑川, 제남濟南, 초楚, 조趙도 모두가 선후로 오나라와 약속이 되어 있던 터라 이때에 이르러 함께 반기를 들었다. 다만 제왕齊王만은 함께 모반할 것을 약속했었으나 뒤에 이를 후회하였다.

○ 初孝文時, 吳王濞太子入見, 得侍皇太子飮, 博爭道, 不恭.
皇太子, 引博局提殺之.

濞稱疾不朝, 錯數言吳過可削, 文帝不忍. 及帝卽位, 錯曰:
「吳王誘天下亡人, 謀作亂. 今削之亦反, 不削亦反, 削之反亟
禍小, 不削反遲禍大.」

上令公卿·列侯·宗室雜議, 莫敢難.

鼂錯又言:「楚·趙有罪, 削一郡. 膠西有姦, 削六縣.」

及削吳會稽·豫章.

書至, 吳王遂反. 膠西·膠東·菑川·濟南·楚·趙, 皆先有吳約,
至是同反. 齊王先諾後悔.

【楚】당시 楚王은 劉戊였으며 高帝의 아우 楚元王 劉交의 아들.
【趙】당시 趙王은 劉友로 高帝의 다섯째 아들.
【削一郡】초나라는 東海郡을 깎았고 조나라는 常山郡을 깎아버렸음.
【膠西】당시 膠西王은 劉卬이었으며 齊王 劉肥의 다섯째 아들. 나라는 膠州에
　있었음.
【豫章】江南에 속하며 지금의 南昌府.
【膠東】당시 膠東王은 劉雄渠로 齊王 劉肥의 여섯째 아들. 나라는 登州에 있었음.
【菑川】당시 菑川王은 劉賢으로 齊王 劉肥의 넷째 아들. 나라는 岐陽에 있었음.
　菑는 淄와 같음.
【濟南】당시 濟南王은 劉辟光으로 齊王 劉肥의 셋째 아들. 나라는 濟南에 있었음.
【齊王】膠西, 膠東, 菑川, 濟南의 왕을 함께 일컬은 것.

(2) 주아부周亞夫를 믿어라

처음, 문제는 죽을 때에 태자에게 이렇게 훈계하였었다.

"만약 완급의 일이 생긴다면 주아부周亞夫야말로 진실로 장수로 맡길 만하다."

이에 일곱 나라가 반란하자 주아부를 태위太尉에 임명하여 36장군을 거느리고 가서 오吳, 초楚를 토벌토록 하였다.

조착은 평소 원앙袁盎과 사이가 좋지 않았다. 이에 원앙은 경제에게 이렇게 아뢰었다.

"오직 조착을 죽이고 제후들의 삭감한 옛 땅을 되돌려 주어야 칼에 피를 묻히지 않고 이 일을 끝낼 수 있습니다."

조착은 이에 동시東市에서 요참要斬을 당하였고 부모, 처자와 같은 출신들은 나이에 관계없이 모두 기시棄市되고 말았다.

주아부가 오, 초를 크게 파하자 여러 모반자들도 모두 평정되었다. 주아부는 후에 승상이 되어 조후條侯에 봉해졌으나 경제의 뜻을 거스르는 간언을 하다가 파직되고 말았다. 경제는 이렇게 말하였다.

"이는 앙앙대기만 하여 어린 임금의 신하가 될 수 없는 인물이다."

그는 끝내 남의 무고를 입어 옥에 갇혔다가 피를 토하고 죽었다.

初文帝且崩, 戒太子曰:「卽有緩急, 周亞夫眞可任將.」

及七國反, 拜亞夫太尉, 將三十六將軍, 往擊吳楚.

鼂錯素與袁盎不善, 盎言:「獨有斬錯復諸侯故地. 兵可無血刃而罷.」

錯於是要斬東市, 父母妻子同産, 無少長皆棄市. 周亞夫大破吳楚, 諸反皆平. 亞夫後爲相封條侯, 以諫忤上意, 罷.

上曰:「此鞅鞅非少主臣.」
卒爲人誣告, 下獄歐血死.

【條】渤海郡에 속하는 읍 이름.
【鞅鞅】불만을 품음. '鞅'은 '怏'과 같음.

153 문경지치文景之治

한나라가 흥한 이래 번잡하고 가혹한 법들을 제거하여 백성에게 휴식을 취할 수 있게 해 주었다.

문제文帝는 공손함과 검소함을 더하여 황제의 업을 준수하기에 이르러 5, 60년 간 풍속이 바뀌고 백성은 순후하여 나라는 무사하였고 사람과 가정은 풍족함을 누렸다.

그리하여 도시나 시골이나 집안과 들의 창고가 가득하였고, 나라 부고에는 재물이 남아돌았다. 경사京師의 돈은 거만 금이 쌓여 돈을 꿴 줄이 썩어 얼마인지 헤아릴 수 없을 정도였으며, 대창大倉의 곡식은 묵은 채 자꾸 쌓여 넘치는 것은 노적露積할 수밖에 없었는데 붉게 썩도록 다 먹어내지 못할 지경이었다. 또 관리는 그 자손을 길러 장성할 때까지 계속할 수 있었고, 관직에 있는 자는 그 관직을 성호姓號로 삼아 이 때문에 창씨倉氏, 고씨庫氏라는 성이 생겨났다.

사람마다 스스로 사랑하여 법을 범하는 것을 중대한 일로 여겼다. 그러나 법망이 허술해지고 백성이 부유해지자 간혹 교만과 사치에 빠져들기도 하였으니 겸병하는 무리는 향곡鄕曲에서 무단武斷을 부렸다. 그리고 종실宗室 중에 땅을 가진 자와 공경公卿 이하는 사치를 부리기에 도가 없었다. 만물이 성하면 쇠하는 것이 진실로 그 변화였다.

경제가 죽었다. 재위 17년이었으며, 그 동안에 중원中元, 후원後元의 연호가 있었다. 태자가 제위에 올랐으니 이가 세종효무황제世宗孝武皇帝이다.

○ 自漢興, 掃除繁苛, 與民休息. 孝文加以恭儉, 至帝遵業. 五六十載之間, 移風易俗, 黎民醇厚, 國家無事, 人給家足, 都鄙廩庾皆滿, 而府庫餘貨財. 京師之錢累鉅萬, 貫朽而不可校. 太倉之粟, 陳陳相因, 充溢露積於外, 紅腐不可勝食. 爲吏者長子孫,

居官者以爲姓號. 故有倉氏庫氏. 人人自愛, 而重犯法. 然罔疏
民富, 或至驕溢, 兼幷之徒, 武斷鄉曲. 宗室有土, 公卿以下,
奢侈無度, 物盛而衰固其變也.

帝崩, 在位一十七年. 有中元·後元. 太子立, 是爲世宗孝武
皇帝.

【鄙】5百家를 鄙라 함.
【庾】들에 있는 창고를 庾라 함.
【罔】網과 같음.
【武斷】文治의 반대되는 말. 권력이나 무력으로 마구 결단함.
【盛而衰】《통감》에 의하면 이때 이후로 무제는 안으로 사치를 마음껏 부렸고
밖으로 이적을 상대하느라 천하가 소연해졌으며 재력이 소모되었음.(通鑑:
自是之後, 孝武內窮侈靡, 外攘夷狄, 天下蕭然, 財力耗矣. −원주)

〈한 무제〉

5. 孝武皇帝

🌑 武帝. 한西漢나라 제5대 황제.
劉徹. B.C.140~B.C.87년 재위.

154 효무황제孝武皇帝

효무황제孝武皇帝의 이름은 철徹이다. 즉
위 원년(B.C.140)에 처음으로 연호를 고쳐 건
원建元이라 하였다. 해에 연호가 있기는 여
기에서 시작된 것이다.

孝武皇帝:

名徹. 卽位之元年, 始改元曰建元,
年有號始此.

〈한 무제(劉徹)〉《三才圖會》

155 동중서董仲舒

무제武帝는 현량賢良, 방정方正, 직언直言, 극간極諫의 선비를 뽑는 네 과科를 두어 친히 이를 책문策問하였다. 광천廣川 동중서董仲舒의 대책은 이러하였다.

"일이란 억지로라도 하는 것일 뿐입니다. 학문을 억지로라도 하면 견문이 넓어지고 지혜가 더욱 밝아집니다. 도를 억지로라도 행하면 덕은 날로 흥기하여 크게 공을 이루게 됩니다."

그는 또 이렇게 말하였다.

"임금이란 마음을 바르게 하는 것으로써 조정을 바르게 하고, 조정을 바르게 하는 것으로써 백관을

〈董仲舒〉

바르게 하며, 백관을 바르게 하는 것으로써 만민을 바르게 하며, 만민을 바르게 하는 것으로써 사방을 바르게 하는 것입니다. 사방이 바르면 원근이 바른 것으로 통일되지 않음이 없게 되며 사악한 기운이 그 사이에서 간악한 짓을 할 수 없게 됩니다. 이로써 음양이 조화를 이루고 풍우가 때를 맞추며, 모든 생명이 화합을 이루며 만민이 번성하여 온갖 복된 물건이 상서롭게 이루어 질 수 있어 다가오지 않는 것이 없게 되어, 왕도王道가 끝까지 이어가는 것입니다. 폐하는 행동이 높으시고 사려가 두터우시며 지혜가 명철하며 뜻이 아름답고, 백성을 사랑하고 선비를 좋아하십니다. 그러나 교화가 세워지지 아니하면 만민이 바르게 설 수 없습니다. 비유컨대 금슬이 조화를 이루지 못하면, 심할 경우 이를 풀어 다시 팽팽하게 해 주고 나서야 연주할 수 있는 것과 같습니다.

정치를 베풀어도 시행되지 않는다면, 심한 경우 틀림없이 옛 법을 고쳐 다시 교화하고 나서야 다스릴 수 있는 것입니다. 한나라가 천하를 얻은 이래 언제나 잘 다스려지기를 바랐으나 지금에 이르도록 제대로 다스려지지 않는 것은 고쳐야 할 교화를 고치지 않았기 때문입니다."

그리고 다시 이렇게 말하였다.

"선비를 양성함에는 태학太學보다 큰 것이 없습니다. 태학이란 어진 선비가 거쳐야 할 관문이요, 교화의 본원입니다. 원컨대 태학을 일으켜 명사明師를 두어 천하의 선비를 양성하기를 바랍니다."

그는 다시 이렇게 말하였다.

"군수나 현령은 백성의 스승이며 인솔자로서 그들의 사역이란 천자의 흐름을 이어받아 교화를 펴는 것입니다. 마땅히 제후들이나 군수로 하여금 각각 그 관리와 백성들 중에 어진 자를 선발하여 해마다 각각 3명씩 서울로 천거해 바치도록 해야 합니다."

그는 다시 이렇게 말하였다.

"춘추春秋에서 크게 통일을 이루는 것은 천지의 상경常經이요, 고금의 통의通誼입니다. 그런데 지금 스승이라는 자는 그 도道를 달리하고 사람들마다 그 논리가 다릅니다. 신臣의 어리석은 생각으로는 여러 학문 중에 육예六藝 과목이나 공자의 학술이 아닌 것은 모두 그 도를 끊어야 한다고 여깁니다. 그런 연후에야 기강紀綱은 하나로 통일되고 법도法度가 분명해져서 백성이 따라갈 길을 알 수 있게 될 것입니다."

무제는 그 대책을 훌륭하다 여기고 그를 강도왕江都王의 재상으로 삼았다.

○ 舉賢良‧方正‧直言‧極諫之士, 親策問之.

廣川董仲舒對曰:「事在強勉而已矣. 強勉學問, 則聞見博, 而智益明; 強勉行道, 則德日起, 而大有功.」

又曰:「人君者, 正心以正朝廷. 正朝廷以正百官, 正百官以正萬民, 正萬民以正四方. 四方正, 遠近莫不一於正, 而無邪氣奸其閒. 是以陰陽調, 風雨時, 羣生和, 萬民殖. 諸福之物, 可致之祥, 莫不

〈동중서〉《三才圖會》

畢至, 而王道終矣. 陛下行高而思厚, 知明而意美, 愛民而好士. 然而教化不立, 萬民不正, 譬琴瑟不調, 甚者, 必解而更張之, 乃可鼓也; 爲政而不行, 甚者, 必變而更化之, 乃可理也. 漢得天下以來, 常欲治, 而至今不可善治者, 當更化而不更化也.」

又曰:「養士莫大乎太學. 太學者, 賢士之所關也, 教化之本原也. 願興太學, 置明師以養天下之士.」

又曰:「郡守縣令, 民之師帥, 所使承流, 而宣化也. 宜使列侯郡守, 各擇其吏民之賢者, 歲貢各三人.」

又曰:「春秋大一統者, 天地之常經, 古今之通誼也. 今師異道, 人異論. 臣愚以爲諸不在六藝之科, 孔子之術者, 皆絕其道. 然後統紀可一, 法度可明, 而民知所從矣.」

上善其對, 以爲江都相.

【廣川】 冀州에 속하는 읍 이름.
【師】 率과 같음.
【江都】 나라는 楊州에 있으며 당시 江都王은 劉非로 景帝의 아들이었음.

156 노魯나라 신공申公

임금이 사신에게 안거포륜安車蒲輪과 속백가벽束帛加璧을 가지고 노魯나라에 가서 신공申公을 맞아오게 하였다. 그가 이르자 무제는 치란의 일에 대하여 물었다.

신공은 나이가 여든 남짓이었는데 이렇게 대답하였다.

"다스림이란 말을 많이 하는데 있는 것이 아닙니다. 힘써 일하는 것이 어떠한 것인지를 살펴볼 따름입니다."

○ 上使使者奉安車蒲輪·束帛加璧, 迎魯申公. 旣至, 問治亂之事.

公年八十餘, 對曰:「爲治不在多言, 顧力行何如耳.」

【蒲輪】부들 풀로 바퀴를 묶어 편안하게 하고자 함이다.(以蒲裹輪, 欲其安也. -원주)

157 민월閩越과 동구東歐

3년(B.C.138), 민월閩越이 동구東甌를 쳤다. 사신을 보내어 군사를 일으켜
구원하였다. 그리고 그 백성을 강수江水와 회수淮水 사이로 이주시켰다.

○ 三年, 閩越擊東甌, 遣使發兵救之. 徙其衆江淮閒.

【閩越】그 나라는 福建에 있으며 그 임금이 일찍이 百越을 인솔하여 고제를
도운 적이 있어 東海王에 봉해졌다.(國在福建, 其君嘗帥百越, 以助高帝, 封東海王.
－원주)
【東甌】나라는 處州에 있었다.(원주)

158 상림원上林苑의 공사를 시작하다

무제는 처음으로 미행微行하여 상림원上林苑의 공사를 일으켰다.

○ 帝始爲微行, 起上林苑.

【微行】임금이 신분을 숨기고 민간을 살피거나 몰래 행하는 것.

159 오경박사五經博士

5년(B.C.136), 오경박사五經博士를 두었다.

○ 五年, 置五經.

【五經博士】《詩經》,《書經》,《周易》,《禮》,《春秋》 다섯 가지 경을 관장하여 연구하고 가르치는 직책.(管掌各治詩書易禮春秋五經. —원주)

160 민월閩越을 치다

6년(B.C.135), 민월閩越이 남월南越을 쳤다. 무제는 왕회王恢 등을 보내어 민월을 치게 하였다.

○ 六年, 閩越擊南越, 遣王恢等擊之.

【越】 월(粵)과 같음.

161 효렴孝廉 제도

원광元光 원년(B.C.134), 처음으로 각 군국郡國에 영을 내려 효렴孝廉
각 한 사람씩을 천거하도록 하였다.

○ 元光元年, 初令郡國, 擧孝廉各一人.

【郡國】漢나라의 제도로 周나라 封建制, 秦始皇의 郡縣制를 절충하여 실행한
제도. 郡은 중앙집권을, 國은 종실 제후를 봉하여 통치하는 방법이다.
【孝廉】한나라 때의 인재 등용법으로 효성과 청렴으로 훌륭함을 인정받은 자를
군국에서 추천하여 관리로 등용하는 제도.

162 방사 이소군李少君

2년(B.C.133), 방사方士 이소군李少君이 무제를 뵈었는데 교묘한 발명과
기이한 적중에 뛰어났다. 그는 이렇게 말하였다.

"조신竈神에게 제사지내면 만물을 이룰 수 있고, 단사丹砂를 녹여
황금을 만들 수 있습니다. 그리고 봉래蓬萊의 신선을 만나볼 수 있으며
그들을 만나 봉선封禪하면 죽지 않습니다."

무제는 이를 믿고, 처음으로 몸소 조신에 제사를 지내고 방사를
바다로 보내어 봉래에 있는 안기생安期生의 무리를 찾아보도록 하였다.
이에 바닷가 연燕·제齊의 우탄하고 괴이한 선비들이 더욱더 몰려와서
신선에 관한 일을 늘어놓았다.

○ 二年, 方士李少君見上, 善爲巧發奇中, 言:「祠竈則致物,
而丹砂可化爲黃金, 蓬萊仙者可見, 見之以封禪則不死.」

上信之, 始親祠竈. 遣方士入海, 求蓬萊安期生之屬. 海上燕
齊迂怪之士, 多更來言神事矣.

【丹砂】藥 이름. 朱砂라고도 함. 신선 방사들이 불로장생한다고 믿어 조제하는 약.
【安期生】고대의 신선으로 琅琊 사람. 그가 약을 팔러 다닐 때 그곳 사람들이
　모두 나이가 천 세가 되었다고 했음.(《神仙傳》,《列仙傳》등 참조)

163 흉노 토벌의 실패

무제는 대행大行 왕회王恢의 계책을 써서 왕회 등을 보냈다. 왕회는 군대를 이끌고 마읍군馬邑郡 근처 산골짜기에 숨어 몰래 섭일聶壹로 하여금 흉노를 유인한 다음 변새邊塞에 들어가 이를 습격하기로 하였다. 그러나 선우單于가 이를 알아차리고 퇴각하는 바람에 이로부터 화친은 끊어지고 싸움으로 그 길이 막히고 말았다.

○ 上用大行王恢議, 遣恢等. 將兵匿馬邑旁谷中, 陰使聶壹誘 匈奴, 入塞而擊之. 單于覺而去. 自是絶和親, 攻當路塞.

【大行】외교관이며 통역을 맡은 자. 《周禮》에 大行人, 小行人 등의 직책이 있었으며 通事舍人의 관직.
【馬邑】山西에 속하며 지금의 朔州.

164 남이南夷와의 통호通好

　당몽唐蒙이 글을 올려 남이南夷와 통호하기를 청하였다. 무제는 당몽을 중랑장中郎將으로 삼아 천여 명을 거느리고 야랑국夜郎國으로 들어가게 하였다. 야랑후夜郎侯는 약속을 허락하였고 한나라는 이를 건위군犍爲郡으로 삼았다.

　○ 唐蒙上書請通南夷, 拜蒙中郎將將千人入夜郎. 夜郎侯聽約, 以爲犍爲郡.

【夜郎】나라는 長寧에 있음.
【建爲郡】四川에 속하며 지금의 嘉定府.

165 서이西夷와의 통호

　다시 사마상여司馬相如를 중랑장으로 삼아 서이西夷와 통호를 맺었다.
공邛·작筰의 염冉·방駹 종족에 군현을 설치하였다.
　이리하여 서쪽은 말수沫水와 약수若水, 남쪽은 장가牂柯까지가 국경이
되었다.

　○ 又拜司馬相如爲中郎將, 通西夷. 邛筰冉駹置郡縣. 西至沫
若水, 南至牂柯爲徼.

【邛】西夷의 나라 이름. 武帝가 개척하여 越嶲郡을 둠.
【筰】역시 西夷의 나라. 武帝가 沉黎郡을 설치함.
【冉, 駹】西南쪽의 두 민족. 武帝가 그 땅을 개척하여 汶山郡을 둠.
【徼】邊方을 뜻함. 西南을 徼라 하고, 東北을 塞라 함.

166 곡학아세曲學阿世

무제는 관리와 백성 중에 당세의 사무에 능하고 선성先聖의 학술을
익힌 자들을 모아들였다. 그들이 통과하는 현에서는 음식을 공급하게
하였고, 그곳의 회계 장부를 가지고 오는 자로 하여금 올 때 그들을
함께 모시고 오도록 하였다. 그들 중 치천菑川의 공손홍公孫弘이 무제에게
대책을 올렸다.

"인군人君이 된 자는 위에서 덕으로 화합하고 백성은 아래에서 화합해야
합니다. 따라서 마음으로 화합하면 기氣가 화합하고, 기가 화합하면
형形이 화합하고, 형이 화합하면 성聲이 화합하고, 성이 화합하면 천지의
화가 응하게 됩니다."

대책이 상주되자 그를 일등으로 발탁하여 금마문金馬門에서 대조待詔
의 일을 하도록 하였다.

그리고 제나라의 원고轅固는 나이 이미 90이 넘었으나 역시 현량과
賢良科로 불려왔다. 공손홍은 측목仄目으로 원고를 섬겼다. 원고는 이렇게
말하였다.

"공손자公孫子, 그대는 바른 학문에 힘쓴 다음 발표하게. 학문을 굽혀
세상에 아부하는 일은 없도록 하게."

○ 徵吏民有明當世之務, 習先聖之術者. 縣次續食, 令與計偕.
菑川公孫弘對策曰:「人主和德於上, 百姓和合於下. 故心和
則氣和, 氣和則形和, 形和則聲和, 聲和則天地之和應矣.」
策奏擢爲第一, 待詔金馬門.
齊人轅固, 年九十餘, 亦以賢良徵. 弘仄目事之, 固曰:「公孫子,
務正學以言, 無曲學以阿世.」

【縣】縣과 같음.

【菑川】山東에 속하는 군 이름.

【金馬門】문 앞에 구리로 말 형상을 주조하여 세워 이름이 유래되었다 함.

167 상인들의 수레에 세금을

6년(B.C.129), 처음으로 상인商人들의 수레를 조사하였다.

○ 六年, 初算商車.

【商車】상고(商賈)와 거선(車船) 등에 세금을 매김.

168 흉노의 침입

흉노가 상곡上谷에 쳐들어오자 장군 위청衛靑 등을 파견하여 공격하여
물리쳤다.

○ 匈奴寇上谷, 遣將軍衛靑等, 擊卻之.

169 흉노 토벌과 위청衛青

원삭元朔 원년(B.C.128), 주보언主父偃이 글을 올려 흉노를 토벌할 것을
간하였고, 엄안嚴安 역시 글을 올렸다. 그러자 서락徐樂도 글을 올려
이렇게 말하였다.

"폐하께서는 어찌 그 정도 위엄으로 성공하지 못할 것이 있습니까?
어찌 정벌하여 복종시키지 못할 것이 있겠습니까?"

글이 올라오자 임금이 이들을 불러 만났다.

"그대들은 모두 어디에 있었소? 어찌 만남이 이리 늦었소?"

그리고 모두 낭중郎中으로 삼았다.

이 해 가을 흉노가 쳐들어왔다.

이듬해에 다시 쳐들어오자 위청衛青 등을 파견하여 이를 쳐서, 마침내
하남河南의 땅을 취하여 삭방군朔方郡을 두었다.

○ 元朔元年, 主父偃上書, 諫伐匈奴.

嚴安亦上書, 及徐樂亦上書云:「陛下何威而不成? 何征而不服?」

書奏, 上召見曰:「公等皆安在? 何相見之晚也?」

皆拜郎中.

是秋匈奴入寇.

二年, 又入寇, 遣衛青等擊之, 遂取河南地, 置朔方郡.

【主父】 성씨로 '주보'로 읽음.
【朔方郡】 甘肅에 속하며 지금의 夏州.

170 공손홍公孫弘을 승상으로

5년(B.C.124), 공손홍公孫弘이 승상이 되어 평진후平津侯에 봉해졌다. 무제는 바야흐로 공업功業을 일으키려 하던 참이었다. 공손홍은 이에 동쪽 문을 열어 어진 이들을 맞아들였다.

○ 五年, 公孫弘爲丞相, 封平津侯. 上方興功業, 弘於是開東閣, 以延賢人.

【平津】霸州에 속하는 읍 이름.

171 위청衛靑을 대장군으로

흉노가 삭방군이 쳐들어오자 위청을 파견하여 여섯 장군을 거느리고
가서 치도록 하였다. 그가 돌아오자 위청을 대장군으로 삼았다.

○ 匈奴寇朔方, 遣衛靑率六將軍擊之. 還, 以靑爲大將軍.

【六將軍】蘇建, 李沮, 公孫賀, 李蔡, 李息, 張次公을 가리킴.

172 흉노가 대代 땅을 침입하다

흉노가 대代 땅을 침입해 왔다.

○ 匈奴入代.

173 위청의 흉노 토벌

6년(B.C.123) 봄, 위청 등 여섯 장군을 파견하여 흉노를 쳤으며, 여름에 다시 파견하였다.

○ 六年春, 遣衛靑等六將軍, 擊匈奴, 夏再遣.

【六將軍】大將軍衛靑, 中將軍公孫敖, 左將軍公孫賀, 前將軍趙信, 右將軍蘇建, 後將軍李廣, 强弩將軍李沮을 가리킴.(원주)

174 서역西域과의 통호

원수元狩 원년(B.C.122), 박망후博望侯 장건張騫을 서역西域에 사신으로
파견하여 전국滇國과 통호토록 하였다.

○ 元狩元年, 遣博望侯張騫, 使西域, 通滇國.

【滇】西夷의 나라 이름.

175 곽거병霍去病의 흉노토벌

2년(B.C. 121), 곽거병霍去病을 표기
장군驃騎將軍으로 삼아 흉노를 격패
시켰다. 곽거병은 연지焉支의 기련산
祁連山을 거쳐 돌아왔다.

○ 二年, 以霍去病爲驃騎
將軍, 擊敗匈奴. 過焉支祁連
山而還.

【焉支】 西域에 있는 나라 이름으로
 ‘연지’로 읽음.(焉音烟. —원주)
【祁連山】 天山의 다른 이름.

〈곽거병〉

176 흉노의 항복

흉노 혼야왕渾邪王이 항복하였다. 이에 다섯 촉국屬國을 두고 그 무리들을 그 곳에 살게 하였다.

○ 匈奴渾邪王降. 置五屬國, 以處其衆.

【渾邪】 '혼사'로 읽도록 되어 있음.(渾音魂: 邪音社. -원주) 그러나 일반적으로 '혼야'로 읽어 이를 따름.
【屬國】 그 옛 이름을 그대로 존속시키되 한나라에 屬한다. 그 때문에 屬國이라 한 것이며 屬(囑)은 음이 촉(蜀)이다.(存其舊號而屬於漢, 故曰屬國. 屬音蜀. -원주)

177 흉노가 다시 침입하다

3년(B.C.120), 흉노가 우북평군右北平郡, 정양군定襄郡에 침입해 왔다.

○ 三年, 匈奴入右北平·定襄.

【右北平】 鞏昌에 속하여 지금의 平涼府이다.
【定襄】 山西에 속하며 지금의 沂州이다.

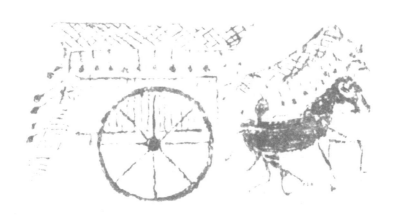

178 위청과 곽거병霍去病

4년(B.C.119), 위청과 곽거병을 파견하여 흉노를 치도록 했다. 곽거병은 낭거서산狼居胥山에서 봉선을 하고 돌아왔다.

○ 四年, 遣衛青·霍去病擊匈奴. 去病封狼居胥山而還.

【狼居胥山】北荒의 땅에 있다. 《通鑑》에 "狼居胥山에 封을 하고 姑衍에 禪을 하였으며 翰海에 登臨하였다"라 하였다.(在北荒之地. 通鑑: 封狼居胥山, 禪於姑衍, 登臨翰海. -원주)

179 이소옹李少翁을 죽이다

원정元鼎 2년(B.C.115), 방사方士 문성장군文成將軍 이소옹李少翁이 속인 죄로 주살되었다.

○ 元鼎二年, 方士文成將軍李少翁, 以詐誅.

【李少翁】당시의 방사. 처음에 그는 무제에게 권하여 甘泉宮을 지어 祭具를 갖추어 天神을 오도록 할 것을 권하였으나 1년이 넘도록 천신이 나타나지 않자 죽여 버렸다.

180 서역에 군을 설치하다

서역西域과 비로소 통교하였다. 주천酒泉·무위武威 군을 두었다.

○ 西域始通, 置酒泉·武威郡.

【酒泉】甘肅에 속하는 지명.
【武威郡】역시 감숙에 속하는 지명.

181 남월南越을 치다

5년(B.C.112), 장군 노박덕路博德 등을 보내어 남월南越을 치도록 하였다.

○ 五年, 遣將軍路博德等擊南越.

182 난대樂大를 주살하다

방사 오리장군五利將軍 난대樂大가 속인 죄로 주살당하였다.

○ 方士五利將軍欒大, 以詐誅.

183 서강西羌을 토벌하다

6년(B.C.111), 서강西羌을 토벌하여 평정하였다.

○ 六年, 討西羌平之.

【西羌】西蜀의 서쪽에 있던 이민족.

184 남월에 구군九郡을 설치하다

남월南越이 평정되어 9개 군郡을 두었다.

○ 南越平, 置九郡.

【九郡】南海, 蒼梧, 鬱林, 合浦, 交趾, 九眞, 日南, 珠厓, 儋耳 등 아홉 개 군.(원주)

185 선우單于에게 시위하다

원봉元封 원년(B.C.110), 무제는 장성長城으로 나서 선우대單于臺에 올라 사신을 선우에게 보내어 이렇게 고하였다.

"남월왕南越王의 목은 이미 한나라 북궐 아래 달아 놓았다. 지금 선우가 능히 싸우겠다면 천자께서 친히 장수가 되어 국경에서 기다릴 것이다."

○ 元封元年, 帝出長城, 登單于臺. 遣使告單于曰:「南越王頭, 已懸於漢北闕下, 今單于能戰, 天子自將待邊.」

186 무제의 순수와 봉선

무제는 구씨현緱氏縣에 가서 중악中嶽에 올랐다가 드디어 동쪽으로
동해東海를 순유하여 신선을 찾아보고, 태산泰山에 올라 봉선을 하고,
숙연산肅然山에서 봉선을 하였다. 다시 동북으로 갈석산碣石山에 이르렀
다가 귀환하였다.

○ 帝如緱氏, 登中嶽, 遂東巡海上, 求神仙, 封泰山, 禪肅然.
復東北至碣石而還.

【緱氏】 縣 이름. 河南에 속하며 혹 登封縣이라고도 함.
【中嶽】 嵩山을 가리키며 지금의 河南府 登封縣에 있음.
【肅然】 泰山 아래의 작은 산 이름.
【碣石】 산 이름.

187 익주군益州郡을 두다

전왕滇王이 항복하여 익주군益州郡을 두었다.

○ 滇王降, 置益州郡.

【益州】 四川에 속하며 成都를 가리킴.

188 누란樓蘭을 치다

3년(B.C.108), 누란樓蘭을 쳐서 그 왕을 사로잡았으며, 차사車師를 쳐서 깨뜨렸다.

○ 三年, 擊樓蘭虜其王, 擊車師破之.

【樓蘭, 車師】 모두 西域에 있는 나라 이름.

189 조선朝鮮에 사군四郡을 설치하다

조선朝鮮이 항복하여 낙랑樂浪, 임둔臨屯, 현도玄菟, 진번眞番 군을 두었다.(B.C.108)

○ 朝鮮降, 置樂浪·臨屯·玄菟·眞番郡.

【朝鮮】 音潮仙. 國在遼東.
【樂浪】 '락랑(洛郞)'으로 읽음.(원주)
【臨屯】 '임돈'으로 읽도록 되어 있음.(屯音豚. -원주)
【玄菟】 '현도'로 읽도록 되어 있음.(菟音徒. -원주)
【眞番】 '진파'로 읽도록 되어 있음(番音婆. -원주)

190 군사를 삭방朔方에 주둔시키다

흉노가 변방을 공격하자 군사를 내어 삭방朔方에 주둔시켰다.

○ 匈奴寇邊, 遣兵屯朔方.

191 태산에 오르다

 5년(B.C.106), 남쪽 강수江水, 한수漢水를 순수하고, 태산泰山에 이르러 토단을 높이고 증봉增封을 행하였다.

○ 五年, 南巡江漢, 至泰山增封.

192 곤명昆明을 치다

6년(B.C.105), 곤명昆明을 쳤다.

○ 六年, 擊昆明.

【昆明】 西夷의 종족 이름. 滇池라는 못이 있으며 方이 百里가 됨. 武帝가 장안에
昆明池를 만들어 水戰을 연습시켜 이를 토벌함. 《西京雜記》등 참조.

193 세수歲首를 결정하다

  태초太初 원년(B.C.104), 무제는 태산泰山에 갔다. 그 해 11월 갑자일甲子日
은 마침 초하룻날이고 또 동짓날冬至日이었으므로, 태초력太初曆을 만들어,
11월을 정월로 하고 세수歲首로 삼았다.

  ○ 太初元年, 帝如泰山, 十一月甲子, 朔旦冬至, 作太初曆,
以正月爲歲首.

【歲首】夏正을 사용한 것임.

194 이광리李廣利를 대완大宛에 보내다

이광리李廣利를 파견하여 대완大宛을 토벌토록 하였으나 이기지 못하였다.

○ 遣李廣利伐大宛, 不克.

【宛】西域에 있는 나라 이름.

195 흉노 격퇴 실패

조파노趙破奴를 파견하여 흉노를 치게 하였으나 패하여 죽었다.

○ 遣趙破奴擊匈奴, 敗沒.

196 흉노의 침입

3년(B.C.102), 흉노가 크게 쳐들어와 요새 밖의 성장城障을 깨뜨렸다.

○ 三年, 匈奴大入破塞外城障

【障】 한나라 제도에 매 요새 요처에 따로 성을 쌓아 사람을 두고 지키게 하는데 이를 候城이라 하며 이것이 바로 障이다.(漢制: 每塞要處, 別築城置人守之, 謂之候城, 卽障也. -원주)

197 이광리가 완宛을 정벌하다

크게 군대를 일으켜 이광리를 따라 완宛을 정벌토록 하였다. 완이
항복하여 좋은 말 수십 필을 얻었다.

○ 大發兵, 從李廣利伐宛. 宛降, 得善馬數十匹.

198 흉노가 사신을 보내오다

4년(B.C.101), 흉노 선우가 사신을 보내어 물건을 바쳐왔다.

○ 四年, 匈奴單于, 使使來獻.

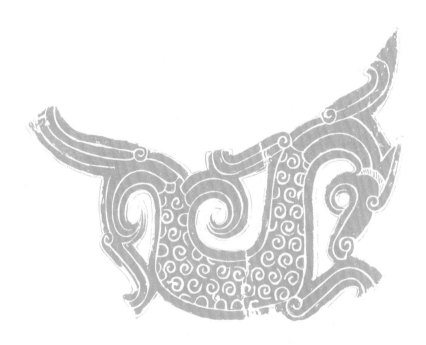

199 숫양이 젖이 나오면

천한天漢 원년(B.C.100), 중랑장中郞將 소무蘇武를 사신으로 흉노에 보내자 선우가 그를 항복시키고자 유폐시켜 큰 굴속에 가두어 놓고는 음식 등 모든 것을 끊고 먹을 것을 주지 않았다. 소무는 눈과 깃발의 털을 씹어 이를 섞어 삼켰다. 며칠이 지나도 죽지 않자 흉노는 그를 신이라 여겨 북해北海 근방 사람이 살지 않는 곳으로 옮겨 숫양을 기르도록 하면서 이렇게 말하였다.

"숫양에게서 젖이 나오면 이에 돌아갈 수 있으리라."

○ 天漢元年, 遣中郎將蘇武使匈奴. 單于欲降之, 幽武置大窖中, 絶不飮食. 武齧雪與旃毛, 并咽之.

數日不死, 匈奴以爲神, 徙武北海上無人處, 使牧羝曰:「羝乳乃得歸.」

【旃】氈과 같음.
【咽】삼키는 것.(呑也. ―원주)
【羝乳】숫양을 '羝'라 한다. 숫양이 젖이 나기를 기다려 소무를 귀환시켜주겠다는 것은 마치 秦나라가 말에 뿔이 나야 燕나라 太子 丹을 풀어주겠다고 했던 것과 같다.(牡羊曰羝. 謂待羝而乳, 乃釋武歸, 猶秦言待馬生角釋燕丹也. ―원주)

200 이광리와 이릉李陵

2년(B.C.99), 이광리李廣利를 파견하여 흉노를 쳤다. 별장別將 이릉李陵은 패하여 항복하여 포로가 되었다.

○ 二年, 遣李廣利擊匈奴, 別將李陵敗降虜.

201 혹리酷吏를 등용

무제는 법으로 아랫사람을 제어하고자 혹리酷吏를 높여 등용하기를 즐겨하였다. 동쪽에 도둑이 많이 일어나자 사신을 파견하면서 그에게 비단옷을 입히고 도끼를 지니게 하여 도둑 잡는 일을 감독토록 하되 2천 섬 이하의 범죄자에 대하여는 참수토록 하였다.

○ 上以法制御下, 好尊用酷吏. 東方盜賊滋起, 遣使者, 衣繡衣, 持斧督捕, 得斬二千石以下.

【二千石】太守의 祿이 二千石이었다.

202 이광리가 흉노에게 패하다

4년(B.C.97), 이광리가 흉노를 쳤으나 승리하지 못하였다.

○ 四年, 李廣利擊匈奴, 不利.

203 낭야瑯琊를 순수하다

태시太始 3년(B.C.94), 무제는 동쪽으로 낭야瑯琊를 순수하고 바다에 배를 띄워 놀이를 즐기고 귀환하였다.

○ 太始三年, 帝東巡瑯琊, 浮海而還.

【瑯琊】山東에 속하며 지금의 沂州이다.

204 명당明堂을 순수하여 봉선을 행하다

4년(B.C.93), 동쪽으로 순수하여 명당明堂에 제사지내고 봉선封禪을 행하였다.

○ 四年, 東巡祀明堂, 修封禪.

【明堂】태산에 있으며 周나라 天子가 巡狩하면서 諸侯의 조알을 받던 곳.

205 무고사건巫蠱事件

정화征和 2년(B.C.91), 무고사건巫蠱事件이 일어났다. 무제는 감천궁甘泉宮에 가 있었다. 이에 강충江充을 사신으로 삼아 무고의 옥사獄事를 처리하도록 하였다. 강충이 태자궁을 파보고 이렇게 보고하였다.

"나무 인형이 특히 많았습니다."

태자 거據는 두려움 끝에 사람을 거짓 무제의 사신으로 꾸며 강충을 체포하여 베어버리고 나서 어머니 위황후衛皇后에게 고백하였다. 그리고는 마구간의 수레를 꺼내어 활 잘 쏘는 무사를 태우고 다시 무기고에서 무기를 꺼내어 장락궁長樂宮에서 위졸들에게 풀어주고 지켰다. 무제가 감천궁에서 돌아와 삼보三輔의 군사를 징발하여 승상 유굴리劉屈氂가 이를 거느리도록 조칙을 내렸다. 그러자 태자 역시 거짓으로 조칙이라 일컫고 군사를 징발하여 승상의 군사를 맞았다. 닷새 동안 전투가 이어졌으며 죽은 자가 수만 명에 이르렀다. 결국 황후는 자살하고 태자는 달아나 호현湖縣에 이르러 스스로 목을 매어 죽고 말았다.

그 후 고묘高廟의 침랑寢郎 전천추田千秋라는 자가 글을 올렸다.

"머리가 하얀 노인이 저에게 이렇게 가르쳐주었습니다. '자식이 아비의 군사를 가지고 놀았으니 그 죄는 태형笞刑에 해당한다'라구요."

무제는 이를 깨닫고 이렇게 말하였다.

"이것은 고조의 사당 신령이 나에게 경고하신 것이다."

그리고 태자에게 죄가 없음을 알고 호현에 귀래망사대歸來望思臺를 세워주었다. 천하가 이를 듣고 슬퍼하였다.

○ 征和二年, 巫蠱事作. 帝如甘泉, 以江充爲使者, 治巫蠱獄, 掘太子宮云:「得木人尤多.」

太子據懼, 使客佯爲使者, 收捕充斬之, 白母衛皇后. 發中廄車, 載射士, 出武庫兵, 發長樂宮衛卒. 上從甘泉來, 詔發三輔兵,丞相劉屈氂將之. 太子亦矯制發兵, 逢丞相軍, 兵合戰五日, 死者數萬. 皇后自殺, 太子亡, 至湖自經死.

後有高廟寢郎田千秋, 上書言:「有白頭翁, 敎臣云:『子弄父兵, 罪當笞.』」

上悟曰:「此高廟神靈告我也.」

知太子無罪, 作歸來望思之臺於湖. 天下聞而悲之.

【巫蠱】 '무당들이 옳지 않은 도로 정치를 어지럽히고 사람을 미혹하게 하다'의 뜻. 蠱는 惑과 같음.

【木人】 나무로 만든 인형.

※ 원주의 기록은 다음과 같다.

처음에 방사들과 神巫들이 서울에 모여들어 左道(옳지 않은 도)를 내세워 민중을 미혹시켜 환술을 부렸다. 무녀가 궁중을 드나들면서 궁중 미인(후궁)들에게 액을 건널 수 있다고 하며 매번 집에 나무 인형을 묻어놓고 제사를 지냈다. 이때에 이르러 武帝가 낮잠을 자다가 木人인 수천 명이 지팡이를 들고 무제를 치는 꿈을 꾸고 놀라 깨어 드디어 병이 들자 이에 궁궐을 파게 되었다.(初方士及諸神巫, 多聚京師, 率皆左道, 惑衆變幻. 女巫往來宮中, 敎美人度厄, 每屋輒埋木人祭祀之. 至是武帝晝寢, 夢木人數千, 持杖擊帝, 帝驚悟, 遂病, 乃掘之.)

【據】 태자 이름. 劉據.

【三輔】 한나라 때 京兆, 扶風, 馮翊을 三輔라 하였음.

【湖】 지명.

【寢郞】 高帝의 사당을 관장하는 직책.

206 흉노에게 항복한 이광리

3년(B.C.90), 흉노가 오원五原과 주천酒泉으로 쳐들어오자 이광리李廣利를
파견하여 치게 하였으나 이광리는 흉노에게 항복하였다.

○ 三年, 匈奴寇五原·酒泉, 遣李廣利擊之, 廣利降匈奴.

【五原】 山西에 속하며 지금의 豊州이다.

207 방사들을 파면하다

4년(B.C.89), 방사와 신의 강림을 기다리는 자를 모두 파면하였다.

○ 四年, 罷方士候神人者.

208 전천추田千秋를 재상으로

전천추田千秋를 승상으로 삼고 부민후富民侯에 봉하였다. 윤대輪臺의
둔전屯田에 대한 논의를 끝냈다. 그리고 지난날의 일에 대한 후회를
깊이 느낀다는 진술의 조서를 내렸다.

○ 以田千秋爲相, 封富民侯. 罷議輪臺屯田, 下詔深陳旣往之悔.

【輪臺】西域의 나라 이름으로 支渠梨國에 접해 있다.

209 무제의 업적과 공과

(1) 무제의 연호

후원後元 2년(B.C.87), 무제는 오작궁五柞宮에 행차하였다가 병이 들어 위독하게 되자 곽광霍光을 대사마대장군大司馬大將軍으로 삼아 유조遺詔를 받아 태자를 보좌토록 하였다. 무제는 재위 54년, 연호를 11번 바꾸었으니 건원建元, 원광元光, 원삭元朔, 원수元狩, 원정元鼎, 원봉元封, 태초太初, 천한天漢, 태시太始, 정화征和, 후원後元이었다.

○ 後元二年, 上辛五柞宮, 病篤, 以霍光爲大司馬大將軍, 受遺詔輔太子. 上在位五十四年, 改元者十有一: 曰建元·元光·元朔·元狩·元鼎·元封·太初·天漢·太始·征和·後元.

【五柞宮】扶風 盩屋縣에 있으며 다섯 그루 柞木이 있어 이름이 유래됨.

(2) 뛰어난 인물 무제

무제는 웅대하고 큰 지략이 있어 문제文帝, 경제景帝의 풍족하고 부유했던 뒤를 이어 정복 전쟁을 끝까지 펴보았다. 그는 일찍이 이렇게 말하였다.

"고제高帝께서는 평성平城에서 흉노에게 포위되었던 우환을 남기셨다. 나는 제나라 양공襄公이 자신의 9대 원수를 갚았던 일을 생각하고 있다."

이리하여 자주 흉노를 정벌하여 한나라 병력을 끝까지 펴자 흉노는 멀리 달아났고 막남幕南에는 왕정王庭이 사라졌다. 이렇게 땅을 개척하여 군현을 세우고 수항수受降城을 설치하였던 것이다.

上雄材大略, 承文·景豐富之後, 窮極武事.
　嘗謂:「高帝遺平城之憂, 思如齊襄公, 復九世之讐.」
　數征匈奴, 盡漢兵勢, 匈奴遠遁, 幕南無王庭. 斥地立郡縣, 置受降城.

【九世之讐】襄公의 九世 조상 哀公이 일찍이 紀侯의 참소로 주나라에서 죽음을 당하였다. 양공 8년에 이르러 드디어 紀를 쳐서 복수하였다.(襄公九世祖哀公, 嘗爲紀侯所譖而戮于周. 至襄公八年, 遂伐紀而復之. －원주)
【無王庭】沙漠의 남쪽에 더는 흉노의 왕 터가 없게 됨.
【受匈城】흉노의 항복을 받는다는 뜻. 동, 서, 중 세 개가 있음.《全書》의 注에 "東受降城은 본래 雲中郡이며 楡林縣 東北 八里에 있다. 元나라 때 振武軍에 속한다. 西受降城은 豐州 西北 八十里에 있으며 지금의 天德軍이 이 성에서 다스리고 있다. 中受降城은 楡林에 있으며 五原이 그곳이다"라 함.(取受降奴來降之義. 東西中三城. 全書注:「東受降城本雲中郡, 在楡林縣東北八里, 元屬振武軍; 西受降城在豐州西北八十里, 今天德軍理於此城; 中受降城在楡林, 卽五原也.」 －원주)

(3) 건설과 통호通好

　서역과 통교하고 서남이西南夷와도 통호通好하였으며, 동쪽으로 조선朝鮮을 치고 남쪽으로 월粤을 정벌하는 등 군려軍旅가 해마다 일으켰다.
　안으로는 토목공사를 일으켜 상림원上林苑을 축조하여 이를 남산南山에 이어지도록 하였으며, 백량대柏梁臺를 세워 그 위에 이슬을 받는 구리쟁반을 설치하였는데 그 높이는 20장丈이요, 크기는 일곱 아름이나 되었고, 그 위에는 선인장仙人掌을 만들어 얹었다.
　방사方士 공손경公孫卿이 신선은 누대 거하기를 좋아한다고 하자 비렴蜚廉, 계관桂館, 통천경대通天莖臺를 만들었다. 수산궁首山宮을 짓고, 건장궁建章宮을 짓는 등 천문만호千門萬戶를 지었는데 동쪽에는 봉각鳳閣, 서쪽에는 호권虎圈, 북쪽에는 태액지太液池를 만들고, 연못 가운데에 점대漸臺를 짓고, 봉래蓬萊 방장方丈, 영주瀛州, 호량壺梁 등의 섬을 만들었다. 그리고 남쪽에는 옥당벽문玉堂壁門을 두고 신명대神明臺와 명광궁明光宮을 지었으니, 모두 사치가 극에 달하였다.
　무제는 자주 순행하여 신에게 제사를 올리고 봉선封禪을 행하였다. 이리하여 재정이 모자라자 무공武功과 작위를 팔기도 하고 사슴 가죽과 백금白金을 돈으로 만들기도 하였다.

　通西域, 通西南夷, 東擊朝鮮, 南伐粤, 軍旅歲起. 內事土木, 築上苑屬南山, 建柏梁臺, 作承露銅盤, 高二十丈, 大七圍, 上有仙人掌. 以方士公孫卿言神仙好樓居, 作蜚廉·桂館, 通天莖臺. 作首山宮, 作建章宮, 千門萬戶, 東鳳閣, 西虎圈, 北太液池, 中有漸臺, 蓬萊·方丈·瀛洲·壺梁. 南玉堂璧門, 立神明臺, 作明光宮, 皆極侈靡.
　數巡幸, 祠祀, 修封禪. 國用不給, 賣武功爵級, 造鹿皮幣白金.

【柏梁臺】長安城 북쪽 궁궐 안에 있으며 향백 나무를 대들보로 사용하여 이런
　이름이 유래되었다.
【仙人掌】甘泉宮의 通天臺 위에 있음. 仙人掌은 무제가 옥배로 선인의 손바닥
　모습을 만들어 구름 속의 이슬을 받아 이를 옥가루를 섞어 마셔 장생한다고
　믿었음.
【蜚廉】神禽 이름. 이를 그 형상을 만들어 館의 위에 설치하였음.
【莖】이슬을 받아 내리는 금으로 만든 줄기.
【首山宮】궁궐 이름.

(4) 말년의 도적들

　이에 상홍양桑弘羊과 공근孔僅의 무리들이 균수법均輸法과 평준법平準法을
이익을 내어 재정을 보조하였으며 염관鹽官을 두기도 하고 배와 수레를
계산하여 세금을 부과하고 민전緡錢을 만들어내기고 하였다.
　이처럼 천하가 소연해지자 말년에는 도둑이 일어나고 말았다. 만약
윤대輪臺의 조서 하나를 내리지 않았더라면 한나라도 거의 진秦나라와
같은 멸망을 면치 못할 뻔하였다.

　桑弘羊·孔僅之徒, 作均輸平準法, 興利以佐費, 置鹽官, 算
舟車, 造緡錢. 天下蕭然, 末年盜起, 微輪臺一詔, 漢幾不免爲秦.

【均輸】서울에 均輸官을 두어 각 지방의 생산물로 세금을 내도록 하는 조세법.
【平準】천하의 상품을 통제하여 값이 오르면 팔고 값이 내리면 사들여 물가를
　조절하는 법류.
【緡】실로 돈을 꿰되 한 꿰미에 千錢을 한 단위로 함.

(5) 승상도 못 믿어

무제武帝가 등용한 승상 중에 처음의 전분田蚡만이 약간의 전권을 잡았을 뿐이었다. 그런데 어느 날 무제가 전분에게 이렇게 말하였다.
"경은 모든 관리에게 벼슬을 다 주었을 텐데 아직 남았소? 나도 관리를 임명해 보고 싶소."
그 뒤 승상이란 모두가 그저 그 자리를 채우는 데에 불과할 뿐이었다.

所用丞相, 初惟田蚡稍專, 上嘗謂蚡曰:「卿除吏盡未? 吾亦欲除吏.」

後皆充位而已.

【蚡】'분'으로 읽음.(音憤. -원주)
【除】벼슬을 내림을 除라 함.(授官也. -원주)

(6) 고통당한 승상들

더구나 공손홍公孫弘 뒤에는 나라에 일이 많아 승상들은 이에 연루되어 주살당하기 일쑤였다. 공손하公孫賀는 승상에 임명되자 울면서 받기를 거부하였으나 그 역시 죄에 얽혀 죽음을 당하고 말았다. 혹리酷吏 장탕張湯, 조우趙禹, 두주杜周, 의종義縱, 왕온서王溫舒 등의 무리들은 모두가 한 때 형법을 준엄하게 집행하였다. 그러나 장탕 등이 죄를 지었을 때 무제는 역시 어떤 대속도 허락하지 않았다. 다만 그 사이에 복식卜式과 예관兒寬 등은 뛰어난 자라고 하여 무제에게 임용되었다.

公孫弘後, 國家多事, 丞相連以誅死. 公孫賀拜相, 至涕泣不肯拜, 亦卒以罪死. 酷吏張湯·趙禹·杜周·義縱·王溫舒之徒, 皆嘗峻用刑法. 然湯等有罪, 亦不貸也. 其間卜式·兒寬之屬, 亦以長者見用.

【不貸】 관대하게 대속함.
【兒】 '예'로 읽음.(音倪. ─원주)

(7) 급암汲黯

급암汲黯만은 유독 엄격히 굴어 무제에게 거리낌을 당하였다. 그는 자주 절실히 간언을 하다가 머물러 있지 못하고 동해東海 태수로 물러났다. 그는 청정淸淨을 좋아하여, 관청 안에 누워 나가보지도 않았으나 고을은 잘 다스려졌다. 이에 그는 다시 조정에 들어와 구경九卿의 반열에 들었다.

무제가 마침 문학에 뛰어난 사람을 초빙하여 한 때 급암에게 이렇게 말하였다.

"나는 이렇게 이렇게 하고 싶소."

그러자 급암은 말하였다.

"폐하께서는 속으로는 욕심이 많으시면서 겉으로는 인의를 펴겠다고 하시니, 그러면서 어찌 당우요순의 정치를 본받고자 하십니까?"

무제는 노하여 조회를 파하고 이렇게 말하였다.

"심하도다! 급암의 고집이여."

그러나 뒷날에는 다시 이렇게 말하였다.

"옛날에 사직지신이 있었다 하였는데 급암이 그에 가깝도다."

회남왕淮南王 유안劉安이 모반하자 무제가 말하였다.

"한나라 조정 대신 중에 급암만이 직간을 잘하고 절개를 지켜 의에 죽을 인물이다. 승상 공손홍公孫弘 정도라면 이를 설득시키기에 마치 덮개를 걷듯이 쉽게 해내리라."

급암이 일찍이 회양淮陽 태수에 임명되었을 때 그는 이렇게 말하였다.

"저는 병으로 인해 군의 일을 맡을 수 없습니다. 원컨대 낭중郞中이 되어 금달禁闥에 출입하며 폐하의 허물을 보충하고 놓치는 일을 주워 드리고 싶습니다."

무제는 이렇게 말하였다.

"그대는 회양을 하찮다 여기는 것인가? 내 지금 그대를 부른 것은, 생각건대 회양은 관리와 백성이 서로 화합하지 못하고 있소. 그저 그대의 덕망만이라면 누워서도 다스릴 수 있다고 보았소."

이에 회양에 이르러 10년을 보내고 생을 마쳤다. 급암은 무제가 심히 존중하던 자였다. 대장군 위청衛靑은 비록 고귀한 신분임에도 무제는 혹 걸터앉아서 만나주었지만 급암의 경우는 의관을 갖추지 않고는 만나보지 않았다.

汲黯獨以嚴見憚, 數切諫不得留內, 爲東海守. 好淸淨, 臥閣內不出, 而郡中大治. 入爲九卿.

上方招文學, 嘗曰:「吾欲云云.」

黯曰:「陛下內多欲, 而外施仁義, 奈何欲效唐虞之治乎?」

上怒罷朝, 曰:「甚矣! 黯之戇也.」

他日又曰:「古有社稷臣, 黯近之矣.」

淮南王安謀反, 曰:「漢廷大臣, 獨汲黯好直諫, 守節死義, 如丞相弘等, 說之如發蒙耳.」

黯嘗拜淮陽守, 曰:「臣病, 不能任郡事. 願爲郎中, 出入禁闥, 補過拾遺.」

上曰:「君薄淮陽邪? 吾今召君矣. 顧淮陽吏民不相得, 徒得君之重, 臥而治之.」

至淮陽, 十歲竟卒. 黯甚爲上所重.

大將軍衛青雖貴, 上或踞廁見之, 如黯不冠不見也.

【東海】淮西에 속하며 지금의 海寧州.
【內多欲而外施仁義】안으로는 욕심을 가지고 있으면서 겉으로 인의를 베푸는
  척함.
【淮南王安】淮南厲王 劉長의 아들. 文帝 6년에 나라를 폐지하였다가 16년에
  劉安을 다시 봉함.
【淮陽】郡 이름. 陳州.

(8) 동방삭東方朔

무제는 천하의 지혜있는 선비와 뛰어나고 이재異才를 가진 자를 뽑아
총애하여 썼다. 장조莊助, 주매신朱買臣, 오구수왕五丘壽王, 사마상여司馬
相如, 동방삭東方朔, 매고枚皋, 종군終軍 등이었으며 이들을 좌우에 두었다.
사마상여는 특히 사부詞賦에 능하여 총애를 받았고, 동방삭과 매고는
지론持論을 고집하지 않고 해학을 즐겨하였다.

무제는 배우들을 기르고 있었는데 동방삭이 어느 날 임금 앞에 있는
주유侏儒들에게 임금이 그대들을 죽이려 한다고 일러주었다. 그러자
주유는 무제에게 살려달라고 울부짖었다.

무제가 동방삭에게 묻자 동방삭은 이렇게 대답하였다.

"주유는 배가 불러 죽을 지경이고 저는 배가 고파 죽을 지경입니다."

복날伏日에는 고기를 하사하여 잔치를 열어주었는데 동방삭은 남보다

먼저 자신이 직접 고기를 베어 집으로 돌아가 버렸다. 무제가 불러 스스로 죄책을 대라고 윽박지르자 동방삭은 이렇게 아뢰었다.

"내려 주신 고기를 받아 조칙을 기다리지 아니하고 가져갔다고 무례하다 여기십니까? 칼을 빼어 고기를 베었으니 얼마나 장한 일입니까? 고기를 베어가되 많이 가지고 가지 않았으니 얼마나 청렴합니까? 돌아가 그것을 아내에게 주었으니 얼마나 어진 일입니까?"

그러나 또 동방삭은 때에 맞추어 직간하여 무제에게 도움이 되는 바도 있었다.

上招選天下材智士·俊異者寵用之. 莊助·朱買臣·吾丘壽王·司馬相如·東方朔·枚皐·終軍等, 在左右. 相如特以詞賦得幸, 朔·皐不根持論, 好詼諧. 上以俳優畜之, 朔嘗語上前侏儒, 以爲上欲殺之, 侏儒泣請命, 上問朔, 朔曰:「侏儒飽欲死, 臣朔饑欲死.」

伏日賜肉晏, 朔先斫肉持歸, 上召問令自責, 朔曰:「受賜不待詔, 何無禮也. 拔劍斫肉, 何壯也? 斫之不多, 何廉也? 歸遺細君, 又何仁也?」

然朔亦時直諫, 有所補益.

【莊助】 嚴助.《漢書》에 의하면 후한 明帝의 이름(劉莊)을 피휘하여 이름을 엄조로 바꿈.
【伏日】 三伏을 말함. 夏至 후의 세 번째 庚日을 初伏, 네 번째 경일을 中伏, 立秋 후 첫 경일을 末伏이라 함. 이 날은 金氣(가을)가 伏藏하기 시작한다 하여 백관에게 고기를 하사하였음.
【細君】 아내(妻)를 뜻함.

(9) 신선이 어디 있겠는가?

이소군李少君 이래로 무제는 신선 찾기를 그치지 않았다. 그文成 이소군이 주살당하고 나자 오리五利가 문성을 화제로 삼아 이렇게 말하였다.
"문성은 말의 간肝을 먹고 죽었을 따름이다."
얼마 후 오리도 주살되고 공손경公孫卿 등이 무제에게 더욱 신임을 얻었다.
말년에 무제도 깨닫고 이렇게 말하였다.
"천하에 어찌 신선이 있을 수 있겠는가? 모두가 요망한 것일 따름이다. 음식을 조절하고 약을 먹으면 병이 다소 적어지기는 하리라."

自李少君以來, 求神仙不已, 文成誅而五利至, 五利以文成爲言, 上曰:「文成食馬肝死耳.」

及五利又誅, 公孫卿等, 尤見聽信.

末年, 帝乃悟曰:「天下豈有仙人? 盡妖妄耳. 節食服藥, 差可少病而已.」

(10) 무제의 치적

한나라가 흥하여 비록 이미 혜제惠帝 때 협서挾書의 금법禁法을 없애고, 문제文帝 때에는 마음 놓고 학문을 닦는 길도 열렸으나 유학儒學은 그래도 아직 지극히 왕성해진 것은 아니었다. 무제의 시대에 이르러 동중서董仲舒, 공손홍公孫弘 등은 모두 춘추春秋를 공부하여 조정에 진출하였고, 예관兒寬도 경술經術로 관리의 사무관장을 정리하였다. 뒤에는 다시 공안국孔安國 등이 나타나 육경六經의 표장을 만들었으니 이는 실로 무제 때부터 시작된 것이다.

또, 자주 상서祥瑞가 나타났으니 백린白麟, 주안朱鴈, 지방芝房, 보정寶鼎 등이었다. 이를 모두 악장樂章으로 만들어 교묘郊廟의 제사에 올려 연주하였다. 문장 역시 무제 때에 이르러 흥성하기 시작하여 사람들은 삼대三代의 기풍이 있다고 여겼다.

무제는 70살에 죽어 무릉武陵에 장사 지냈다.(B.C.87) 태자가 즉위하니 이가 효소황제孝昭皇帝이다.

漢興, 雖自惠帝已除挾書之禁, 文帝已廣遊學之路, 然儒學終未盡盛. 至帝世, 董仲舒・公孫弘, 皆以春秋進. 兒寬亦以經術飾吏事. 後又有孔安國等出, 表章六經, 實自帝始. 數獲祥瑞, 白麟・朱鴈・芝房・寶鼎, 皆爲樂章, 薦之郊廟.

文章亦至帝世始盛, 人以爲有三代之風焉.

帝壽七十而崩, 葬茂陵. 太子立, 是爲孝昭皇帝.

【六經】漢나라 때는 詩, 書, 易, 禮, 樂, 春秋를 六經이라 하였음.
【薦之郊廟】武帝가 일찍이 五時에서 제사를 지내면서 白麟을 잡았고, 東海에 행차하여 赤鴈을 잡았으며, 甘泉宮에 행차하자 芝草가 났는데 아홉 줄기에 잎이 연결되어 있었으며 汾陰에서는 寶鼎을 얻었다. 이에 〈白麟朱鴈芝房寶鼎〉이라는 노래를 지어 이를 교묘 제사에 올리며 음악으로 연주하였다.(武帝嘗祠五時獲白麟, 幸東海獲赤鴈, 幸甘泉芝草生, 九莖連葉, 幸汾陰得寶鼎. 乃作白麟朱鴈芝房寶鼎之歌, 薦于郊廟以絃歌之. -원주)
【三代】夏, 殷, 周를 말함.
【七十】《通鑑》注에는 '七十一'로 되어 있음.
【茂陵】安西府 興平縣 북쪽에 있음.

6. 孝昭皇帝

昭帝. 한西漢나라 제6대 황제.
劉弗陵. B.C.86~B.C.74년 재위.

210 효소황제孝昭皇帝

효소황제孝昭皇帝는 이름이 불릉弗陵으로 어머니 구익부인鉤弋夫人 조씨趙氏가 임신한 지 열넉 달 만에 그를 낳았다. 무제는 구익궁의 문을 요모문堯母門이라 불렀다.

그는 일곱 살이 되어 몸도 장대하고 지혜도 뛰어나 무제는 그를 후사로 세우고자 여러 신하들을 살펴보더니 오직 곽광霍光만이 충후忠厚하여, 대사를 맡길 만하였다. 이에 황문黃門으로 하여금 주공周公이 성왕成王을 업고 제후를 조견朝見하는 그림을 그려 이를 곽광에게 내려주도록 하였다.

그 후 무제는 구익부인을 견책하여 죽음을 내리면서 이렇게 말하였다. "옛날부터 국가가 어려워지는 까닭은 군주는 어리고 그 어머니가 세력이 커서 교만하고 음란하여 제멋대로 하였기 때문이다."

그 이듬해 무제가 죽고 드디어 그가 즉위하였다. 연왕燕王 단旦이 자신이 장자인데도 왕위에 오르지 못하였다고 모반을 일으키려고 하였다. 그러나 소제는 그를 사면하여 더 이상 치죄治罪하지 아니하고 그의 무리들만 주살하였다.

孝昭皇帝:

名弗陵. 母鉤弋夫人, 趙氏, 娠十四月而生. 武帝命其門曰堯
母門. 年七歲, 體壯大多知, 武帝欲立之. 察羣臣, 惟霍光忠厚,
可任大事. 使黃門畫周公負成王朝諸侯, 以賜光.

譴責鉤弋夫人賜死, 曰:「古國家所以亂, 由主少母壯, 驕淫自
恣也.」

明年武帝崩, 遂卽位, 燕王旦以長不得立謀反. 赦弗治, 黨與
伏誅.

【鉤弋】 궁궐 이름.
【堯母門】 옛날 堯임금의 어머니 역시 요를 임신한 지 14개월 만에 낳았다 함.
【黃門】 환관이 거하는 문을 뜻함.
【負成王】 負其屍也.
【旦】 武帝의 셋째 아들 劉旦.

211 소무蘇武

시원始元 6년(B.C.81), 소무蘇武가 흉노에서 돌아왔다. 소무는 처음 북해北海로 옮겨져 들쥐 굴을 파서 잡아먹고 풀 열매를 따서 먹으면서도 누우나 일어서나 한나라의 부절을 지니고 있었다. 이릉李陵이 소무에게 이렇게 말하였다.

"사람의 일생은 아침 이슬과 같은 것, 어찌 스스로 괴롭게 하기를 이처럼 하는가?"

이릉은 위율衛律과 함께 흉노에게 항복하여 모두 부귀를 누리고 있었던 것이다. 위율도 여러 번 소무에게 항복을 권하였지만 소무는 끝내 듣지 않았다. 그 후 한나라 사신이 흉노에 이르자 흉노는 거짓으로 이렇게 말하였다.

"소무는 이미 죽고 없소."

한나라 사신은 이를 알고 이렇게 말하였다.

"천자께서 상림원上林苑에서 한 마리의 기러기를 쏘아 잡았소. 그 발에 비단에 쓴 편지가 있었는데 '소무가 대택大澤에 있다'라고 씌어 있었소."

흉노는 숨길 수 없게 되자 이에 소무를 돌려보냈던 것이다. 소무는 흉노에서 머문 지 19년이었다. 떠날 때에는 장년이었으나 돌아올 때는 수염과 머리가 모두 하얗게 세고 말았다. 그를 전속국典屬國에 임명하였다.

○ 始元六年, 蘇武還自匈奴. 武初徙北海上, 掘野鼠, 去草實而食之, 臥起持漢節.

李陵謂武曰:「人生如朝露, 何自苦如此?」

陵與衛律降匈奴, 皆富貴. 律亦屢勸武降, 終不肯.

漢使者至匈奴, 匈奴詭言:「武已死.」

漢使知之, 言:「天子射上林中得鴈, 足有帛書, 云:『武在大澤中』.」

匈奴不能隱, 乃遣武還. 武留匈奴十九年, 始以强壯出及還

須髮盡白, 拜爲典屬國.

【須】'鬚'와 같음.
【典屬國】蠻夷의 屬國들을 관리하는 직책.

212 곽광霍光의 횡포

좌장군左將軍 상관걸上官傑의 아들 안安이 곽광霍光의 사위가 되어 딸을 낳았으며 그 딸이 소제의 황후가 되었다. 걸과 안은 각각 황후의 할아버지요 아버지였지만 곽광이 외조부로서의 조정 정치를 전제專制하는 세력에는 미치지 못하였다. 이에 걸과 곽광은 권력을 다투고 있었다.

〈곽광(곽거병의 아우)〉《三才圖會》

당시, 악국鄂國 갑장공주蓋長公主가 자신이 사랑하는 정외인丁外人을 위하여 봉후를 요구하였으나 허락을 얻지 못하자 곽광을 원망하였다. 그런가 하면 연왕燕王 단旦은 자신이 소제의 형이라는 것으로써 항상 곽광을 원망하고 있었다. 그런가 하면 어사대부御史大夫 상홍양桑弘羊은 자신의 자제들에게 관직을 줄 것을 요구하였으나 얻지 못하자 역시 곽광을 원망하고 있었다.

이에 모두가 연왕 단과 밀통하여 모반을 꾸미며 사람을 시켜 연왕 단의 뜻이라 속여 조정에 글을 올리도록 하였다.

"곽광은 조정 밖에서 낭우림郎羽林의 군대를 연습시키면서 길에서 필驆하였습니다. 그리고 마구 막부교위莫府校尉를 임명하여 권력을 전횡하며 제멋대로 하고 있습니다. 비상사태가 있을까 의심됩니다."

그리고 곽광이 목욕하느라 조정에 나오지 않는 날을 기다려 상주하자 상관걸은 아래에서 그 일을 조종하고 상홍양은 대신들과 함께 이를 집행하여 곽광을 내몰 참이었다.

그런데 글이 상주되었지만 소제는 문서를 아래로 넘겨주려 하지 않는 것이었다.

이튿날 곽광이 이를 듣고 내려 준 그림 앞에 멈추어 더 이상 들어가지 않는 것이었다. 임금이 물었다.

"대장군 곽광은 어디에 있소?"

상관걸이 대답하였다.

"연왕燕王이 그의 죄를 아뢰어 감히 들어오지 못하는 것입니다."

소제는 명령을 내려 대장군 곽광을 불렀다. 곽광은 들어서자 관을 벗고 머리를 조아리며 사과하였다. 그러자 소제는 이렇게 말하였다.

"장군이 광명정廣明亭에서 근위병을 조련한 것은 요즈음 있었던 일이오. 그리고 막부의 교위校尉를 선임한 것은 아직 열흘도 안되었소. 그런데 멀리 있는 연왕이 어떻게 알 수 있겠소? 또 대장군이 그릇되었다면 교위는 꼭 필요한 것도 아니었을 것이오."

이때는 원봉元鳳 원년으로 소제는 겨우 열네 살이었다. 이에 상서尙書의 좌우가 모두 놀랐다. 글을 올린 자가 과연 도망치자 소제는 급히 이들을 잡아오도록 하였다. 상관걸 등은 두려워 이렇게 아뢰었다.

"하찮은 일이니 끝까지 추궁하실 것은 없습니다."

그러나 소제는 듣지 않았다.

뒤에 상관걸의 무리 중에서 또 곽광을 참소하는 자가 있었다. 소제는 문득 노하여 이렇게 말하였다.

"대장군은 충신이다. 선제께서 위촉하여 짐을 직접 돕도록 하셨다. 감히 헐뜯는 자는 처벌할 것이다."

이로부터 다시는 감히 말을 꺼내는 자가 없었다.

걸傑 등은 다시 음모를 꾸며 장공주長公主로 하여금 주연을 차려 곽광을 초청하고는 매복시켜 둔 군사로 하여금 곽광을 쳐서 죽인 다음, 소제를 폐하고 연왕 단을 즉위시키고자 하였다.

또 안安이 그들대로 음모를 꾸며 단을 유인하여 불러다가 죽인 다음, 소제를 폐하고 자기의 아버지 걸을 세우고자 하였다. 마침 그 음모를 알고 있던 자가 이를 황제에게 알려 소제는 걸傑, 안安, 홍양弘羊 등을 잡아 그 일족을 모두 주멸하였고 갑국공주와 연왕 단은 모두 자살하였다.

○ 左將軍上官桀子安, 爲霍光壻. 生女, 立爲皇后. 桀與安自以后之祖父, 乃不若光以外祖專制朝事. 桀與光爭權. 時鄂國蓋長公主, 爲所愛丁外人求封侯, 不許, 怨光.

燕王旦自以帝兄, 常怨望. 御史大夫桑弘羊, 爲子弟求官, 不得, 亦怨望. 於是皆與旦通謀, 詐令人爲旦上書, 言:「光出都肄郎羽林, 道上稱蹕. 擅調益莫府校尉, 專權自恣, 疑有非常.」

候光出沐日奏之, 桀欲從中下其事, 弘羊當與大臣共執退光. 書奏, 帝不肯下.

明旦光聞之, 止畫室中不入, 上問:「大將軍安在?」

桀曰:「以燕王告其罪, 不敢入.」

詔召大將軍, 光入, 免冠頓首謝, 上曰:「將軍之廣明都郎, 屬耳. 調校尉以來, 未能十日. 燕王何以得知之? 且將軍爲非, 不須校尉.」

是時元鳳元年, 帝年十四. 尚書左右皆驚, 而上書者果亡, 捕之甚急, 桀等懼白上:「小事不足遂.」

上不聽, 後桀黨有譖光者, 上輒怒曰:「大將軍忠臣, 先帝所屬, 以輔朕身, 敢有毀者坐之.」

自是無敢復言. 桀等謀令長公主置酒請光, 伏兵挌殺之. 因廢帝而立旦. 安又謀, 誘旦至誅之, 廢帝而立桀. 會有知其謀者, 以聞. 捕桀·安·弘羊等, 并宗族盡誅之, 蓋主與旦皆自殺.

【上官傑】上官은 姓이며 傑은 이름이다.
【鄂國】武昌에 있었음.
【蓋】땅이름으로 '갑'으로 읽음.(音甘入聲. −원주)
【長公主】昭帝의 누이.
【丁外人】丁은 성이며 外人은 이름이다.

【莫府校尉】 莫은 幕과 같음. 幕府는 師府라고도 하며 武帝가 일찍이 衛靑에게
명하여 匈奴를 치도록 하여 크게 이기자 그날 즉시 막부(병영)에서 장군에
임명하였다.
【廣明】 亭(마을 행정단위) 이름. 지명.

213 누란왕樓蘭王을 죽이다

4년(B.C.77), 부개자傳介子가 서역에 사신으로 가서 누란왕樓蘭王을 유혹해내어 찔러 죽였다. 그는 역마驛馬로 달려 대궐에 와서 그가 흉노를 위하여 이간질을 하였기 때문에 죽였다고 하였다.

○ 四年, 傳介子使西域, 誘樓蘭王刺殺之, 馳傳詣闕, 以其爲 匈奴反間也.

【樓蘭】서역에 있는 나라 이름.

214 소제의 죽음과 곽광霍光의 득세

원평元平 원년(B.C.74), 소제는 스물한 살로 죽었다. 재위는 14년이었으며 연호를 세 번 고쳐, 시원始元, 원봉元鳳, 원평元平이라 하였다. 그 동안 곽광이 정치를 맡아보아 백성들에게 휴식을 주어 천하가 무사하였다.

창읍왕昌邑王 하賀는 애왕哀王 박髆의 아들이며 무제武帝의 손자였다. 곽광은 하를 맞아 제위에 오르게 하고, 소제의 황후를 황태후皇太后로 존대하였다. 그런데 하가 여색과 유흥에 도가 넘자 곽광은 황태후에게 아뢰어 이를 폐하고 무제의 증손曾孫을 맞아 세웠다. 이가 중종효선황제中宗孝宣皇帝이다.

○ 元平元年, 帝年二十一而崩. 在位十四年, 改元者三: 曰始元·元鳳·元平.

霍光爲政, 與民休息, 天下無事. 昌邑王賀, 哀王髆之子, 武帝孫也. 光迎賀入卽位, 尊皇后爲皇太后.

賀淫戲無度, 光奏廢之, 迎立武帝曾孫, 是爲中宗孝宣皇帝.

【昌邑】 濰州에 있는 읍 이름.

7. 孝宣皇帝

❀ 宣帝. 한 西漢나라 제7대 황제.
劉詢. B.C.73~B.C.49년 재위.

215 효선황제 孝宣皇帝

효선황제孝宣皇帝는 처음 이름이 병기病己
였으나 뒤에 순詢으로 고쳤으며 무제의 증손
이다. 처음에 여태자戾太子 거據가 사량제
史良娣를 맞아들여 사황손진史皇孫進을 낳았고,
진이 병기를 낳았다. 병기는 태어난 지 몇
달 만에 무고사건을 만나 모두 함께 옥에
갇히고 말았다. 어떤 사람이 그곳의 기氣를
보고 이렇게 말하였다.

"장안 옥중에 천자의 기운이 있다."

무제는 사신을 보내어 옥중의 사람들을
모두 죽여 없애도록 하였다. 병길丙吉이 당시

〈한 선제〉《三才圖會》

그 감옥의 우두머리로 있었는데 사신을 거부하여 들어오지 못하게
하면서 이렇게 말하였다.

"보통 사람이라도 무고한 자는 오히려 불가하거늘 하물며 천자의
증손임에랴?"

사신이 돌아가서 보고하자 무제는 이렇게 말하였다.

"하늘의 뜻이로다."

그는 자라면서 재주가 비상하고 학문을 좋아하였으며 또한 유협遊俠을 좋아하였다. 그리하여 마을의 간사한 짓이며, 관리의 다스림의 잘잘못까지 모두 잘 알고 있었다.

소제昭帝의 원봉元鳳 중에, 태산의 큰 돌이 저절로 일어서는가 하면, 상림원上林苑의 죽어 뻣뻣해진 나무가 다시 일어서기도 하며, 누에가 그 잎을 갉아 "공손公孫 병기가 일어서다"라고 새겨놓는 일이 벌어졌다. 유하劉賀가 폐출되었을 때 병기는 나이 열여덟 살이었다. 이에 곽광 등이 황태후에게 아뢰었다.

"병기는 몸소 절검하며 인자하여 남을 사랑합니다. 효소황제孝宣皇帝의 뒤를 잇게 할 만합니다."

이리하여 병기를 맞아 제위에 오르게 하였다.(B.C.74) 천자가 되고 6년 만에 곽광이 죽고 나서야 그는 비로소 친히 정치를 하게 되었다.

孝宣皇帝:

初名病己, 後改名詢, 武帝之曾孫也. 初戾太子據納史良娣, 生史皇孫進. 進生病己, 數月遭巫蠱事, 皆繫獄.

望氣者言:「長安獄中有天子氣.」

武帝遣使, 令盡殺獄中人. 丙吉時治獄, 拒不納, 曰:「佗人無辜尚不可, 況皇曾孫乎?」

使者還報, 武帝曰:「天也.」

及長, 高材好學, 亦喜游俠, 具知閭里姦邪, 吏治得失. 昭帝元鳳中, 泰山有大石自起立, 上林有僵樹復起, 蠶食其葉, 曰:「公孫病己立.」

及賀廢病己年十八矣.

光等奏:「病己躬節儉, 慈仁愛人, 可以嗣孝昭後.」

迎入卽位, 旣立, 六年, 霍光卒, 始親政.

【良娣】《漢書》注에 태자를 모시는 女官으로 太子에게는 妃, 良娣, 孺子 등
세 등급의 여관을 두었다 함.
【史皇孫進】어머니의 성을 따라 그 때문에 사라 한 것임.(從母姓, 故曰史. -원주)
【辜】罪를 뜻하는 말.
【公孫已立公】孫은 樹를 가리키며 나무가 이미 쓰러졌는데 다시 일어난다는
말로 이는 아마 당시의 讖語일 것이다.(孫, 謂樹也. 言樹已仆. 而再立. 此蓋當時之
讖語也. -원주)

216 노온서路溫舒

지절地節 3년(B.C.67), 노온서路溫舒가 글을 올렸다.

"진秦나라에 열 가지 잘못이 있었는데, 그 중 한 가지는 아직도 남아 있습니다. 형벌을 다스리는 관리가 바로 이것입니다. 속담에 '땅에 그어 옥이라 해도 사람들은 그 안에 들어가지 않겠다고 떠들고, 나무를 깎아 옥리獄吏라 하여도 사람들은 이를 상대하고 싶어하지 않는다'라 하였습니다. 이는 비통한 표현입니다. 원컨대 법률을 줄여 형벌을 관대하게 하시면, 태평한 시대를 가히 일으킬 수 있습니다."

선제는 이에 정위평廷尉平이라는 벼슬을 두었다. 그리하여 감옥과 형벌이 공평하다는 말이 나오게 되었다.

○ 地節三年, 路溫舒上書言:「秦有十失, 其一尚存, 治獄之吏是也. 俗語曰:『畫地爲獄, 議不入; 刻木爲吏, 期不對.』此悲痛之辭. 願省法制, 寬刑罪, 則太平可興.」

上爲置廷尉平, 獄刑號爲平矣.

【十失】 문학을 부끄러워하는 것, 武勇을 좋아한 것, 仁義의 선비를 천히 여긴 것, 감옥 다스리는 관리를 귀히 여긴 것, 바른 말을 誹謗이라 여긴 것, 허물을 막아주는 것을 妖言이라 여긴 것, 세상에 先王의 法服을 시행하지 않은 것, 忠良과 切言으로 모두 가슴에 울분을 느끼게 한 것, 칭찬과 아첨의 말이 하루 종일 귀에 가득하게 한 것, 거짓으로 아름다운 척하면서 실행하지 않은 것 등 열 가지를 말한다.(羞文學一也. 好武勇二也. 賤仁義之士三也. 貴治獄之吏四也. 正言者謂之誹謗五也. 遏過者謂之妖言六也. 先王法服不用於世七也. 忠良切言皆鬱於胸八也. 譽諛之聲日滿於耳九也. 虛美熏心, 實行不立十也. ─원주)
【議不入】 비록 진짜 감옥이 아닐지라도 그곳에는 들어가지 않는 것을 다행이라 여김.(雖非眞獄, 且以不入爲幸. ─원주)

【期不對】 비록 진짜 관리가 아닐지라도 그와 상대하지 않음을 다행으로 여김.
(雖非眞吏, 且以不對爲幸. −원주)

【廷尉平】 刑獄을 공평하게 하는 일을 관장함.(管掌平刑獄. −원주)

217 왕성王成

　교동왕膠東王의 재상 왕성王成은 백성의 노고를 위로하기에 태만함이
없었고 다스림에 뛰어난 실적이 있어 그에게 관내후關內侯의 작위를
내렸다.

　○ 膠東相王成, 勞來不怠, 治有異績, 賜爵關內侯.

【膠東】 당시 膠東王은 劉寄로 景帝의 아홉 번째 아들이었음.
【勞來】 위로하고 받아줌을 뜻함.
【賜爵關內侯】 관내후의 관직은 그 작위만 내리는 것이며 실제 관내(畿內)를
　봉한 것은 아님.

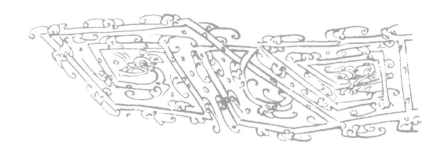

218 위상魏相과 병길丙吉

위상魏相이 승상이 되었으며, 병길丙吉이 어사대부御史大夫가 되었다.

○ 魏相爲丞相, 丙吉爲御史大夫.

【魏相】 魏는 성이며 相은 이름.

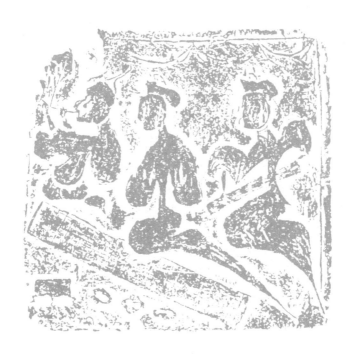

219 곡돌사신曲突徙薪

4년(B.C.66), 곽씨霍氏가 모반을 일으켜서 주살되고 그 일족도 모두 멸족을 당하였다. 고발한 사람은 모두가 열후에 봉해졌다.

처음 곽씨 집안이 사치와 방종을 일삼자 무릉茂陵 사람 서복徐福이 상소하였다.

"의당 때맞추어 곽씨를 억제하여 나라가 망하는 지경에 이르지 않도록 해야 합니다."

이렇게 세 번이나 글을 올렸지만 선제는 듣지 않았다. 이때에 이르러 어떤 이가 서복을 위하여 이렇게 글을 올렸던 것이다.

"어떤 사람이 어느 집을 지나다가 그 집 아궁이 구들이 똑바르고 그 곁에 섶이 쌓여 있는 것을 보고 그 주인에게 이렇게 말하였지요. '구들을 구불구불하게 고치고 속히 그 땔나무를 옮기십시오.' 그러나 주인은 듣지 않았습니다. 잠시 후 불이 났고 마을 사람들이 달려와 함께 구제하여 다행히 불은 끌 수 있었습니다. 이에 주인은 소를 잡고 술을 마련하여 마을 사람들에게 고마움을 표하였지요.

그러자 한 사람이 주인에게 이렇게 말하였지요. '방금 그 객의 말을 들었더라면 소를 잡고 술을 마련하는 비용이 들지 않았을 것이며 끝내 화재의 우환도 없었을 것입니다. 지금 불 끈 공로에 따라 사례를 하면서도, 구들을 굽게 하고 섶을 옮기라 한 사람은 아무런 은택도 받지 못하는 군요. 도리어 불을 끄느라 머리를 태우고 이마를 지진 사람들은 상객上客으로 대접받고 있네요!'라고 말입니다."

선제는 이에 서복에게 비단을 하사하고 낭郎으로 삼았다.

선제가 처음 즉위하여 고조高祖의 사당을 참배할 때, 곽광이 참승驂乘하였다. 선제는 심히 곽광을 꺼려 하며 마치 등에 가시가 박힌 듯이 여겼다. 뒤에 장안세張安世가 곽광 대신 참승驂乘하자 선제는 조용히 몸이 편안하여 심히 안심하고 가까이 여겼다. 그러므로 세상에 전하기는 곽씨의 화禍는 참승에서 싹튼 것이라 하였다.

○ 四年, 霍氏謀反, 伏誅, 夷其族. 告者皆封列侯.

初霍氏奢縱, 茂陵徐福上疏言:「宜以時抑制, 無使至亡.」

書三上, 不聽.

至是人爲徐生上書曰:「客有過主人, 見其竈直突, 傍有積薪.

謂主人:『更爲曲突, 遠徙其薪.』主人不應, 俄失火. 鄉里共救之,

幸而得息. 殺牛置酒, 謝其鄉人. 人謂主人曰:『鄉使聽客之言,

不費牛酒, 終無火患. 今論功而賞, 曲突徙薪無恩澤, 焦頭爛額

爲上客邪!』」

上乃賜福帛, 以爲郎. 帝初立謁高廟, 霍光驂乘. 上嚴憚之,

若有芒刺在背. 後張安世代光參乘, 上從容肆體甚安近焉.

故俗傳, 霍氏之禍萌於驂乘.

【直突】 '突'은 '埃'과 같음. 구들이 너무 곧으면 불이 곧바로 굴뚝까지 올라 화재의
염려가 있음을 뜻함.

【焦】 '燋'와 같음. 火傷을 입음.

【參乘, 驂乘】 무릇 수레에 타면서 높은 자는 왼쪽에 앉고 마부가 가운데 앉으며
다시 오른 쪽에 앉는 자가 있을 경우 이를 '참승'이라 함.(凡乘車, 尊者居左御者居中,
又一人居右爲驂乘. -원주)

【芒刺】 곡식 이삭의 까끄라기가 찌르는 것 같음.

220 칼을 팔아 소를 사라

북해北海 태수 주읍朱邑은 치적과 덕행이 제일이라 하여 조정에 들어와 태사농太司農이 되었으며 발해渤海 태수 공수龔遂는 들어와 수형도위水衡都尉가 되었다.

이에 앞서, 발해군에 해마다 기근이 들어 도둑이 일어났다. 선제는 공수를 선발하여 그 곳 태수로 삼으면서 불러 물었다.

"어떻게 도둑을 다스릴 작정이오?"

공수가 대답하였다.

"발해는 바닷가 멀리 떨어진 곳으로 폐하의 은덕이 미치지 못하고 있습니다. 그 백성이 주림과 추위에 떨고 있는데도 관리들은 이들을 구제하지 못하여 폐하의 적자赤子들로 하여금 황지潢池에서 칼을 들고 도둑질을 하도록 두고 있을 뿐입니다. 지금 폐하께서는 저로 하여금 이들을 이겨내라고 하시는 것입니까? 아니면 장차 그들로 하여금 안정시키라는 것입니까?"

임금이 말하였다.

"현량한 사람을 뽑아 등용하는 것은 진실로 안정시키도록 함이겠지요."

공수가 말하였다.

"어지러운 백성을 다스리는 것은 마치 헝클어진 실을 푸는 것과 같아 급하게 굴어서는 안 됩니다. 원컨대 저로 하여금 문서나 법규에 얽매이지 않고 일에 따라 편의대로 처리하게 해 주십시오."

왕이 허락하자 공수는 역마를 갈아타고 발해의 경내에 이르렀다. 군에서는 군사를 내어 그를 맞았다. 그러나 공수는 이를 모두 돌려보내면서 공문을 보내어 도둑 잡는 일을 중지시키고, 누구든 농구를 가지고 있는 자는 양민으로, 무기를 가지고 있는 자는 도둑으로 여길 것이라 선포하였다. 그리고 수레 하나만으로 관청으로 들어갔다. 도둑들은 이를 듣고 즉시 해산하였다. 그리고 백성 가운데 도검刀劍을 차고 있는 사람이 있으면, 검劍을 팔아 소를 사고 도刀를 팔아 송아지를 사게 하면서 이렇게 말하였다.

"어찌 그 무거운 소를 띠고 송아지를 차고 다니는가?"

공수는 또 힘써 순시하여 군 안에는 모두가 축적이 있게 되었으며 이로 인해 형벌과 소송이 그치게 되었다. 이러한 치적으로, 이때에 이르러 그는 조정으로 불려갔던 것이다.

○ 北海太守朱邑, 以治行第一, 入爲太司農. 渤海太守襲遂, 入爲水衡都尉.

先是渤海歲饑, 盜起, 選遂爲太守, 召見問:「何以治盜?」

遂對曰:「海濱遐遠, 不沾聖化, 其民飢寒, 而吏不恤. 使陛下赤子, 盜弄兵於潢池中耳. 今欲使臣勝之邪? 將安之也?」

上曰:「選用賢良, 固欲安之.」

遂曰:「治亂民如治亂繩, 不可急也. 願無拘臣以文法, 得便宜從事.」

上許焉. 乘傳至渤海界, 郡發兵迎, 遂皆遣還, 移書罷捕. 諸持田器者爲良民, 持兵者乃爲盜. 遂單車至府, 盜聞卽時解散.

民有持刀劍者, 使賣劍買牛, 賣刀買犢, 曰:「何爲帶牛佩犢?」

勞來巡行, 郡中皆有蓄積, 獄訟止息, 至是召入.

【北海】 山東에 속하며 지금의 益都府.

【太司農】 九卿의 하나로 곡식 등의 저장을 관장함.

【渤海】 山東에 속하며 지금의 濱州.

【水衡都尉】 上苑을 관장하는 직책.

【赤子】 어린 아이, 백성을 비유함.(嬰兒. 喩民也. ―원주)

【潢】 물이 고인 것을 뜻함.(積水曰潢.)

【單車】 명령이나 법령을 전달하기 위한 수레를 '단거'라 함.(傳車又曰單車. ―원주)

221 조광한趙廣漢의 억울한 죽음

원강元康 원년(B.C.65), 경조윤京兆尹 조광한趙廣漢을 주살하였다. 처음에 조광한은 영천潁川 태수로 있을 때, 영천의 풍속은 그곳 호걸들이 서로 무리를 지어 멋대로 하고 있었다. 광한은 항아리를 만들어 관리나 백성들의 투서를 받아 서로 잘못을 고하게 하였다. 이리하여 간악한 무리들이 흩어졌고, 도적들도 일어나지 못하게 되었다. 이로써 그는 경조윤으로 발탁되었던 것이다.

광한은 더욱이 갈고리처럼 잡아내는 일에 뛰어나 사건의 실정을 밝혀내었다. 시골의 아주 작은 간악한 일까지도 모두 알아내며 간악한 일과 숨겨진 일을 적발해 내는 데에 귀신 같아 경조의 정치는 맑아졌다. 그러자 장로들은 이렇게 전하였다.

"한나라가 들어선 이래로 경조를 다스린 자로서 그 누구도 이를 따를 수 없다."

그런데 이때에 이르러 어떤 사람이 글을 올려 이렇게 말하였다.

"광한은 사사로운 원한으로 사람을 죄로 논하여 죽였습니다."

선제가 정위廷尉에게 넘겨주어 조사토록 하자 관리와 백성들이 대궐을 지키며 우는 자가 수만 명이나 되었다. 그러나 결국 광한은 허리를 끊는 형에 처해지고 말았다. 광한은 청렴하고 공명하여 호걸이나 강한 자들을 위엄으로 제압하여, 힘없는 백성은 안심하고 직업에 종사할 수 있었던 것이다. 이에 백성들은 그의 덕을 사모하여 노래를 지어 불렀다.

○ 元康元年, 殺京兆尹趙廣漢. 初廣漢爲潁川太守, 潁川俗, 豪傑相朋黨. 廣漢爲蛞頊筩, 受吏民投書, 使相告訐, 姦黨散落, 盜賊不得發. 由是入爲京兆尹. 尤善爲鉤距, 以得其情. 閭里銖兩之姦皆知, 發姦擿伏如神, 京兆政淸.

長老傳:「自漢興, 治京兆者, 莫能及.」

至是人上書言:「廣漢以私怨論殺人.」

下廷尉, 吏民守闕號泣者數萬人, 竟坐要斬. 廣漢廉明威制
豪强, 小民得職, 百姓追思歌之.

【京兆尹】京兆는 三輔의 하나로 흔히 서울(수도)를 경조라 함. 尹은 그 행정의
우두머리.

【潁川】河南에 속하며 지금의 許州.

【缿筩】투서함.

【訐】《論語》注에 '남의 陰私를 드러내어 공격함'이라 하였음.(攻發人之陰私也.
−원주)

【銖】아주 작은 무게의 단위.

222 윤옹귀尹翁歸와 우정국于定國

　윤옹귀尹翁歸를 우부풍右扶風의 태수太守로 삼았다. 옹귀는 처음 동해東海 태수였을 때, 정위廷尉 우정국于定國 집을 지나면서 작별 인사를 한 적이 있었다. 우정국은 같은 고향 후배를 부탁하고 싶었으나 종일토록 이야기를 하면서도 끝내 감히 드러내지 못하였다. 그리고 우정국은 후배에게 이렇게 말하였다.

　"이 분은 훌륭한 장군이다. 너희들은 그분 아래에서 도저히 일을 감당해 낼 수가 없다. 또한 사사로움으로도 간여할 수가 없었다."

　윤옹귀는 군을 다스리면서 높은 등급의 능력을 인정받아 마침내 조정으로 들어왔던 것이며 항상 삼보三輔의 최고 치적을 올렸다.

　○ 以尹翁歸, 爲右扶風. 翁歸初爲東海太守, 過辭廷尉于定國.

　定國欲託邑子, 語終日, 竟不敢見, 曰:「此賢將, 汝不任事也.

　又不可干以私.」

　以治郡高第, 遂入治, 常爲三輔最.

【左扶風】三輔의 하나로 지금의 鳳翔府.

【賢將】漢나라 제도에 太守는 武事를 겸하였으므로 賢將이라 칭한 것.

223 흉노 토벌에 대한 견해 차이

2년(B.C.64), 선제宣帝는 흉노가 쇠약해진 틈을 타서 출병하여 그 오른쪽 지역을 공격, 다시는 흉노가 서역을 괴롭히지 못하게 하고자 하였다. 그러자 승상 위상魏相이 간하였다.

"난을 구제하고 포악함을 주멸하는 것을 '의병義兵'이라 합니다. 의로운 무력은 왕王이 됩니다. 적이 자신에게 못살게 굴어 부득이 일으키는 무력을 응병應兵이라 합니다. 응하는 무력은 틀림없이 승리합니다. 조그만 일에 한을 품어 싸움을 걸며 분노를 참지 못하는 것을 '분병忿兵'이라 합니다. 분함을 두고 무력을 행사하는 자는 패합니다. 남의 토지나 재물, 보화를 이익으로 여기는 무력을 '탐병貪兵'이라 합니다. 탐욕을 위한 무력은 깨지고 맙니다. 국가가 강대한 것을 믿고, 백성이 많음을 자랑하여, 적에게 위력을 보이고자 하는 것을 '교병驕兵'이라 합니다. 교만을 위한 무력은 멸망합니다.

흉노가 아직 변경을 범함이 없는데도 지금 군대를 일으켜 그 땅으로 쳐들어가려 하심은, 신이 어리석어 이를 무슨 군사라 하는지 알지 못합니다. 금년의 통계로 보면 자제로서 그 부형을 죽인 자, 아내로서 남편을 죽인 자가 220명이나 됩니다. 이것은 결코 조그만 변고가 아닙니다. 그런데도 폐하의 좌우는 이를 걱정하지 아니한 채 멀리 있는 흉노에게 섬개纖芥의 분함을 갚겠다고 군대를 일으키고자 하시니, 이는 바로 공자孔子가 말한 '나는 계손자季孫子가 근심해야 할 것은 전유顓臾가 아니라 소장蕭牆 안의 일이라 걱정된다'라 한 것과 거의 같습니다."

선제는 위상의 말을 따랐다.

○ 二年, 上欲因匈奴衰弱, 出兵擊其右地, 使不復擾西域.
魏相諫曰:「救亂誅暴, 謂之義兵, 兵義者王; 敵加於己, 不得
已而起者, 謂之應兵, 兵應者勝; 爭恨小故, 不忍憤怒者, 謂之

忿兵, 兵忿者敗; 利人土地貨寶者, 謂之貪兵, 兵貪者破; 恃國
家之大, 矜人民之衆, 欲見威於敵者, 謂之驕兵, 兵驕者滅. 匈奴未
有犯於邊境, 今欲興兵入其地, 臣愚不知此兵何名者也. 今年
計子弟殺父兄, 妻殺夫者, 二百二十二人. 此非小變, 左右不憂,
乃欲發兵報纖芥之忿於遠夷, 殆孔子所謂: 『吾恐季孫之憂, 不在
顓臾, 而在蕭牆之內.』」

上從相言.

【右地】 右는 서쪽을 가리킴. 甘肅 永昌府는 한나라 때 匈奴의 서쪽이었음.
【纖芥】 아주 작음을 비유함.
【顓臾】 魯나라의 附庸國. 지금의 沂州 費縣.
【蕭牆之內】《論語》季氏篇에「吾恐季孫之憂, 不在顓臾, 而在蕭牆之內也」라
　하였고, 집주에 謝氏曰:「當是時, 三家强, 公室弱, 冉求又欲伐顓臾以附益之.
　夫子所以深罪之, 爲其瘠魯以肥三家也.」洪氏曰:「二子仕於季氏, 凡季氏所欲爲,
　必以告於夫子. 則因夫子之言而救止者, 宜亦多矣. 伐顓臾之事, 不見於經傳, 其以
　夫子之言而止也與?」라 함.

224 지나친 재물은 자손에게 재앙이 된다

3년(B.C.63), 태자태부太子太傅 소광疏廣이 형의 아들 태자소부太子少傅 소수疏受와 함께 글을 올려 사직을 청하였다. 선제는 이를 허락하고 황금을 더하여 하사하였다. 이에 공경公卿과 친구들이 길 떠나는 잔치를 차려 동문 밖에 펼쳐놓았다. 그 때 두 사람을 보내는 사람들의 수레가 수백 대였다. 길에서 구경하던 자들이 모두 이렇게 말하였다.

"어질도다! 두 대부여."

이윽고 두 사람은 고향에 돌아와서는 날마다 금을 돈으로 바꾸어 모든 것을 갖추어 놓고 족인과 친구, 빈객을 청하여 서로 더불어 즐기면서, 자손을 위해서는 아무런 산업도 세워주지 않았다. 그리고 이렇게 말하였다.

"어질면서 재물이 많으면 그 뜻을 상하고, 어리석으면서 재물이 많으면 그 허물이 늘어난다. 게다가 부富란 많은 사람의 원망거리이다. 나는 그 허물을 더하면서 원망을 만드는 일은 하지 않고자 한다."

○ 三年, 太子太傅疏廣, 與兄子太子少傅疏受, 上疏乞骸骨. 許之, 加賜黃金. 公卿故人, 設祖道, 供張東門外.

送者車數百兩, 道路觀者皆曰:「賢哉! 二大夫.」

旣歸, 日賣金共具, 請族人故舊賓客, 相與娛樂, 不爲子孫立產業, 曰:「賢而多財, 則損其志; 愚而多財, 則益其過. 且夫富者, 衆之怨也. 吾不欲益其過而生怨.」

【乞骸骨】致仕를 뜻함. 해골을 고향에 돌아가 묻도록 해 달라는 뜻.(使骸骨歸葬 於鄕土也. —원주)

【祖道】 '祖餞'과 같음. 먼 길을 떠나는 자를 위하여 길에서 잔치를 열어주는 것. 고대 黃帝의 아들 유조(纍祖)가 먼 길을 떠나 도중에 죽자 사람들이 그를 '路神'으로 여겨 길 떠나는 자를 보호해 달라는 뜻으로 제를 올리기 시작한 것에서 유래되었다 함.

225 조충국趙充國의 충정

신작神爵 원년(B.C.61), 선령부先靈部가 여러 강羌과 함께 반란을 일으켰다. 선제는 후장군後將軍 조충국趙充國에게 물어보도록 하였다.

"누구를 장수로 삼을 만합니까?"

조충국은 당시 나이 일흔이 넘었는데 이렇게 대답하였다.

"노신老臣을 넘어설 자는 없습니다."

선제가 다시 물었다.

"장군은 강로羌虜를 어떻다 생각하십니까? 그리고 사람은 몇 명이나 써야 하겠습니까?"

충국이 말하였다.

"적병을 이 먼 곳에서 헤아릴 수 없습니다. 원컨대 금성金城에 가서 지형을 그림으로 그려 방략方略을 마련하고자 합니다."

이에 금성金城에 가서 둔전屯田으로 하는 것이 이롭다고 아뢰었다.

"기병騎兵을 폐지하고 보병步兵 1만 명을 나누어 요해처에 주둔시키기를 원합니다."

그리고 따로 군사를 내지 말고 군사를 머물러 두어 농사짓게 하는 것이 편리하다는 12조항을 제출하였다. 그가 글을 올릴 때마다 선제는 곧 공경에게 내려 심의토록 하였다.

처음에는 그 계책이 옳다고 하는 자가 열에 셋이었는데 중간에는 열에 다섯이 되었고, 최후에는 열에 여덟이 되었다. 승상 위상魏相도 그 계책대로 맡겨두면 틀림없이 쓸 만할 것이라 하였다. 선제는 그 의견에 따랐다.

○ 神爵元年, 先零與諸羌畔.

上使問後將軍趙充國:「誰可將者?」

充國年七十餘, 對曰:「無踰老臣.」

復問:「將軍度羌虜何如? 當用幾人?」

充國曰:「兵難遙度, 願至金城, 圖上方略.」

乃詣金城, 上屯田奏:「願罷騎兵, 留步兵萬餘, 分屯要害處.」

條不出兵留田便宜十二事, 奏每上輒下公卿議. 初是其計者什三, 中什五, 最後什八. 魏相任其計, 可必用. 上從之.

【先零】 羌族의 이름.

【度】 '탁'으로 읽음.

【金城】 鞏昌에 속하며 지금의 蘭州.

【十二事】 대체로 둔전을 두어 곡식을 생산하여 위엄과 덕을 함께 실행할 것, 비옥한 땅을 차지하여 그들의 반란에 대비할 것, 백성들의 농사철을 빼앗지 말 것, 기병을 없애 군비를 줄일 것, 사졸들로 하여금 河湟의 물을 이용하여 식량을 운반할 것, 한가할 때 郵亭을 수선할 것, 군대를 출병시키지 않고 앉아서 승리할 수 있는 길을 찾을 것, 먼 벽지를 경영하겠다고 死傷의 위험을 몰지 말 것, 적들이 틈을 타도록 위엄을 감손시키는 일이 없도록 할 것, 하남의 大羊干과 小羊干(모두 오랑캐 이름)을 놀라게 하여 엉뚱한 변고가 일어나는 일이 없도록 할 것, 湟陿의 中道橋를 잘 관리하여 西域을 제압할 것, 徭役을 멈추어 뜻밖의 일을 경계할 것 등 열 두 가지이다.(大略一言屯田致穀, 威德並行; 二言據其肥饒, 以待其畔; 三言使民不失農業; 四言罷騎兵, 以省大費; 五言令士卒循河湟漕穀. 六言以閑假繕治郵亭; 七言不出兵, 坐得必勝之理; 八言無經阻遠, 迫死傷之害; 九言不損威武, 虜難乘閒; 十言無驚動河南大羊干小羊干, 使生佗變之憂; 十一言治湟陿中道橋, 以制西域; 十二言息徭役以戒不虞. −원주)

【什三】 什은 十과 같음.

226 사예교위司隸校尉 갑관뇨蓋寬饒

2년(B.C.60), 사예교위司隸校尉 갑관뇨蓋寬饒가 밀봉한 글을 올렸다. 황제는 그가 자신을 원망하고 비방하였다고 여겨 관리에게 내려 심의하게 하였다. 관뇨는 스스로 목을 끊었다.

○ 二年, 司隸校尉蓋寬饒, 奏封事, 上以爲怨謗, 下吏, 寬饒自剄.

【司隸校尉】사예는 수도의 직할을 뜻함. 사예교위는 이 사예지역 즉, 河南, 河內, 右扶風, 左馮翊, 京兆, 河東, 弘農 등 7개 군의 행정을 총괄하는 직책.
【蓋】'갑'으로 읽음.(音甘入聲. —원주)

227 소가 헐떡이는 것은

3년(B.C.59), 승상 위상魏相이 죽었다. 옛 제도로는, 글을 올리는 자는 같은 문서 두 통을 만들어 그 하나는 부副라 하여 상서尚書의 일을 맡아보는 자가 먼저 그 부본을 열어보고 말한 바가 좋지 않다고 여기면 이를 막아 제거하여 올리지 않게 되어 있었다. 곽광霍光이 죽은 후로 위상은 부를 아무것도 쓰지 않은 채 폐지하여 그 중간 옹폐壅蔽를 방지 하였다. 그는 승상이 되자 한나라 옛 제도를 잘 살펴보고 사무의 편의에 따라 장주章奏하였으며, 한나라 건국 이래 편리하였다고 생각되는 일들을 조목대로 따져 현신 가의賈誼, 조착鼂錯, 동중서董仲舒 등이 건의한 것을 황제에게 청하여 시행하기를 청하였다.

그리고 연사掾史에게 칙명하여 군국郡國의 일들을 조사토록 하고, 휴가를 얻어 고향집으로 갔다가 돌아오는 관리에게는 문득 사방의 이문異聞을 아뢰도록 하였다. 이에 혹 역모나 도적, 풍우, 재이가 있을 경우 그 군에서 보고를 올리지 않아도 위상은 즉시 이를 임금에게 상주할 수 있었다.

위상은 어사대부御史大夫 병길丙吉과 마음을 함께 하여 정치를 보좌하여 임금은 이 두 사람을 중히 여겼다. 이때에 이르러 병길이 위상을 이어 승상이 되었던 것이다.

병길은 관대함을 숭상하고 예의와 겸양을 좋아하였다. 한 때 그는 외출하였다가 사람들이 싸움을 벌여 사상자가 났는데도 아무런 질문도 아니 한 채 지나가더니 숨을 헐떡이는 소를 만나자 소를 몇 리나 몰고 왔는지를 묻게 하는 것이었다. 혹자가 병길은 질문하는 것을 놓쳤다고 기롱하자, 그는 이렇게 말하였다.

"백성의 다툼은 경조京兆에서 금해야 할 당무요. 재상은 세세한 일에 친히 관여하는 것이 아니니 의당 물어볼 일도 아니다. 그러나 지금은 바야흐로 봄날이어서 아직 덥지도 않은데 소가 덥다고 헐떡이는 것은 이는 때의 기氣가 그 절기를 잃은 것이다. 삼공三公이란 음양陰陽을 고르게 해야 하는 것이니 직책상 의당 근심할 일이다."

사람들은 대체大體를 알고 있다고 여겼다.

○ 三年, 丞相魏相薨. 故事, 上書者皆爲二封, 署其一曰副, 領尙書者先發副封, 所言不善屛去不奏. 自霍光薨後, 相卽白去副封, 以防壅蔽. 及爲相, 好觀漢故事, 及便宜章奏; 數條漢興以來便宜行事, 及賢臣賈誼・晁錯・董仲舒等所言, 請施行之. 敕掾史案事郡國, 及休告從家還至府, 輒白四方異聞. 或有逆賊風雨災異, 郡不上, 相輒奏言之. 與御史大夫丙吉, 同心輔政, 上皆重之. 至是吉代爲丞相.

吉尙寬大好禮讓. 嘗出, 逢羣鬪死傷, 不問; 逢牛喘, 使問逐牛行幾里矣.

或譏吉失問, 吉曰:「民鬪京兆所當禁, 宰相不親細事, 非所當問也. 方春未可熱, 恐牛暑故喘, 此時氣失節, 三公調陰陽, 職當憂.」

人以爲知大體.

【故事】 옛 제도를 뜻함.(舊制也. —원주)
【掾史】 臺와 省의 관리를 掾史라 함.
【休告】 휴가를 고하고 집으로 돌아감.

228 한연수韓延壽

　오봉五鳳 원년(B.C.57), 좌풍익左馮翊 한연수韓延壽를 죽였다. 한연수는
관리가 되어 고대의 교화를 좋아하였다. 그는 영천穎川 태수로부터
풍익 태수가 되었던 것이다. 백성 중에 형제 사이에 소송이 벌어지자
한연수는 문을 채우고 들어앉아 자신의 허물이라 반성하였다. 그러자
소송을 벌인 형제는 각각 후회하며 다시는 다투지 않았다. 이에 군내의
백성들은 흡연히 서로 타이르고 독려하여 은혜와 믿음이 두루 퍼져
더는 소송을 일으키는 사람이 없었다. 이리하여 백성과 관리들은 그
지극한 정성을 미루어 차마 남을 속이는 일이 없게 되었다. 그런데
이때에 이르러 그가 죄에 연루되어 기시棄市를 당하자 백성들은 눈물을
흘리지 않는 자가 없었다.

　○ 五鳳元年, 殺左馮翊韓延壽. 延壽爲吏, 好古教化. 由穎川
大守, 入爲馮翊. 民有昆弟相訟, 延壽閉閤思過. 訟者各悔, 不復爭.
郡中翕然相敕屬, 恩信周徧, 莫復有詞訟. 民吏推其至誠, 不忍
欺紿. 至是坐事棄市, 百姓莫不流涕.

【馮翊】三輔의 하나로 지금의 同州.

229 황패黃霸와 병길丙吉

3년(B.C.55), 승상 병길이 죽고, 황패黃霸가 승상이 되었다. 황패는 일찍이 영천潁川 태수였는데 그곳 관리나 백성들은 그가 신명神明하여 속일 수 없다고 칭하였다. 그는 힘써 교화를 편 뒤에야 주벌誅罰을 가하였다. 그의 군 장사長史 허승許丞이 늙고 병들어 귀가 어두워지자 독우督郵가 그를 쫓아내기를 아뢰자 황패는 이렇게 말하였다.

"허승은 청렴한 관리요. 비록 늙었지만 아직도 능히 절하고 일어설 수 있소. 거듭 들려주어야 하기는 하지만 이것이 무슨 해가 되겠소? 그리고 자주 장사를 바꾸면 보내고 맞이하는 비용이 들고 간악한 관리가 오게 되면 자신의 연줄에 따라 장부를 없애거나 재물을 훔치거나 하여, 공사 간에 비용의 소모가 심히 많을 수도 있소. 바뀌어 새로 오는 관리가 또한 반드시 어진 사람일 수 있는 것도 아니며 혹 옛사람만 못하면 한갓 서로 혼란만 더할 뿐이오. 무릇 다스림의 도리란 지나치게 심한 것을 제거하는 것일 뿐이오."

황패는 겉으로는 너그러우나 속으로는 밝아 관리와 백성의 마음을 얻고 있어 그의 다스림은 천하제일이라 하였다. 이에 이르러 병길을 대신하여 승상이 되었지만 황패의 재능은 백성을 다스리는 데에만 뛰어나 그가 승상이 되고 나서는 그 공적과 이름이 군을 다스릴 때보다 떨어졌다.

○ 三年, 丙吉薨, 黃霸爲丞相. 霸嘗爲潁川太守, 吏民稱神明不可欺. 力敎化後誅罰. 長史許丞, 老病聾.

督郵白欲逐之, 霸曰: 「許丞廉吏, 雖老尚能拜起, 重聽何傷? 數易長史, 送故迎新之費, 及姦吏因緣, 絶簿書盜財物, 公私費耗甚多. 所易新吏, 又未必賢, 或不如其故, 徒相益爲亂. 凡治道去其太甚者耳.」

霸以外寬內明, 得吏民心, 治爲天下第一. 至是代吉, 霸材長
於治民, 及爲相, 功名損治郡時.

【長史】郡丞, 治中, 別駕라고도 하며 군수를 도와 행정을 처리하는 직책.
【督郵】군의 관리를 糾察하는 직책이며 錄事라고도 함.

230 상평창常平倉

4년(B.C.54), 태사농太司農 경수창耿壽昌이 아뢰었다.

"변방 군마다 창고를 지어 곡식 값이 떨어지면 비싼 값으로 수매하여 농민을 이롭게 해 주고, 값이 비싸지면 싼값으로 꾸어주어 백성들을 이롭게 하도록 하기를 바랍니다."

이를 상평창常平倉이라 이름 하였다.

○ 四年, 太司農耿壽昌白:「今邊郡皆築倉, 穀賤, 增價而糴以利農; 穀貴, 減價而糶以利民.」

名曰常平倉.

【糴糶】곡식의 값에 따라 농민에게 이롭도록 수매하거나 대여하는 제도.

231 광록훈光祿勳 양운楊惲

　　전前 광록훈光祿勳 양운楊惲을 주살하였다. 양운은 청렴하여 사심이 없었으나 어떤 사람이 글을 올려 고하였다.

　　"양운은 간요함을 꾸며 악언을 퍼뜨리고 다닙니다."

　　이리하여 그를 면직하여 서민으로 삼았다. 그는 집에 거하면서 농사를 짓는 것으로 스스로 즐거움을 삼았다. 그의 친구 손회종孫會宗이 충고하자 양운은 이렇게 회답을 보냈다.

　　"지난날 크게 잘못된 행동을 하였으니 농부가 되어 세상을 마치려 함이 마땅하오. 농가는 고통이 심하지만 해마다 복날과 납일臘日에나 양을 잡고 염소를 잡아 삶고 굽고 하여, 말 술로 스스로 노고를 풀지요. 술이 올라 귀가 뜨거워지면 하늘을 우러러 질장구를 두드리며 탄식의 소리를 지르지요. 그 때에 지은 시가 이렇다오. '저 남산南山을 일구도다. 잡초 우거져도 제대로 다스리지 못하는구나. 한 마지기 콩을 심었더니 콩은 떨어지고 대궁만 남는구나. 사람으로 태어나 즐겨야 할 뿐, 모름지기 부귀를 어느 때라 기다릴꼬? 음황무도하여 그 불가한 줄을 모르네.'"

　　이에 어떤 사람이 글을 고하였다.

　　"양운은 교만하고 사치하여 뉘우치는 빛이 없습니다."

　　이에 황제는 정위에게 내려 조사토록 하였더니, 손회종孫會宗에게 보낸 편지가 드러났다. 선제는 이를 보고 증오하면서 그를 대역무도大逆無道의 죄로 허리를 잘라버렸다.

　　○ 殺前光祿勳楊惲. 惲廉潔無私, 人上書告：「惲爲妖惡言.」
免爲庶人. 惲家居, 治産自娛. 其友孫會宗戒之, 惲報曰：「過大行虧, 當爲農夫以沒世. 田家作苦, 歲時伏臘, 烹羊炰羔, 斗酒自勞. 酒後耳熱, 仰天拊缶而呼嗚嗚. 其詩曰：『田彼南山, 蕪穢不治. 種一頃豆, 落而爲萁. 人生行樂耳, 須富貴何時？ 淫荒無度, 不知其不可也.』」

　人上書告:「惲驕奢不悔.」

　下廷尉案, 得所與會宗書, 帝見而惡之, 以大逆無道要斬.

【光祿勳】九卿의 하나로 宮掖을 宿衛함. 원래 光祿卿이나 武帝때 光祿勳으로
　고쳐 불렀음.
【伏臘】伏은 伏日. 臘은 12월을 뜻함. 冬至 후에 제3번째 戌日을 臘日로 삼음.
【炰】'炮'와 같음.
【萁】콩대.(豆莖也. −원주)

232 경조윤京兆尹 장창張敞

감로甘露 원년(B.C.53), 공경이 상주하였다.

"경조윤京兆尹 장창張敞은 양운楊惲과 당을 지어 친구로 지냈습니다. 그 직위에 처함이 타당치 않습니다."

선제는 장창의 재능을 아껴 그 상주를 덮어두었다. 장창이 속관 여순絮舜에게 어떤 사건을 조사하도록 하였더니 여순은 사사로이 돌아와 이렇게 중얼거렸다.

"그가 경조윤 생활은 닷새밖에 남지 않았다. 어찌 능히 그 일을 다시 보고할 필요가 있겠는가?"

장창은 여순의 말을 듣고 곧바로 그를 잡아 옥에 가두었다가 끝내 그를 사형에 처하였다.

뒤에 장창은 여순의 집안 사람들에게 고소를 당하고 말아 장창은 글을 올리고 대궐 문을 나와 망명하여 1년 남짓 숨어 있었다. 서울에 도둑을 경비하는 북소리가 자주 울리자 선제는 장창의 재능을 생각하여 그를 다시 불러서 임용하였다.

○ 甘露元年, 公卿奏:「京兆尹張敞渾(惲)之黨友, 不宜處位.」

上惜敞材, 寢其奏, 敞使掾絮舜有所案驗, 舜私歸曰:「五日京兆耳, 安能復案事?」

敞聞舜語, 卽收繫獄, 竟致其死. 後爲舜家所告, 敞上書從闕下亡命歲餘, 京師枹鼓數警, 上思敞能, 復召用之.

【寢其奏】그 주청을 받아들이지 않음.

【絮】본음은 '서'이나 성씨일 경우 '노' 혹은 '여'로 읽음.(女乎切, 又音如. -원주)

233 동해東海의 효부孝婦

황패黃霸가 죽고 우정국于定國이 승상이 되었다. 우정국의 아버지 우공于公이 처음 옥리獄吏로 있을 때였다. 동해東海에 어떤 효부가 있었는데 그는 과부가 되어 개가하지 않은 채 그 시어머니를 봉양하고 있었다. 시어머니는 자신이 나이가 늙어 그 때문에 며느리의 개가에 방해가 된다고 여겨 스스로 목을 매어 죽고 말았다. 그런데 시누이가 이렇게 고소를 하였다.

"올케가 어머니를 핍박하여 죽게 하였습니다."

며느리는 변명할 길이 없어 죄 없이 굴복하고 말았다. 그 때 우공于公이 이를 두고 쟁론을 벌였으나 구해내지 못하였다. 며느리는 끝내 사형을 당하고 나자 동해 땅은 3년 동안이나 가뭄이 계속 되었다. 뒤에 태수가 그곳에 오자 우공은 그 이유를 말해주었다. 태수가 효부의 묘에 제를 올리자 드디어 비가 내리는 것이었다.

우공은 옥의 일을 보는 동안 음덕을 베풀었다. 그는 집 대문을 크게 고쳐 네 마리 말이 끄는 마차가 그대로 드나들 수 있도록 하면서 이렇게 말하였다.

"내 후세에 반드시 크게 흥하는 자손이 나올 것이다."

과연 그 아들 정국이 지절地節 원년에 정위廷尉가 되었고 천하에 억울한 백성이 없었다.

그는 이때에 이르러 어사대부에서 황패를 이어 승상이 된 것이다.

○ 黃霸卒, 于定國爲丞相. 定國父于公, 初爲獄吏. 東海有孝婦, 寡居不嫁, 以養其姑. 姑以年老妨婦嫁, 自經死.

姑女告:「婦迫死其母.」

婦不能辯, 自誣伏. 于公爭之不能得.

孝婦死, 東海枯旱三年.

後太守來, 公言其故, 太守祭孝婦家, 遂雨. 于公治獄有陰德.
令高大門閭, 容駟馬車, 曰:「吾後世必有興者.」

子定國, 以地節元年爲廷尉, 天下無冤民. 于定國爲廷尉, 民自
以不冤. 至是由御史大夫代霸.

【姑】시어머니를 뜻함.(夫母曰姑. —원주)

234 흉노의 내란

흉노에 난이 일어나 다섯 선우單于가 다투어 각기 왕이 되었다. 그
중 호한야선우呼韓邪單于가 선제에게 글을 올렸다.
"원컨대 새塞를 두드려 번신藩臣이라 칭하고자 합니다."
그리하여 감로甘露 3년에 선우가 내조來朝하였다. 선제는 조서를 내려
빈객賓客의 예로써 그를 대우하고 제후왕王侯王의 지위로 인정하였다.

○ 匈奴亂, 五單于爭立, 呼韓邪單于上書:「願款塞稱藩臣.」
甘露三年來朝, 詔以客禮待之, 位諸侯王上.

【五單于】屠耆單于, 呼韓邪單于, 呼揭單于, 車犁單于, 烏藉單于 등 다섯을 가리킴.
(원주)

235 기린각麒麟閣의 초상들

선제는 융적戎狄이 한나라에 빈복賓服해 오는 것은 고굉股肱들의 훌륭함
이라 생각하여 이에 기린각麒麟閣에 그들의 초상을 그려 걸었다. 그
중에 곽광霍光만은 이름을 쓰지 않고, '대사마대장군박륙후성곽씨大司馬
大將軍博陸侯姓霍氏'라고 썼다. 그 다음은 장안세張安世, 한증韓增, 조충국
趙充國, 위상魏相, 병길丙吉, 두연년杜延年, 유덕劉德, 양구하梁丘賀, 소망지
蕭望之, 소무蘇武 등 열한 사람이었으며 모두가 공덕이 있어 당세에
그 이름이 알려졌다.

○ 上以戎狄賓服, 思股肱之美, 乃圖畫其人於麒麟閣. 惟霍光
不名曰「大司馬大將軍博陸侯, 姓霍氏」.
　其次張安世·韓增·趙充國·魏相·丙吉·杜延年·劉德·
梁丘賀·蕭望之·蘇武, 凡十一人, 皆有功德, 知名當世.

【麒麟閣】 西安에 있는 누각.
【博陸】 蘇州에 있는 城.
【梁丘賀】 梁丘는 성, 賀는 이름.

236 선제宣帝의 치적

선제는 재위 동안 연호를 일곱 번 바꾸었다. 본시本始, 지절地節, 원강元康, 신작神爵, 오봉五鳳, 감로甘露, 황룡黃龍이었다. 무릇 25년 만에 죽어 두릉杜陵에 장사지냈다.

선제는 여염閭閻에서 일어나 제위에 올랐기 때문에 백성들의 어려움을 잘 알고 있었으므로 정성스럽게 힘써 다스렸다. 근본이 주도면밀하여 품식品式이 갖추어져 있었다. 자사刺史나 태수, 재상을 임명할 때에는 문득 그 때마다 친히 만나 질문하면서 항상 이렇게 말하였다.

"백성이 그 마을에서 농사지으며 편안히 살아 탄식이나 근심, 원망하는 소리가 없이 할 수 있는 것은 정치가 공평하고 소송이 바르기 때문일 것이다. 나와 함께 이러한 일을 해낼 사람은 그 오직 선량한 그대 2천 섬뿐이리라!"

태수는 관리와 백성의 근본으로써 자주 바꾸면 백성이 불안하게 여길 것이라 생각하였다. 그리하여 2천 섬의 태수가 다스림에 공로가 있으면, 문득 옥새玉璽를 찍은 포상褒賞을 내려서 면려하면서 녹봉祿俸을 늘리거나 상금을 하사하였다. 그리고 공경公卿에 결원이 생기면 전에 조서를 내려 표창했던 바의 태수 중에서 차례에 따라 임용하였다. 한나라 때 훌륭한 관리는 이에 많이 나왔던 것이다.

선제는 신상필벌信賞必罰에 대단히 엄격하여 고핵考覈을 종합하여 실질에 맞는 명분을 주었으며 정치, 문학, 법률의 선비들은 모두가 그 능력을 정성껏 발휘하였고 관리는 각기 그 직무에 맞추어 주었으므로 백성은 그 생업에 편안함을 누릴 수 있었다.

그 때 마침 흉노가 쇠란衰亂해짐을 만나 망할 자는 쳐 없애고 존속할 나라는 굳건히 해주었다. 이에 믿음과 위엄이 북쪽의 이민족에게 떨쳐 선우單于가 그 의義를 사모하여 머리를 조아리며 번신藩臣을 칭하게 되었던 것이다. 그의 공적은 조종祖宗을 빛내고 업적은 후손에게 내려가 중흥中興이라 이를 만하며, 덕은 은殷 고종高宗, 주周 선왕宣王과 비길 만하였다. 태자가 즉위하니 이가 효원황제孝元皇帝이다.

○帝在位改元者七: 曰本始·地節·元康·神爵·五鳳·甘露·
黃龍. 凡二十五年, 崩, 葬杜陵. 帝興於閭閣, 知民事之艱難,
勵精爲治. 樞機周密, 品式備具.

拜刺史守相, 輒親見問, 常曰:「民所以安其田里, 而無歎息愁
恨之聲者, 政平訟理也. 與我共此者, 其惟良二千石乎!」

以爲太守吏民之本, 數變易則民不安. 故二千石有治理之效,
輒以璽書勉勵, 增秩賜金. 公卿缺, 則選諸所表, 以次用之. 漢世
良吏, 於是爲盛. 信賞必罰, 綜核名實. 政事文學法理之士, 咸精
其能, 吏稱其職, 民安其業. 遭值匈奴衰亂, 推亡固存, 信威北夷.
單于慕義, 稽首稱藩. 功光祖宗, 業垂後裔, 可謂中興侔德高宗
周宣矣. 太子卽位, 是爲孝元皇帝.

【本始】즉위 2年 戊申年(B.C.73)에 연호를 고쳤음.
【杜陵】鳳翔府에 있음.
【閭閣】마을의 문을 閻이라 함.(閭門曰閻. —원주)
【樞機】문의 지도리. 機는 큰 활. 정치의 요체를 뜻하는 말.
【品式】品第와 法式.
【璽書】황제의 결재를 증명하는 도장.
【秩】爵品을 뜻함.
【核】覈과 같음.
【稽首】머리를 땅에 닿도록 함을 뜻함.(頭至地曰稽首. —원주)
【侔】같음.(齊也. —원주)

8. 孝元皇帝

237 효원황제孝元皇帝

효원황제孝元皇帝는 이름이 석奭이며 처음 태자 때부터 부드럽고 인자하였으며 유자儒者를 좋아하였다.

그는 선제가 쓰고 있는 바의 문서로는 관리를 법대로 하고, 형명刑名으로는 아랫사람을 묶는 것을 보고는 어느 날 조용히 이렇게 제의하였다.

"폐하께서는 형벌을 지키심이 너무 심하오니 유생을 채용하심이 마땅할 줄 여깁니다."

선제는 낯빛이 바뀌면서 이렇게 말하였다.

"우리 한실漢室에는 스스로 그에 맞는 제도가 있다. 원래 패도霸道와 왕도王道는 섞여야 하는 것이다. 어찌 순전히 덕교德敎에만 맡겨 주周나라의 정치를 할 수 있겠느냐? 게다가 속된 선비들은 시의에 통달하지 못한 채 옛날만 옳고 지금은 그르다 하기를 좋아하여 사람들로 하여금 명名과 실實에 현혹되도록 하며 지킬 바를 모르게 하고 있다. 어찌 이들에게 맡길 수 있겠느냐?"

그리고 이렇게 탄식하였다.

"우리 한실漢室을 혼란스럽게 할 자는 태자이리라."

선제가 젊었을 때에 태자의 어머니 허씨許氏의 집에 의탁하고 있었고, 허황후許皇后는 후에 곽광霍光의 아내에게 독살당하였으므로 차마 그를 폐할 수 없었다. 이리하여 이때에 이르러 즉위하게 된 것이다.(B.C.49)

孝元皇帝:

名奭. 初爲太子, 柔仁好儒. 見宣帝所用, 多文法吏, 以刑名繩下, 嘗燕從容言:「階下持刑太深, 宜用儒生.」

宣帝作色曰:「漢家自有制度, 本以霸王道雜之. 奈何純任德敎用周政乎? 且俗儒不達時宜, 好是古非今, 使人眩於名實, 不知所守, 何足委任?」

乃歎曰:「亂我家者太子也.」

宣帝少依太子母家許氏, 許后以霍氏毒死, 故弗忍廢太子. 至是卽位.

【眩】 눈을 혼란하게 함.(亂視也. −원주)

【毒死】 宣帝 本始 3년에 許后가 임신하여 병이 생기자 霍光의 처 顯이 여의사 淳于衍으로 하여금 그를 독살하게 하고 자신의 딸 成君이 皇后가 되도록 하였다. (宣帝本始三年, 許后當娠病, 霍光妻顯令女醫淳于衍毒殺之, 而以其女成君爲皇后. −원주)

238 황후를 세우다

초원初元 원년(B.C.48), 왕씨王氏를 황후로 세웠다.

○ 初元元年, 立皇后王氏.

【王氏】왕망으로 인한 재앙은 이때에 싹튼 것이다.(王莽之禍, 實萌於此. −원주)

239 소망지蕭望之

2년(B.C.47), 소망지蕭望之와 주감周堪 및 종정宗正 유갱생劉更生을 하옥하고 면직시켜 모두 서민으로 만들었다.

당시 사고史高는 외척外戚으로서 상서尙書의 일을 맡아보았고, 소망지와 주감은 그의 부관副官이었다. 두 사람은 원제元帝의 사부師傅로서 자주 국가의 치란에 대해 의견을 아뢰어 정론正論을 진술하며, 유갱생을 선발하여 급사중給事中에 올려 시중侍中 김창金敞과 함께 원제를 좌우에서 보좌하였다.

이 네 사람은 마음을 합해 일을 의논하였고 사고는 그저 지위만 가지고 있을 뿐이었다. 이 때문에 사고는 소망지와 틈이 벌어져 있었다.

중서령中書令 홍공弘恭과 복야僕射 석현石顯은 선제 때부터 오랫동안 중추中樞의 역할을 하고 있었다.

원제는 즉위하고 병이 많았다. 석현은 중인中人으로서 외척이나 무리가 없었다. 드디어 그에게 정치를 맡겨 일의 대소에 관계없이 모두 석현이 아뢰고 결재를 받아내었다. 그의 귀함과 총애는 조정을 기울일 정도 였으며 모든 관료는 그를 존경하고 섬겼다. 석현은 영리하고 일에 익숙하여 임금의 미세한 의중까지를 잘 살펴내었다. 그러나 안으로 매우 잔혹하고 궤변에 능하여 남을 중상하여 사고와 표리表裏가 되어 악한 짓을 하였다.

소망지 등은 외척 허연수許延壽와 사고의 방종함을 근심하였고, 또 홍공·석현이 권력을 휘두르는 것을 미워하여 이렇게 건의하여 아뢰었다.

"생각건대 중서中書는 정치의 근본이요, 국가의 중추 기관입니다. 의당 통명하고 공정한 이를 그 자리에 두어야 합니다. 무제武帝께서는 후정의 놀이와 잔치 때문에 환관을 쓰셨지만 그것은 옛날 제도에는 없던 일입니다. 의당 중서의 환관을 없애 형벌 받은 자를 가까이하지 않았던 옛날의 의義를 따르셔야 할 것입니다."

원제는 그 말을 따를 수 없었다. 홍공과 석현이 원제에게 아뢰었다.

"소망지, 주감, 유갱생 등은 당을 지어 서로 자랑하면서 툭하면 대신들을 참소하여 속이며, 친척을 비방하여 이간질하며, 권세를 전횡하여 마음대로 하고자 하니 불충한 자들입니다. 임금을 속이는 것은 도가 아니니 알자로 하여금 그들을 불러 정위廷尉에게 넘기도록 하시기를 청합니다."

당시 원제는 즉위 초였으므로 불러 정위에게 넘겨준다는 것이 옥에 가두라는 뜻임을 살피지 아니한 채 그 상주가 옳다고 여겨 실행하였다.

뒤에 원제가 주감과 유갱생을 부르자 이렇게 말하는 것이었다.

"두 사람은 옥에 갇혀 있습니다."

원제는 크게 놀라 물었다.

"단지 정위가 조사하는 것뿐이 아니었느냐?"

그리고 옥에서 풀어놓아 다시 정무를 보도록 명하였다. 그러나 홍공과 석현이 다시 사고로 하여금 황제를 설득케 하여 기어코 이들을 면직시키게 하였다.

후에 원제는 다시 주감·유갱생을 불러 중랑中郎을 삼고 소망지는 승상으로 삼으려 하였다. 그러자 홍공, 석현, 허연수, 사고 네 사람은 모두가 눈을 옆으로 떴지만 소망지는 원래 기개가 높아 어떠한 치욕에도 굴복하지 않는 자임을 알고 다시 이렇게 건의하여 아뢰었다.

"소망지는 잘못을 뉘우치거나 죄에 굴복하지 않을 뿐 아니라 깊이 원한을 품고 있으며, 또 자신은 황제의 사부이므로 끝까지 벌을 받지 않으리라 여기고 있습니다. 자못 소망지를 하옥하여 그 앙앙怏怏히 여기는 마음을 막아버리지 않았다가는 성상聖上의 은덕을 베풀 길이 없어질 것입니다."

그러자 원제가 말하였다.

"태부는 본디 강직한 사람이오. 어찌 옥리에게 가고자 하겠소?"

석현 등은 이렇게 말하였다.

"사람의 목숨은 지극히 중한 것입니다. 지금 소망지의 죄는 말을 잘못한 정도의 아주 가벼운 과실이므로 틀림없이 근심하지 않을 것입니다."

이에 원제가 급히 알자로 하여금 소망지를 부르면서 집금오執金吾의 기병을 보내어 그의 집을 포위하자 소망지는 짐독鴆毒을 마시고 자살하였다.

○二年, 下蕭望之·周堪, 及宗正劉更生獄, 皆免爲庶人. 時史高以外屬領尚書事, 望之·堪副之. 二人帝師傅, 數言治亂陳正事, 選更生給事中, 與侍中金敞, 並拾遺左右. 四人同心謀議, 史高充位而已, 由是與望之有隙. 中書令弘恭, 僕射石顯, 自宣帝時, 久典樞機. 及帝卽位多疾, 以顯中人無外黨. 遂委以政事, 事無大小, 因顯白決. 貴幸傾朝, 百僚皆敬事顯. 顯巧慧習事, 能探得人主微指. 內深賊持詭辯, 以中傷人, 與高表裏.

望之等患外戚許·史放縱, 又疾恭·顯擅權, 建白:「以爲中書政本, 國家樞機, 宜以通明公正處之. 武帝遊宴後庭, 故用宦者, 非古制也. 宜罷中書宦官, 應古之不近刑人之義.」

上不能從, 恭·顯奏:「望之·堪·更生, 朋黨相稱譽, 數譖訴大臣, 毀離親戚, 欲以專擅權勢, 爲不忠. 誣上不道, 請謁者召致廷尉.」

時上初卽位, 不省召致廷尉爲送獄, 可其奏.

後上召堪·更生, 曰:「繫獄.」

上大驚曰:「非但廷尉問邪?」

令出視事. 恭·顯使高說上, 竟罷免. 後上復徵堪·更生爲中郎, 且欲以望之爲相.

恭·顯·許·史皆側目, 知望之素高節不詘辱, 建白:「望之不悔過服罪, 深懷怨望, 自以託師傅終不坐. 非頗屈望之於獄, 塞其怏怏心, 則聖朝無以施恩厚.」

上曰:「太傅素剛, 安肯就吏?」

顯等曰:「人命至重, 望之所坐, 語言薄過, 必無所憂.」

令謁者召望之, 因急發執金吾軍騎, 馳圍其第, 望之飮鴆自殺.

【宗正】 公族을 관리하고 감독하는 관직.

【史高】 宣帝 어머니의 黨이었음.

【給事中】 左右의 顧問에 應對하는 직책으로 殿中의 일을 담당하여 給事中이라 함.

【中書令】 中書省의 일을 관장하여 정치의 중요한 기밀을 총괄함.

【僕射】 宰相을 僕射라고 함.

【不近刑人】 禮에 형벌을 받은 자는 임금 곁에 있을 수 없도록 되어 있음(禮曰: 刑人不在君側. ―원주)

【視事】 친히 정사를 살핌.(親視政事. ―원주)

【側目】 두려워하는 모습.(畏貌. ―원주)

【詘】 말이 막히는 것을 뜻함.(辭塞曰詘. ―원주)

【執金吾】 軍의 衛官 명칭. 吾는 禦이며 항상 金革을 잡고 비상상태를 대비함.

【第】 저택을 뜻함.(宅也. ―원주)

240 홍공弘恭이 죽다

홍공이 죽고, 석현이 중서령中書令이 되었다.

○ 弘恭死, 石顯爲中書令.

241 흉노가 한나라 사신을 죽이다

5년(B.C.44), 흉노의 질지선우郅支單于가 한나라의 사신을 죽이고 서역의 강거康居로 달아났다.

○ 五年, 匈奴郅支單于, 殺漢使者, 西走康居.

【康居】西域에 있는 나라 이름.

242 흉노가 자신의 궁으로 돌아가다

　영광永光 원년(B.C.43), 흉노의 호한야선우呼韓邪單于가 북쪽 자기의
궁정으로 돌아갔다.

　○ 永光元年, 匈奴呼韓邪單于北歸庭.

243 경방京房을 처형하다

건소建昭 2년(B.C.37), 위군魏郡 태수 경방京房을 처형하였다. 경방은 초연수焦延壽에게 역학易學을 배웠는데 연수가 일찍이 이렇게 말하였다. "나의 도를 얻고 나서 그 때문에 몸을 망칠 자는 경방이리라."

그가 낭郎이었을 때 자주 재변이 있을 것을 예언하여 들어맞았다. 일찍이 연회에서 어떤 일을 말하면서 속으로 석현을 지목하였다. 이 일로 석현은 원제에게 상주하여 그를 축출해 버렸다. 그리고 얼마 후 그를 불러 하옥하였다가 기시棄市의 형에 처하였다.

○ 建昭二年, 殺魏郡太守京房.

房學易於焦延壽, 延壽嘗曰:「得我道以亡身者, 京生也.」

爲郎屢言災異, 有驗. 嘗宴見言事, 意指石顯, 顯奏出之, 尋徵 下獄棄市.

【魏郡】河東에 속하며 지금의 大名府.(원주)

244 석현石顯의 위세

석현의 위세와 권력이 날로 커져 중서복야中書僕射 뇌량牢梁과 소부少府 오록충종五鹿充宗과 당을 결성하여 교유하였다. 이들에게 빌붙은 자들은 높은 벼슬을 얻을 수 있었다.

그러자 백성들은 이렇게 노래하였다.

"뇌牢냐, 석石이냐? 오록五鹿의 객客이냐?

도장은 어찌 그리 줄줄이며 도장 끈은 어찌 한결같은가?"

○ 顯威權日盛, 與中書僕射牢梁, 少府五鹿充宗, 結爲黨友. 諸附倚者得寵位.

民歌之曰：『牢邪石邪？ 五鹿客邪？ 印何纍纍, 綬若若邪？』

【牢梁】牢는 성이며 梁은 이름.
【少府】營繕을 관장하는 직책.
【五鹿充宗】五鹿은 성이며 充宗은 이름.

245 질지선우郅支單于를 습격하다

3년(B.C.36), 서역의 부교위副校尉 진탕陳湯이 어명이라 속이고 병력을 출동시켜 도호都護 감연수甘延壽와 함께 강거康居의 질지선우郅支單于를 습격하여 베어 죽였다.

4년 봄, 그 목을 서울로 보내어 고가藁街에 열흘 동안 매달아 두었다.

○ 三年, 西域副校尉陳湯, 矯制發兵, 與都護甘延壽, 襲擊郅支單于於康居斬之.

四年春, 傳首至京, 縣藁街十日.

【都護】西域을 監護하는 직책.

【縣】'懸'과 같음.

【藁街】藁街는 蠻夷들이 사는 곳으로 그곳에 머리를 걸어 이를 보여준 것이다. (藁街蠻夷所邸之處, 故懸其頭於此以示之. ―원주)

246 왕소군王昭君

경녕竟寧 원년(B.C.33), 호한야선우呼韓邪單于가 내조하여 한나라의
사위가 되기를 원한다고 하였다. 후궁後宮의 왕장王嬙, 자는 소군昭君을
내려 주었다.

○ 竟寧元年, 呼韓邪單于來朝, 願壻漢. 以後宮王嬙字昭君賜之.

247 제업帝業이 쇠퇴하다

원제가 죽었다.(B.C.33) 재위 16년에 연호를 네 번 바꾸었다. 초원初元, 영광永光, 건소建昭, 경녕竟寧이다. 원제는 유술儒術을 좋아하여, 위현성韋玄成과 광형匡衡을 얻어 승상으로 삼았으나 모두가 승상으로서의 업적은 없었다. 원제는 한갓 우유부단하여 한나라 제업帝業은 쇠퇴하였다. 태자가 즉위하니 이가 효성황제孝成皇帝이다.

○ 帝崩. 在位十六年, 改元者四: 初元, 永光, 建昭, 竟寧. 帝雖喜儒術, 得韋玄成·匡衡爲相, 無相業. 帝徒優游不斷, 漢業衰焉.

太子卽位, 是爲孝成皇帝.

9. 孝成皇帝

🔵 成帝. 한西漢나라 제9대 황제.
劉驁. B.C.32~B.C.7년 재위.

248 효성황제 孝成皇帝

　효성황제孝成皇帝는 이름이 오鷔이며 어머니 왕씨王氏가 갑관甲觀에서 황제를 낳았다. 어려서 경서를 좋아하였으나 그 뒤에는 술을 좋아하여 연락으로 즐겼다. 원제 때에 태자가 되었다가 거의 폐위될 뻔하였으나 사단史丹이 청포青蒲에 엎드려 울면서 간한 덕분에 폐위가 중지되었다.
　이때에 이르러 즉위하자(B.C.33) 어머니 왕씨를 높여 황태후皇太后로 삼고, 외삼촌 왕봉王鳳을 대사마대장군大司馬大將軍으로 삼아 상서尚書의 일을 맡아보게 하였다.

　孝成皇帝:
　名驁, 母王氏, 生帝於甲觀. 少好經書, 其後幸酒樂燕樂. 元帝時爲太子幾廢, 賴史丹伏青蒲, 涕泣諫止. 至是卽位, 尊王氏爲皇太后, 以元舅王鳳, 爲大司馬大將軍, 領尚書事.

【觀】 태자의 궁은 갑관, 을관 등의 차례로 부른다.(音貫太子宮有甲觀, 蓋甲乙丙丁之次也. ─원주)
【青蒲】 푸른색으로 땅에 입힌 것을 청포라 하며 황후가 아니면 이렇게 할 수 없다.(以青襯地曰青蒲, 非皇后不得至此. ─원주)

249 석현石顯이 죽다

건시建始 원년(B.C.32), 석현石顯이 죄로 면직되어 돌아가다가 도중에서
죽었다.

○ 建始元年, 石顯以罪免歸, 道死.

【罪免】御史가 옛 악행을 다시 상주하여 죽게 되었다.(條奏舊惡. -원주)

250 오후五侯

　　외삼촌 왕숭王崇을 안성후安成侯에 봉하고 왕담王譚, 왕상王商, 왕립王立,
왕근王根, 왕봉시王逢時에게 관내후關內侯의 작위를 주었다. 이 날 누런
안개가 사방을 덮었다.

　　○ 封舅王崇爲安成侯, 賜譚·商·立·根·逢時爵關內侯, 黃霧
四塞.

【關內侯】 이 다섯 사람은 모두 태후의 형제로 당시 그들을 五侯라 불렀다.(譚也,
商也, 立也, 根也, 逢時也, 皆王太后兄弟, 時稱王氏五侯. ─원주)
● 원주의 기록은 다음과 같다.
楊興은 이렇게 말하였다. "高祖 유방이 약속하기를 공이 없으면 후를 봉하지
않는다고 하였었는데 지금 왕씨가 모두 아무런 공도 없이 후가 되어 그
때문에 하늘이 異常을 보인 것이다."(楊興曰:「高帝之約, 非功不侯. 今王氏
皆以無功爲侯, 故天爲見異也.」)

251 외삼촌들을 봉하다

하평河平 2년(B.C.27), 여러 외삼촌들을 모두 열후列侯에 봉하였다.

○ 河平二年, 悉封諸舅爲列侯.

252 왕씨들의 대업代業

　양삭陽朔 3년(B.C.22), 왕봉王鳳이 죽어 아우 왕음王音이 대사마가 되고, 왕담이 궁성 문의 병사를 거느리는 직책을 맡게 되었다.

　○ 陽朔三年, 王鳳卒, 王音爲大司馬, 王譚領城門兵.

253 왕상王商

홍가鴻嘉 4년(B.C.17), 왕담이 죽고, 왕상王商이 궁성 문의 병사를 거느리게
되었다.

○ 鴻嘉四年, 王譚卒, 王商領城門兵.

254 왕망王莽이 신도후新都侯가 되다

영시永始 원년(B.C.16), 태후 아우의 아들 왕망王莽을 신도후新都侯에
봉하였다.

○ 永始元年, 封太后弟之子莽爲新都侯.

〈國寶金匱直萬〉 왕망(신)시대

255 조비연趙飛燕

황후로 조씨趙氏를 세웠다. 이름은 비연飛燕이었으며 여동생 합덕合德도
첩여婕妤로 삼았다.

○ 立皇后趙氏, 名飛燕, 女弟合德爲婕妤.

【婕妤】女官이다. 《通鑑》주에 "첩은 임금의 사랑을 접한다는 말이며, 여는
아름다움을 칭한 것"이라 하였다.(婕言接幸也, 好美稱也.)

〈漢宮春曉〉(成帝와 趙飛燕) 明 尤求(畫)

256 왕상이 대사마로

2년(B.C.15), 왕음王音이 죽고 왕상王商이 대사마大司馬가 되었다.

○ 二年, 王音卒, 王商爲大司馬.

【王商】王音의 아우.

257 매복梅福의 상소문

지난 날 남창南昌 현위縣尉 매복梅福이 글을 올렸다.

"바야흐로 지금 임금의 명령이 침범을 받아 임금으로서의 위세는 빼앗겼으며, 외척의 권세가 날로 더욱 성해지고 있습니다. 폐하께서 그 형세를 살피지 못하고 계시니 원컨대 경상景象을 살펴보시기 바랍니다. 건시建始 이래로 일식과 지진은 춘추시대의 세 배나 되며, 수재는 더불어 비교할 수 없습니다. 음기가 성하고 양기가 쇠하여 쇳덩어리가 날아다니고 있습니다. 이것은 무슨 징조이겠습니까?"

글이 올라왔으나 아무런 회신도 하지 않았다.

○ 故南昌尉梅福, 上書曰:「方今君命犯, 而主威奪, 外戚之權, 日以益盛. 陛下不察其形, 願察其景. 建始以來, 日食地震, 三倍春秋, 水災無與比數. 陰盛陽微, 金鐵爲飛, 此何景也?」

書上, 不報.

【景】'影'과 같음.
【金鐵爲飛】《漢書》에 "河平二年, 沛縣鐵官鑄鐵, 如星飛上去"라 함.

258 왕근王根

4년(B.C.13), 왕상王商이 죽고 왕근王根이 대사마大司馬가 되었다.

○ 四年, 王商卒, 王根爲大司馬.

【王根】 王商의 아우.

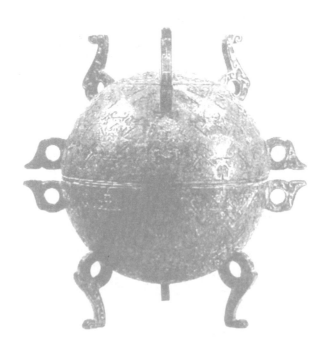

259 안창후安昌侯 장우張禹

안창후安昌侯 장우張禹는 성제의 사부師傅로서 매번 큰 정사가 있을 때마다 반드시 그와 의논하여 정하였다. 당시 관리와 백성의 많은 상서가 있었다.

"천재지변이 많은 것은 왕씨가 정치를 전횡하고 있기 때문에 생기는 것입니다."

성제가 장우의 집으로 가서 좌우의 사신을 물러나게 한 다음 친히 이를 장우에게 보여주었다. 장우는 자신은 늙고 자손은 미약하여 왕씨에게 원한을 살까 두려워 이렇게 말하였다.

"춘추 시대에 일식과 지진이 있었던 것은 혹 제후가 서로 죽이고 이적夷狄이 중국을 침략해 왔기 때문이었습니다. 재변의 뜻은 심원하여 알아내기 어렵습니다. 그 때문에 성인공자도 명命에 대해서는 말씀이 적었고 기괴한 일이나 귀신에 관해서는 말하지 않았던 것이며, 성性과 천도天道에 대해서는 자공子貢과 같은 제자도 얻어듣지 못하였던 것입니다. 하물며 소견이 낮고 비루한 선비들이 하는 말임에야 어떻겠습니까? 이제 막 배우기 시작한 소생들은 도를 어지럽히고 사람들을 그릇되게 하는 것이니 의당 믿을 것이 못됩니다."

성제는 장우를 믿고 사랑하는 터라 그의 말에 따라 왕씨를 의심하지 않았다.

지난날 괴리槐里의 현령縣令이었던 주운朱雲이 글을 올려 알현을 청하였다.

"원컨대 상방尙方에서 만든 참마검斬馬劍을 내려주시면 간악한 신하 한 사람의 목을 베어 그 나머지 사람들에게 무서움을 보이고 싶습니다."

성제가 물었다.

"누구를 말함이오?"

주운이 대답하였다.

"저 안창후 장우입니다."

성제는 크게 노하였다.

"소신이 아래에 거하면서 조정에서 사부를 모욕하다니. 그 죄는 사형에 해당하며 용서하지 않으리라."

어사御史가 주운을 잡아 끌어내리려 하자 주운은 궁전의 난간을 잡고 올라가 난간이 부러지고 말았다.

주운은 이렇게 소리쳤다.

"저는 용봉龍逄과 비간比干을 따르게 되었으니 지하에서 함께 교유할 수 있는 것으로 족합니다. 그러나 성스러운 조정이 과연 어떻게 될 것인지 알 수 없습니다."

그러자 좌장군左將軍 신경기辛慶忌가 머리를 찧어 피를 흘리며 간쟁하여 성제의 마음이 풀렸다. 난간을 고치려 하자 성제는 이렇게 말하였다.

"그 난간은 갈지 말고 원래대로 짜 맞추어 그대로 해 놓아라. 충직한 신하의 정旌으로 삼으리라."

○ 安昌侯張禹, 以帝師傅, 每有大政, 必與定議.

時吏民多上書言:「災異王氏專政所致.」

上至禹第, 辟左右親以示禹.

禹自見年老子孫弱, 恐爲王氏所怨, 謂上曰:「春秋日食地震, 或爲諸侯相殺, 夷狄侵中國. 災變之意, 深遠難見. 故聖人罕言命, 不語怪神. 性與天道, 自子貢之屬不得聞, 何況淺見鄙儒之所言? 新學小生, 亂道誤人, 宜無信用.」

上雅信愛禹, 由是不疑王氏.

故槐里令朱雲, 上書求見:「願賜尚方斬馬劍, 斷佞臣一人頭, 以厲其餘.」

上問:「誰也?」

對曰:「安昌侯張禹.」

上大怒曰:「小臣居下, 廷辱師傅, 罪死不赦.」
御史將雲下, 雲攀殿檻, 檻折.
雲呼曰:「臣得下從龍逢比干, 遊於地下足矣. 未知聖朝何如耳.」
左將軍辛慶忌, 叩頭流血爭之, 上意乃解.
及當治檻, 上曰:「勿易因而輯之, 以旌直臣.」

【槐里】지명. 扶風에 속함.
【尚方】임금의 기물을 監掌하고 공급하는 직책.

260 왕망王莽이 대사마로

수화綏和 원년(B.C.8), 왕근王根이 병으로 면직되고 왕망王莽이 대사마大司馬가 되었다.

○ 綏和元年, 王根病免, 王莽爲大司馬.

261 한나라 제업이 더욱 쇠퇴하다

2년(B.C.7), 성제가 죽었다. 재위 26년에 연호를 일곱 번 바꾸었다.
건시建始, 하평河平, 양삭陽朔, 홍가鴻嘉, 영시永始, 연원延元, 수화綏和
들이다.

성제는 위의가 있었고 조정에 임하면 신과 같았다. 그러나 주색에
빠져 정권은 외척에게 맡겨져 있었다.

장우張禹, 설선薛宣, 적방진翟方進이 승상이 되었는데 한나라의 제업
帝業은 더욱 쇠퇴해졌다.

태자가 즉위하였으니 이가 효애황제孝哀皇帝이다.

○ 二年, 帝崩. 在位二十六年, 改元者七: 曰建始, 河平, 陽朔,
鴻嘉, 永始, 元延, 綏和. 帝有威儀, 臨朝若神. 然荒于酒色, 政在
外家. 張禹·薛宣·翟方進爲相, 漢業愈衰焉.

太子卽位, 是爲孝哀皇帝.

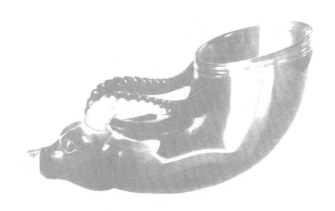

10. 孝哀皇帝

⬤ 哀帝. 한西漢나라 제10대 황제.
劉欣. B.C.6~B.C.1년 재위.

262 효애황제 孝哀皇帝

효애황제 孝哀皇帝는 이름은 흔 劉欣이며 정도 定陶 공왕 恭王 강康의 아들
로서 원제 元帝의 손자이다. 조모는 부씨 傅氏였으며 어머니는 정씨 丁氏였다.
성제 成帝는 아들이 없었다. 그래서 그를 태자로 세웠던 것이다. 이때에
이르러 즉위하여(B.C.6) 정명 丁明과 부안 傅晏이 정권을 잡았으며 대사마
大司馬 왕망 王莽을 파면하여 집으로 돌아가게 하였다.

孝哀皇帝:

名欣, 定陶恭王康之子, 元帝之孫也. 祖母傅氏, 母丁氏. 成帝
無子, 故立爲太子. 至是卽位, 丁傅用事, 罷大司馬莽就第.

【丁傅】 丁明과 傅晏을 가리킴.
【就第】 자신의 저택으로 돌아감.(歸私第也. —원주)

263 혁신을 꾀하였으나

　건평建平 원년(B.C.6), 하하량夏賀良의 건의를 채용하였다. 한나라의
역수는 중도에서 쇠퇴하였으니 마땅히 다시 천명天命을 받아 연호를
고치고 제호도 바꾸어야 한다고 하였던 것이다. 이에 연호를 태초太初로
고치고 또 제호를 진성유태평황제陳聖劉太平皇帝로 바꾸었다. 그러나
아무런 변화가 없어 개원, 경호의 일을 취소하고 하하량 등을 주살하였다.

　○ 建平元年, 用夏賀良言, 漢歷中衰, 當更受天命, 宜急改元
易號. 乃改元太初, 更號陳聖劉太平皇帝. 尋, 罷改元更號事,
誅夏賀良等.

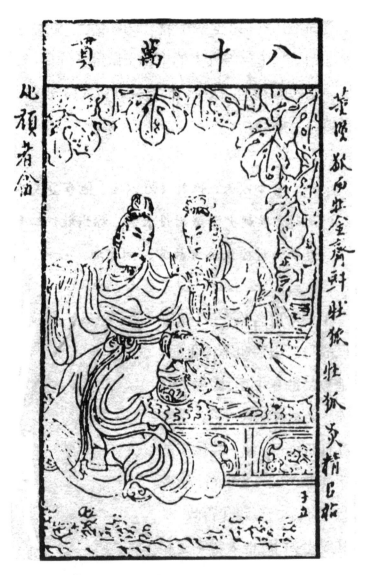

〈斷袖之交〉(漢 哀帝와 董賢) 明 陳洪綬《博古叶子》

264 동현董賢

애제는 동현董賢을 총애하여 원수
元壽 원년(B.C.2)에 동현을 대사마
大司馬로 삼았다.

그리고 2년(B.C.1), 황제가 죽고
동현은 자살하였다.

○ 帝幸董賢, 元壽元年, 以賢
爲大司馬.

二年, 帝崩, 賢自殺.

【幸董賢】《通鑑》에 "나갈 때는 參乘
하고 들어와서는 左右에 모셔 그 귀함이
조정을 진동하였다"라 함.(出則驂乘,
入御左右, 貴震朝廷. −원주)

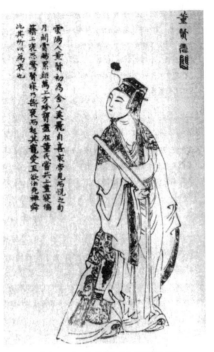

〈董賢〉 清 上官周《晚笑堂畵傳》

265 애제哀帝가 죽다

애제는 재위 7년, 연호를 두 번 바꾸어 건평建平, 원수元壽라 하였다.
태황태후太皇太后는 왕망을 대사마로 삼아 상서尙書의 일을 맡아보게
하고 중산왕中山王을 맞아들여 즉위시켰다. 이가 효평황제孝平皇帝이다.

○ 帝在位七年, 改元者二: 曰建平, 元壽. 太皇太后, 以王莽爲
大司馬, 領尙書事, 迎中山王卽位, 是爲孝平皇帝.

【建平】 즉위 2년에 연호를 고침.
【太皇太后】 元帝의 王后.

11. 孝平皇帝

● 平帝. 한西漢나라 제11대 황제.
劉衎. A.D.1~5년 재위.

266 효평황제孝平皇帝

효평황제孝平皇帝는 이름을 기자劉箕子라 하였다가 뒤에 간劉衎으로 고쳤다. 중산효왕中山孝王 흥劉興의 아들이며 원제元帝의 손자이다. 애제가 죽어 뒤를 이었으며 태황태후가 조정에 임하였다. 대사마 왕망이 정권을 잡아 백관은 왕망 자신이 총괄하여 정치를 듣도록 하였다. 원시元始 원년(A.D.1), 왕망이 안한공安漢公이 되었다.

孝平皇帝:

名箕子, 後更名衎, 中山孝王興之子, 元帝孫也. 哀帝崩, 立爲嗣, 太皇太后臨朝. 大司馬莽秉政, 百官總己以聽.

元始元年, 莽爲安漢公.

【總己以聽】 각기 자신의 직책을 총괄하여 왕망의 명령을 들음.(各總己職, 聽命於莽. ─원주)

267 왕망의 권세가 높아지다

원시 4년(A.D.4), 왕망의 딸을 황후로 초빙하고 안한공安漢公 왕망에게
재형宰衡의 호를 더하였는데 제후왕보다 상위의 직위였다.

○ 四年, 聘莽女爲皇后, 加安漢公號宰衡, 位諸侯王上.

【宰衡】《通鑑》에 "이윤과 주공의 칭호를 채용한 것"이라 함.(采伊尹周公稱號.
 ─원주)

268 왕망을 칭송하는 글들

5년(A.D.5), 태사太師 공광孔光이 죽었다. 성제, 애제 이래 공광 등은
삼공三公의 자리에 앉아 한나라 황실의 화근을 길렀다. 아첨과 영행佞倖이
풍조를 이루어 왕망을 칭송하는 글을 올리는 자가 48만 명이나 되자,
왕망에게 구석九錫을 가하였다.

○ 五年, 太師孔光卒. 成哀以來, 光等爲三公, 養成漢禍. 諂佞
成風, 上書頌莽者, 至四十八萬人, 加莽九錫.

【九錫】임금이 공신에게 내리는 최고의 선물. 輿馬, 衣服, 樂則, 朱戶, 納階,
虎賁, 弓失, 鈇鉞, 秬鬯 아홉 가지임.

269 가황제假皇帝 왕망

납일臘日에 왕망이 평제平帝에게 바치는 초주椒酒에 독을 넣어 평제가 죽었다. 재위 6년이었으며 연호를 한 번 고쳐 원시元始라 하였다.

태황태후는 조서를 내려 선제宣帝의 현손玄孫 영劉嬰을 불러 황태자皇太子로 삼고 호를 유자영孺子嬰이라 하였다.

왕망은 섭정의 지위에 있으면서 천조踐祚하여 왕망을 가황제假皇帝라 찬贊하였으며 백성과 신하들은 그를 섭황제攝皇帝라 불렀다.

○ 臘日莽上椒酒於帝置毒, 帝崩. 在位六年, 改元者一, 曰元始.

太皇太后, 詔徵宣帝玄孫嬰, 爲皇太子, 號曰孺子嬰.

居攝踐祚, 贊曰假皇帝, 民臣謂之攝皇帝.

【元始】즉위 2년에 연호를 고침.

【玄孫嬰】四世孫을 玄孫이라 하며, 東平王의 曾孫임.(四世孫曰玄孫, 東平王曾孫也. ─원주)

【祚】帝位를 말함.

12. 孺子嬰

◉ 孺子嬰. 한西漢나라 제12대이며 마지막 황제로 묘호나 이름이 없이 어린 아이嬰로만 불렸음. A.D.6~8년 재위.

270 유자영孺子嬰

유자영孺子嬰이 황태자가 된 첫해는 왕망의 섭정에 거한 원년에 해당한다. 이 해에 유숭劉崇이 군사를 일으켜서 왕망을 토벌했으나 이기지 못하고 죽었다.

孺子嬰:
爲嗣之初, 是爲王莽居攝元年. 劉崇起兵討, 不克死.

271 왕망을 토벌했으나

2년(A.D.7), 동군東郡 태수 적의翟義는 지난 날 승상 방진方進의 아들이었는데 기병하여 왕망을 쳤으나 이기지 못하고 죽었다.

○ 二年, 東郡太守翟義, 故丞相方進子也. 起兵討莽, 不克死.

【東郡】 山東에 속하며 지금의 東昌府.(원주)

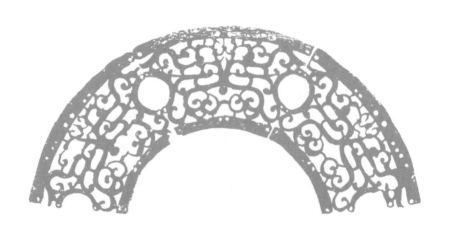

272 진천자眞天子 왕망이 신新을 세우다

초시初始 원년(A.D.8), 왕망은 진천자眞天子의 지위에 올라 국호를 신新이라 하였다. 그리고 한나라의 태황태후의 존호를 고쳐 신실문모태황태후新室文母太皇太后라 하였다.

왕망은 왕만王曼의 아들이다.

효원제의 황후 왕씨에게 여덟 형제가 있었는데 그 중에서 왕만王曼만은 일찍 죽어서 후侯가 되지 못하였다. 이리하여 왕망은 어려서 고아가 되었으나 여러 형제들은 모두가 장군이 되었다. 오후五侯의 아들들은 때를 만나 사치를 마음대로 부렸다. 수레와 말, 그리고 음악과 여색을 즐기며 서로 누가 높은가 자랑하였다.

그러나 왕망만은 몸을 꺾고 공손한 태도를 취하고 부지런히 몸을 닦아 널리 학문을 배웠으며 의복은 유생과 같이 검소하게 하였다. 밖으로는 영준英俊한 이들과 사귀며 안으로는 정성을 다하여 숙부들을 섬겨 예를 곡진히 그 뜻을 다하였다.

그는 신도후新都侯에 봉해졌으며 작위가 높아질수록 절조를 더욱 겸손히 하여 거짓 명예가 융성하고 흡족할 정도여서 숙부들을 능가할 정도였다. 그리하여 드디어 한나라의 정권을 차지하게 된 것이다.

애제哀帝가 죽자, 평제平帝를 맞아서 천자로 세웠다가 5년 만에 그를 시해하였으며, 천자의 지위를 3년간 섭정하다가 마침내 제위를 빼앗아 국호를 신新이라 한 것이다.

○ 初始元年, 莽卽眞天子位, 國號新. 更號漢太皇太后, 曰「新室文母太皇太后」.

王莽者, 王曼之子也. 孝元皇后兄弟八人, 獨曼早死不侯. 莽幼孤, 羣兄弟皆將軍. 五侯子, 乘時侈靡, 以輿馬聲色, 佚游相高. 莽折節爲恭儉, 勤身博學, 被服如儒生. 外交英俊, 內事諸父,曲有禮意. 封新都侯, 爵位益尊, 節操愈謙, 虛譽隆洽, 傾其諸父, 遂得漢政. 哀帝崩, 迎立平帝, 五年而弑帝, 攝位三年, 竟篡位, 國號新.

【初始元年莽卽眞】《通鑑》에 의하면 유자 嬰이 皇太子가 되어 王莽이 섭정하면서 연호를 두 번 바꾸어 居攝, 初始라 하였는데 3년간이었다.(通鑑:「嬰爲皇太子, 王莽居攝, 改元者二. 曰居攝, 曰初始, 凡三年.」 -원주)
【八人】王鳳, 王曼, 王音과 五侯를 합하여 모두 여섯 사람.
【諸父】伯父와 叔父를 함께 일컬어 諸父라 함.

273 유자영孺子嬰을 폐위시키다

시건국始建國 원년(A.D.9), 유자영孺子嬰을 폐하여 정안공定安公으로 하였다.

○ 始建國元年, 廢孺子嬰爲定安公.

❋ 원주의 기록은 다음과 같다.
후세 權臣으로서 명령을 제멋대로 하여 임금을 강등하고 유배 보낸 것은 실로 왕망에게서 시작되었다.(後世權臣擅命降謫人主, 實自莽始.)

274 태황태후가 죽다

2년(A.D.10), 한나라의 태왕태후 왕씨가 죽었다.

○ 二年, 漢太皇太后王氏崩.

✹《通鑑》에 의하면 이 구절은 마땅히 五年에 실려야 한다.(案通鑑: 此一節, 當在五年. ─원주)

275 형주荊州의 민란

천봉天鳳 4년(A.D.17), 형주荊州에 도둑이 일어났다. 신시新市 사람 왕광
王匡이 그 우두머리가 되고, 마무馬武, 왕상王常, 성단成丹 등이 그를
좇아 녹림산綠林山에 숨어 있었다.

○ 天鳳四年, 荊州, <u>盜起</u>. 新市人王匡爲之帥, 馬武·王常·成丹
往從之, 藏於綠林山中.

【荊州】湖北에 속하며, 郢都이다.
【新市】江夏에 속하는 지명.
【綠林山】當陽에 있는 산 이름.

276 양웅揚雄

5년(A.D.18), 대부 양웅揚雄
이 죽었다. 양웅은 자가 자운
子雲이며 성제成帝 때에 부賦
를 바쳐 낭관郎官이 되었다.
황문黃門의 급사給事가 되어
삼대를 거치면서 관직을 옮
기지 않았다. 그러나 왕망이
제위를 빼앗자 기로耆老와 구
차久次의 순서에 따라 대부
가 되었다. 일찍이 양웅은

〈揚雄(子雲)〉《三才圖會》

《태현太玄》,《법언法言》을 저술하여 그 끝 장章에 왕망의 공덕을 칭찬하여
이윤伊尹, 주공周公과 비교하였다. 후에 또 〈극진미신劇秦美新〉이라는
글을 지어 왕망을 칭송하였다.

유분劉棻이 일찍이 양웅에게 기자奇字를 배웠다. 분棻이 죄에 연루되어
주살당하게 되자 양웅이 관련되어 있었다. 이 때 양웅은 천록각天祿閣에서
책의 교열을 하고 있었는데 사신이 와서 잡으려 하자, 그는 천록각에서
뛰어내렸다. 왕망은 조서를 내려 양웅의 죄를 묻지 말도록 하였다.
이리하여 양웅은 이때에 이르러 죽은 것이다.

○ 五年, 大夫揚雄死. 雄字子雲, 成帝之世, 以奏賦爲郎. 給事
黃門, 三世不徙官. 及莽簒, 以耆老久次, 轉爲大夫. 嘗作太玄·
法言, 卒章稱莽功德, 比尹周. 後又作「劇秦美新」之文, 以頌莽.
劉棻嘗從雄學奇字, 棻坐事誅, 辭連及雄. 時雄校書天祿閣上,
使者來欲收之. 雄從閣上自投下, 莽詔勿問, 至是死.

【莽大夫】 "왕망의 대부 양웅이 죽었다라고 쓴 것은 그가 왕망을 따랐으며 한나라에 충성을 다하지 않았기 때문이다."(書曰莽大夫揚雄死者, 以其隨莽不忠於漢也. ―원주)

【三世】 成帝, 哀帝, 平帝를 가리킴.

【太玄】《周易》을 모방하여 쓴 것임.

【法言】《論語》를 모방하여 쓴 것임.

【劇秦美新】 '秦나라는 지극히 殘虐하였고 新莽은 아주 아름답다'라는 뜻.(甚言 秦虐, 稱美新莽. ―원주)

【天祿閣】 安西에 있는 한나라 때의 典籍을 보관하던 장서각. 도서관.

277 각지의 기병起兵

낭야郞琊의 번숭樊崇과 동해東海의 조자도刁子都 등이 기병하였다.

○ 瑯琊樊崇, 東海刁子都等兵起.

278 적미군赤眉軍

지황地皇 3년(A.D.22), 번숭의 군사는 자신들을 적미赤眉라 불렀다.

○ 地皇三年, 崇兵自號赤眉.

❋ 원주의 기록은 다음과 같다.
《通鑑》에 "그 무리들이 왕망과 더불어 난을 일으킬까 두려워 그 때문에
눈썹을 붉게 칠하여 서로 구별한 것이다."(恐其衆與莽兵亂, 故朱其眉以相別.)

279 녹림병綠林兵

녹림綠林의 군사는 나뉘어 하강下江과 신시新市의 군사가 되었다.

○ 綠林兵, 分爲下江新市兵.

280 형주의 평림平林

형주荊州의 평림平林에서 군사가 일어났다.

○ 荊州平林兵起.

281 나약한 유현劉玄

한漢의 종실 유연劉縯과 그의 아우 유수劉秀가 용릉春陵에서 기병하자 신시와 평림의 군사가 모두 이에 귀부하였다.

이듬해, 여러 장수가 함께 유현劉玄을 황제로 세웠다. 유현은 용릉春陵의 대후戴侯 매買의 후손으로 유연, 유수와는 고조高祖가 같았다. 당시 유현은 평림군平林軍 군중에 있었으며 갱시장군更始將軍이라 일컫고 있었다. 여러 장수들은 유현이 나약하여 줏대가 없음을 탐하여 그를 내세운 것이었다. 유현은 남면하여 군신을 조현朝見하였는데 손으로 자리를 만지작거릴 뿐 부끄러움에 땀을 흘리면서 말을 하지 못하는 것이었다. 대사大赦를 행하고 연호를 갱시更始라 하였으며(A.D.23) 완苑에 도읍하였다.

○ 漢宗室劉縯, 及弟秀, 起兵春陵, 新市平林兵皆附之.

明年, 諸將共立劉玄爲皇帝, 玄春陵戴侯買之後, 與縯秀同高祖. 時在平林軍中, 號更始將軍. 諸將貪其懦弱立之. 南面立朝羣臣, 以手刮席, 羞愧流汗, 不能言. 大赦改元更始, 都于宛.

【同高祖】四世의 조를 高祖라 한다.(四世祖曰高祖. −원주)

282 유수劉秀의 등장

갱시更始 원년(A.D.23), 유수劉秀가 왕망의 군사를 곤양昆陽에서 크게
깨뜨렸다.

○ 更始元年, 劉秀大破莽兵於昆陽.

【元年】地皇 四年(A.D. 23)에 해당함.

283 외효隈囂가 기병하다

성기成紀 땅의 외효隈囂가 기병하였다.

○ 成紀隗囂兵起.

【成紀】 지명. 秦州에 속함.

284 공손술公孫述도 일어나다

공손술公孫述이 성도成都에서 기병하였다.

○ 公孫述起兵成都.

285 왕망을 죽여 그 몸을 해체하다

갱시제更始帝, 劉玄가 장군을 보내어 무관武關을 깨뜨렸다. 그 때 석인析人의 등엽鄧曄이 군사를 일으켜 갱시제를 장안으로 맞아들이고 여러 군사가 왕망을 죽여 그 머리를 갱시제에게 보내 왔다.

왕망이 아직 찬탈하기 전, 그는 관명과 12주州의 경계를 다시 정하여, 없애기도 하고 그대로 두기도 하며, 고치고 바꾸어 천하에 일이 많았다.

조도措刀, 계도契刀, 대전大錢 등의 돈을 고쳐 다시 만들었다.

이미 찬탈하고 나서는 유劉자가 묘卯, 금金, 도刀의 세 글자로 되어 있다고 하여 강묘금도剛卯金刀의 이용을 금하여 이를 사용할 수 없었다.

그리고 다시 조도·계도·오주五銖 등의 돈도 폐기하였다.

다시 천하의 농토를 왕전王田이라 이름하여 매매할 수 없도록 하였으며, 남자 호구가 여덟이 차지 않으면서 농지가 1정井을 초과할 경우 그 나머지 전지를 구족九族과 향리에게 나누어주도록 하여 이 때문에 농토가 없던 사람이 토지를 받게 되었다.

오균五均과 사시司市, 전부錢府의 세 관청을 세워 백성들로 하여금 각기 그 생업에서 얻은 것을 공물貢物로 바치게 하였다.

또 보화寶貨를 만들었는데 금은화金銀貨, 귀화龜貨, 패화貝貨, 전화錢貨, 포화布貨의 다섯 가지 물건이었으나 이를 다시 금과 은을 나누어 여섯 가지 이름이 있었으며 모두 스물여덟 가지나 되었다. 그러나 백성이 궤란潰亂하여 질서가 무너지고 혼란이 일어나 보화는 통행되지 못하였다. 이에 소전小錢과 대전大錢을 통행시켰으나 자주 고치고 변경하여 믿지 않게 되었으며, 몰래 만드는 자와 오주전五銖錢을 사사롭게 지니고 다니다가 법에 저촉되기도 하였다.

이에 농민과 상인들이 생업을 잃어 식화食貨가 함께 황폐해졌으며 백성들은 저자와 거리에서 울부짖었다.

후에 다시 화포貨布, 화천貨泉을 바꾸었으나 매번 한 번씩 돈을 바꿀 때마다 백성들은 다시 주전법鑄錢法에 빠져드는 자가 많아, 함거檻車에 태우거나 목에 사슬이 매어져 장안으로 전송되는 자가 10만의 숫자를 헤아렸으며, 그 중에는 사형에 처해지는 자가 열에 여섯 일곱이나 되었다.

제도를 개정하고 정령政令이 번다해지자 사방이 시끄러워졌으며, 한나라의 태평하였던 시절을 그리워하여 노래 부르기를 오랫동안 하였다.

해마다 가뭄과 황해蝗害가 겹쳐 백성들은 서로 잡아먹고, 원근에 민란이 일어났다. 왕망은 오석五石과 구리로 위두威斗를 만들었는데, 이는 북두의 모양을 본 뜬 것으로 이로써 민란의 중병衆兵을 제압하여 이겨내고자 함이었다. 이에 왕망은 출입할 때마다 사람에게 이를 짊어지고 다니게 하였다. 그리하여 한나라 군사가 궁중으로 쳐들어왔을 때에도 자리를 펴고 위두威斗의 손잡이 자루 쪽을 따라 앉아 이렇게 말하는 것이었다.

"하늘이 나에게 덕을 주셨다. 한나라 병사가 나를 어찌 하겠는가?"

점대漸臺에서 왕망이 참수되자 군사들은 그의 몸을 나누고 그 살점을 해체하여 버렸다.

그가 찬탈하여 망할 때까지 연호를 세 번 바꾸어 시건국始建國, 천봉天鳳, 지황地皇이라 하였으며, 모두 합쳐 15년 동안이었다. 왕망의 머리는 전달하여 완宛에 도착하였으며 갱시제는 완에서 낙양洛陽으로 도읍을 옮겼다. 그 때 그곳 부로父老들은 사예교위司隷校尉 등 관속官屬을 보고 혹자는 눈물을 흘리며 이렇게 말하였다.

"오늘 다시 한관漢官의 위풍당당한 모습을 보리라고는 생각지도 못하였다."

○ 始遣將破武關, 析人鄧曄, 起兵迎入長安. 衆兵誅莽, 傳首詣更始.

莽未篡時, 更定官名及十二州界, 罷置改易, 天下多事. 更造錯刀·契刀·大錢等貨. 旣篡位, 以劉字卯金刀也, 禁剛卯金刀之利, 不得行. 罷錯刀·契刀·五銖錢等.

更名天下田曰王田, 不得買賣. 男口不盈八, 而田過一井, 分餘
田予九族鄕里, 故無田者受田. 立五均·司市·錢府官, 令民各
以所業爲貢. 更作寶貨, 有金銀·龜貝·錢布, 五物, 六名, 二十
八品. 百姓憤亂, 寶貨不行. 乃行小錢·大錢, 數更變不信, 盜鑄
及私挾五銖錢者抵罪. 於是農商失業, 食貨俱廢, 民至涕泣市道.
後又改貨布·貨泉, 每一易錢, 民又大陷犯鑄錢法. 檻車鎖頸,
傳詣長安者, 以十萬數, 死什六七. 改易制度, 政令煩多, 四方囂然,
謳吟思漢久矣. 歲旱蝗, 人相食, 遠近兵起. 莽以五石銅鑄威斗,
如北斗狀, 欲以厭勝衆兵. 出入使人負之以行.

至漢兵入宮, 猶施席, 隨斗柄而坐曰:「天生德於予, 漢兵其如
予何?」

斬首於漸臺, 軍人分其身, 節解臠之. 自篡至亡, 改元者三:
曰始建國·天鳳·地皇, 凡十五年. 莽傳首至宛, 更始自宛遷都
洛陽.

父老見司隷校尉官屬, 或垂涕曰:「不圖今日復見漢官威儀.」

【析】지명 南陽에 속함.
【錯刀】황금으로 도금하거나 무늬를 넣은 칼. 당시 "錯刀直五千"이라 하였음.
【契刀】고리가 동전만 하며 길이 두 치의 칼 모양을 한 돈. 당시 "契刀直五百"이라
하였음.
【大錢】지름이 한 치 두 푼이며 무게 十二銖였음. 당시 "大錢直五十"이라 하였음.
【卯金刀】劉자의 破字. 服虔은 "正月 卯日에 만들며 길이 세 치, 너비 한 치.
혹 옥이나 금, 또는 복숭아나무로 만들며 이를 혁대에 차고 다닌다. 그 한
면에 '이를 차고 다니면 사악함을 물리친다'라고 새겼음"이라 하였다. (服虔曰:
正月卯日作, 長三寸, 廣一寸. 或玉, 或金, 或桃, 著革帶佩之. 銘其一面云:「佩以
辟邪」. -원주)

【五銖錢】武帝가 주조하였으며 대체로 1전이 5수의 무게였음.(武帝所鑄, 蓋一錢
重五銖也. ─원주)

【九族】高祖, 曾祖, 祖, 父, 己, 子, 孫, 曾孫, 玄孫을 가리키며, 一說에는 父族四,
母族三, 妻族二를 가리킨다고도 함.

【鄕里】1萬 2千5百家를 鄕이라 함.

【盜鑄】사사로이 돈을 주조함.

【貨泉布泉】모두 돈을 일컫는 말. '민간에 널리 퍼진다'는 뜻과 '샘물처럼 흘러
다닌다'는 뜻이라 함.(以其布於民間, 故曰布, 以其流行如泉, 故曰泉. ─원주)

【臠】살을 저미는 것을 런(臠)이라 하며 그 관절에 따라 이를 해체함을 말함.(切肉
曰臠, 謂逐節分其體而切之也. ─원주)

286 도읍을 다시 장안長安으로 옮기다

경시更始 원년(A.D.23), 도읍을 다시 장안長安으로 옮겼다.

○ 更始元年, 遷都長安.

287 적미군赤眉軍의 장안 입성과 유수劉秀의 등극

적미군赤眉軍이 장안을 공격하여 이듬해 적미군이 입성하였다. 갱시제更始帝 유현劉玄은 달아났다가 적미군에게 항복하여 살해당하였다. 제위에 올라 망할 때까지 겨우 3년이었다. 이보다 몇 달 전, 대사마大司馬 유수劉秀도 이미 하북河北에서 제위를 올라 있었다. 이가 세조世祖 광무황제光武皇帝이다.

○ 赤眉攻長安, 明年赤眉入. 更始出奔, 已而降赤眉, 爲所殺. 自立至亡, 凡三年.

前數月, 大司馬秀已卽位於河北, 是爲世祖光武皇帝.

【漢末의 起兵】 서기 18년 山東 瑯琊의 樊崇이 굶주린 농민을 이끌고 泰山에서 일어서 수만 명에 이르렀는데 이들은 모두 붉은 색으로 눈썹을 칠하여 이를 '赤眉兵'이라 한다. 그리고 그보다 1년전 王匡과 王鳳이 湖北의 농민을 이끌고 綠林山에서 일어나 이를 '綠林兵'이라 하였다. 뒤에 이 녹림병은 둘로 나뉘어 하나는 南郡(지금의 호북성 江陵)에서 활동하여 이들을 '下江兵'이라 불렀으며, 다른 하나는 南陽(지금의 하남성 南陽)에서 활동하였는데 그 우두머리인 왕광과 왕봉이 모두 新市(지금의 湖北 京山 東北) 출신이어서 이들을 '新市兵'이라 불렀다.

〈秦代陶將軍俑〉 陝西 臨潼出土

〈大盂鼎〉 陝西 郿縣 출토

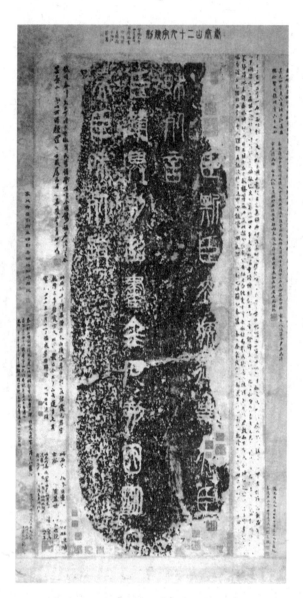

〈泰山刻石〉

〈秦始皇像〉

圍人陶俑

임동석(茁浦 林東錫)

慶北 榮州 上茁에서 출생. 忠北 丹陽 德尙골에서 성장. 丹陽初中 졸업. 京東高 서울
敎大 國際大 建國大 대학원 졸업. 雨田 辛鎬烈 선생에게 漢學 배움. 臺灣 國立臺灣師
範大學 國文硏究所(大學院) 博士班 졸업. 中華民國 國家文學博士(1983). 建國大學校
敎授. 文科大學長 역임. 成均館大 延世大 高麗大 外國語大 서울대 등 大學院 강의.
韓國中國言語學會 中國語文學硏究會 韓國中語中文學會 會長 역임. 저서에《朝鮮譯
學考》(中文)《中國學術槪論》《中韓對比語文論》. 편역서에《수레를 밀기 위해 내린
사람들》《栗谷先生詩文選》. 역서에《漢語音韻學講義》《廣開土王碑硏究》《東北民族
源流》《龍鳳文化源流》《論語心得》〈漢語雙聲疊韻硏究〉등 학술 논문 50여 편.

임동석중국사상100

십팔사략十八史略

曾先之 編 / 林東錫 譯註
1판 1쇄 발행/2009년 12월 12일
3쇄 발행/2015년 12월 1일
발행인 고정일
발행처 동서문화사
창업 1956. 12. 12. 등록 16-3799
서울중구다산로12길6(신당동,4층) ☎546-0331~6 (FAX)545-0331
www.dongsuhbook.com
잘못 만들어진 책은 바꾸어 드립니다.

＊

＊
사업자등록번호 211-87-75330
ISBN 978-89-497-0566-8 04080
ISBN 978-89-497-0542-2 (세트)